KB248577

한국, 일본, 싱가포르의
행복 감정 소통에 관한 문화횡단적 연구

A cross-cultural study of communicating emotions of happiness in Korea, Japan, and Singapore

진인진

한국, 일본, 싱가포르의 행복 감정 소통에 관한 문화횡단적 연구
A cross-cultural study of communicating emotions of happiness
in Korea, Japan, and Singapore

초판 1쇄 발행 | 2019년 1월 11일

지 은 이 | 이성범
편　　집 | 배원일
발 행 인 | 김태진
발 행 처 | 진인진
등　　록 | 제25100-2005-000003호
주　　소 | 경기도 과천시 별양상가 1로 18 614호(별양동 과천오피스텔)
전　　화 | 02-507-3077-8
팩　　스 | 02-507-3079
홈페이지 | http://www.zininzin.co.kr
이 메 일 | pub@zininzin.co.kr

ⓒ 진인진 2019
ISBN 978-89-6347-399-4 93300

* 책값은 표지 뒤에 있습니다.
* 이 연구는 2016년도 서울대학교 아시아연구소 저술지원사업의 지원을 받아 수행되었음.

사랑하는 우리 가족, 정인, 종혁, 세영, 원우의 행복을 빌며

목차_

그림 목차

1. 들어가기

1.1. 행복 탐구

우리는 이제 한국과 일본, 싱가포르에서 사람들이 일반적으로 공유하는 행복의 개념과 행복 감정의 소통에 관해 서로 다른 문화를 넘나들며 언어학적 탐구 여행을 떠나고자 한다. 이 탐구 여행은 다른 언어와 역사, 문화를 가진 세 나라에서 행복을 어떻게 인식하고 정의하며 언어적으로 표현하는지에 대해 현재 언어학에서 제공하는 여러 이론적 도구들을 사용하여 실증적으로 분석하고 그 결과를 횡단문화적 관점에서 살펴보는 데 목적이 있다.

우리의 탐구 대상인 이 세 나라는 여러 면에서 비슷하면서 또 많이 다르다. 우선 이들 3국은, 비록 일본이 근대에 들어와 탈아입구(脫亞入歐)를 모색했지만,[1] 모두 지리적으로 아시아에 위치해 있고 한자 문화권에 속하며, 정도의 차이는 있어도 중국으로부터 전래된 유교적 사상과 전통이 여전히 남아 있다. 또한 다음 장에서 자세히 살펴보겠지만, 한국, 일본, 싱가포르 세 나라는 여타 아시아 국가들에 비해 경제적

---

1   '탈아입구'란 용어는 일본 개화기 사상가인 후쿠자와 유키치(福澤諭吉)가 사용한 것으로, 그는 1875년 [문명론의 개략(文明論之槪略)]이라는 책에서 "동아시아의 나쁜 친구(亞細亞東方の惡友)인 중국이나 조선을 사절하고 서양 문명을 받아들여 서양열강과 함께 하자"고 주장하였다.

으로 발전하였고, 정치적으로도 비교적 통치체제가 안정되어 있으며, 국민들의 교육 수준과 문자해독율도 높은 편으로서 비록 각자 나름대로의 크고 작은 문제를 안고 있지만 전반적으로 아시아의 우등생으로서 여타 개발도상국가들의 롤모델(role model)이 되고 있다.

반면에 이 세 나라는 모두 언어가 다르고 정치 체제도 상이하며, 한국과 싱가포르는 한때 일본에 점령당하기도 했으나 정체성을 잃지 않고 각자 독특한 역사와 문화를 발전시켜 왔다. 인종적인 면에서도 세 나라는 그 뿌리와 현재 구성이 서로 다르기 때문에, 예를 들어 서양의 영국과 미국이 느끼는 것과 같은, 상호 유대감이나 동질감이 없다. 세 나라의 근대화 과정도 판이하며, 국제화 또는 개방화의 객관적 지표나 국민들의 의식 정도에서도 차이가 있다. 유럽이 언어와 민족, 문화 등의 다양성에도 불구하고 EU라는 하나의 공동체를 형성하고 이를 중심으로 움직이고 있는 반면, 아시아의 한국, 일본, 싱가포르는 그런 구심점을 공유하지 못하고 있다. 1990년대 이후 인터넷과 SNS 등의 발전으로 인해 K-pop이나 K-drama를 중심으로 한 한류가 일본 및 동남아시아에서 인기를 끌었고 일본의 대중 문화가 아시아의 일부 계층들 사이에서 영향력을 키우고 있지만 아직까지 세 나라 사이의 문화 교류가 완전히 본궤도에 올랐다고는 할 수 없다.[2] 한국의 입장에서 볼 때 세계적인 경제 대국인 이웃 나라 일본과 작지만 강한 도시국가 싱가포르를 잘 살피고 이를 바탕으로 이들과의 교류, 협력 또는 경쟁 관계를 설정해야 할 것이다. 그런 점에서 언어 사용에 투영된 세 나라 사람들의 생각과 삶을 제대로 이해할 필요가 있다. 이를 위해서 본 글에서는 사람이라면 누구나 삶의 목표로 삼고 있는 기본적이고도 중

---

2 싱가포르에서 한류의 의미와 한계에 대해서는 Yin & Liew(2005)를 참고할 것.

요한 행복에 대해 이 세 나라 사람들은 어떻게 해석하고 소통하는지를
언어학의 의미이론과 비교화용론에 기초하여 분석하고 횡단문화적 관
점에서 조사하고자 한다. 구체적으로 각 언어의 행복 관련 어휘들에는
어떤 것들이 있고 이들 사이의 공통점과 차이점을 Wierzbicka(1999)

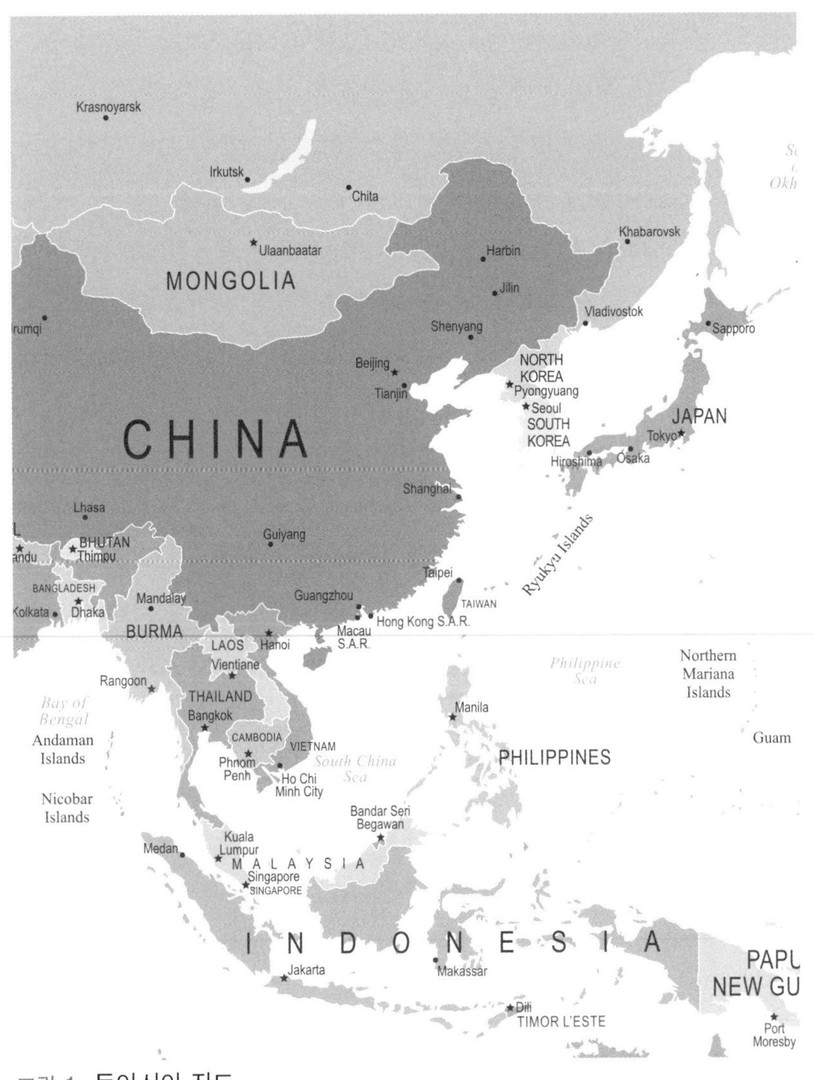

그림 1 동아시아 지도

가 주창하는 자연언어의미(Natural Semantic Metalanguage)의 이론적 관점에서 분석하고 이런 어휘들을 어떤 상황에서 사용하는지를 God-dard(2006) 등의 민족화용론적 시각에서 비고, 검토하고자 한다. 이런 언어학적 분석에 앞서 먼저 행복을 포함한 인간의 감정에 대한 대표적인 인지심리학적, 사회심리학적 연구들을 알아보고 이를 토대로 Hof-stede(2001, 2011)와 Hofstede et al.(2010)의 비교문화학적 이론을 적용하여 세 나라 언어에서 행복 감정의 표출 규칙과 소통 방식에 대해 살펴보고자 한다.

본격적으로 탐구 여행을 떠나기에 앞서 그 방향과 행선지를 명확히 해야 할 필요가 있다. 본 연구의 목표는 앞서 언급한 것처럼 한국, 일본, 싱가포르라는 세 다른 문화에서 행복 감정의 인식과 소통이 어떻게 일어나는지를 실제 언어 자료를 중심으로 알아보는 데 있으며 이를 위해 각 언어에서 행복의 개념과 의미 등에 대해 살펴볼 것이다. 다만 이 과정에서 행복의 본질이 경험적 쾌락(pleasure)인지 아니면 삶의 총체적 의미(meaning)인지, 물질적 행복과 정신적 행복의 관계는 무엇인지, 행복 감정은 유전으로 물려받는 선천적인 것인지 아니면 후천적 노력에 따라 달라질 수 있는 것인지 등과 같은 주제는 물론 매우 중요한 문제이지만 우리의 여정에는 포함되어 있지 않다.[3] 또한 앞으로의

---

3 행복의 본질에 대해서는 행복은 기본적으로 즐거움이라고 생각하는 쾌락적 행복관과 행복은 의미를 확인하는 도덕적 행복관이 맞서고 있다. 관자(管子)의 목민(牧民) 편에 나오는 "창고가 가득차야 예를 알고 의식(衣食)이 풍족해야 영욕을 안다"는 관중(管仲)의 말이나 "배부른 돼지보다 배고픈 소크라테스가 되겠다"는 영국의 존 스튜어트 밀(J. S. Mill)의 말은 행복을 바라보면 사람들 생각의 다면성을 보여줄 뿐이며 물질적 행복과 정신적 행복 모두 그 중요성을 부인할 수 없다.

논의에서 우리는 한국, 일본, 싱가포르를 포함한 세계 여러 나라를 대상으로 한 각종 조사 결과와 행복 지수들을 참고할 것이다. 그 결과에서는 종종 어떤 나라가 얼마나 더 행복한지 등에 대한 순위를 매기기도 한다. 그러나 그러한 순위 매김은 본 연구에서는 참고 사항에 불과할 뿐 그 자체에 연구의 초점을 맞추지는 않는다.

우리가 감정 소통에 대한 횡단문화적 연구를 한다는 것은 문화의 경계를 자유로이 넘나들며 각 나라의 고유한 소통 방식을 대조, 규명한다는 것이지 특정 문화의 우월함을 전제하여 각종 지표에 나타난 문화 수준에 따른 행복의 체감 순위를 비교한다는 것은 아니다.[4] 즉 이 글에서는 각 나라의 행복도를 비교하는 것이 아니라 행복의 어휘적 개념과 감정 소통의 방식을 대조, 분석하고자 한다. "행복은 비교를 모른다"는 박노해 시인의 말처럼 행복을 비교한다는 생각 자체가 처음부터 어리석은 것일지도 모른다. 혹시 한국이라는 나라는 현재 전체적으로 얼마나 행복함을 느끼는 나라인지, 일본이나 싱가포르는 우리보다 더 행복한지 아니면 덜 행복한지 등의 비교에 특별히 관심이 있는 독자라면 신뢰할 만한 조사 기관들이 객관적인 지표로 조사해 놓은 것을 참고하는 편이 빠를 것이다. 세 나라의 행복 개념과 감정 소통의 양상은 도덕적 판단이나 가치 판단의 대상이 아니며, 그 결과가 어떻게 나오든 그것은 그 나름대로의 의미를 갖는다.

행복은 당연히 누구나 바라는 것으로서 최근 개인이나 국가나 할 것 없이 모두 행복하지 않으면 안 되고, 남과 비교해서 조금이라도 부

---

4 '횡단문화적 연구(cross-cultural study)'란 다의적인 개념인데 크게는 '여러 문화들 사이에서 비교 방법을 사용하는 연구'라는 뜻과 '다문화적 상황에서의 상호 작용에 대한 연구'라는 두 가지 뜻으로 나눌 수 있다. 이 용어를 본 연구에서는 이 중 첫 번째 뜻으로 사용하고 있다.

족해서는 안 된다는 식의 행복 강박증이 팽배해지고 있다. 문제는 이
때의 만족은 정신적인 것이기보다는 대부분 물질적인 것이라는 점이
다. 행여 이 글이 자원은 한정되어 있지만 대부분이 비슷한 삶의 목표
를 세우고 그에 따라 경쟁은 날로 치열해지지만 공정한 경쟁을 담보하
는 규칙은 실종된 시대에 "사랑은 쟁취하는 것"이라는 한때 젊은이들
을 중심으로 유행되었던 문구처럼[5] 행복도 다른 사람과 싸워서 얻어내
야 하는 것이라는 식의 전투적인 행복 강박증을 조장하는 결과가 되지
않기를 바랄 뿐이다. 한 사회의 행복의 총량은 미리 정해진 것이 아니
어서 "해피 바이러스"(영어로는 happiness virus)란 말도 있듯이 행복 감
정은 개인들의 각성과 의지가 있고 사회나 국가가 제 역할을 다한다면
원활한 소통을 통해 얼마든지 확산될 수 있는 공공재가 될 수 있다. 행
복에 관한 한 모두가 승자가 되는 윈-윈 게임이 될 수 있는데 이를 위
해서는 우리가 행복을 어떻게 생각하고 행복의 개념과 소통은 어떻게
하고 있는지를 잘 파악해야 하며, 우리와 비슷하지만 다른 나라의 현
황을 이해하는 것이 도움이 될 것이다.

　사람들은 누구나 행복을 추구한다. 이는 플라톤의 대화(the Eu-
thydemus)에서 소크라테스가 한 말이기도 하나. 여기에 덧붙여 소크라
테스는 행복 자체가 최고의 가치는 아닐지몰라도 인간이 행복을 추구
하는 것은 자연스러운 것이라고 하였다. 물론 우리 주위에는 아주 가
끔 불행을 즐기는 것처럼 보이는 사람들도 있다. 그러나 "불행을 즐긴
다"고 하더라도 무엇인가 즐거움을 주는 것이 있다는 것은 그것에서
행복을 느끼는 것이 된다. 또한 아무리 자기를 학대하거나 자포자기한
것처럼 보이는 사람이라도 이는 역설적으로 그만큼 그가 추구하는 행

5　이에 대해서는 홍선화(1994)를 참고할 것.

　한국, 일본, 싱가포르의 행복 감정 소통에 관한 문화횡단적 연구

복의 그늘이 깊었음을 암시해준다. 아리스토텔레스 역시 "행복이란 삶의 의미이자 목적이며 인간 존재의 궁극적 목표"라고 한 바 있는데 이 말은 약 2,400여 년이 지난 현재에도 유효하다고 생각한다.[6] 행복은 자신 존재의 가치를 인식하게 해주는 것이기 때문에 행복함을 추구하게 되어 있다.

이처럼 행복은 인간이라면 누구나 느낄 수 있고 삶의 목표로 삼는 것이지만, 그렇다고 해서 누구나 행복의 개념이 다 같다고 할 수는 없다. 같은 상황이라도 어떤 사람은 매우 행복해 할 수 있으며 또 어떤 사람은 그다지 행복감을 느끼지 않을 수도 있다. 또한 같은 사람이라도 맥락에 따라 행복감을 느낄 수도 있고 그렇지 않을 수도 있다. 민간어원에 불과하지만 '도루묵'이 곤궁할 때에는 매우 행복감을 주는 생선이었는데, 나중에 여유가 생기면 전혀 그렇지 못했다는 이야기는 행복감이 절대적인 것이 아님을 잘 보여준다.[7] 물론 행복은 모두가 경험하는 느낌으로서 인류보편적인 감정이다.[8] 다만 그런 감정이 개념하되

---

6   고대 그리스철학의 소크라테스는 '이성적 사유와 일치하는 삶'을 최고의 가치로 생각했고 플라톤은 '선함의 이데아'를 인간이 추구할 최고의 가치로 생각한 반면, 아리스토텔레스는 그의 아들인 니코마코스에게 들려주는 이야기에서 현실주의자답게 '행복'을 삶의 목적이라고 주장했다. 다만 행복은 주관적 감정에 머무르는 것이 아니라 활동을 통해 얻어지는 것이어야 한다는 점을 강조한다. 소위 니코마코스 윤리학(Nicomachean Ethics)이라고 불리는 행복에 관한 이러한 아리스토텔레스의 생각에 대해서는 Aristotle(1991)을 참고할 것.

7   '도루묵'의 민간어원에 대해서는 조항범(2005)을 참고할 것.

8   행복을 포함한 몇 가지 주요 감정의 인류보편성에 대한 연구로 대표적인 것으로는 Ekman(1993)이 있다.

고 언어로 표현되며 사회적으로 소통되기까지는 언어와 문화, 사회라는 감정 외적인 틀에 의해 상당한 차이가 있을 것으로 본다. 또한 이런 차이는 역으로 그 언어와 문화, 사회의 특성을 규정하는 데 일조를 한다고 생각된다. 따라서 언어나 문화의 역할을 고려하지 않고 원형적인 감정만을 생각하다 보면 자칫 다른 언어에서의 행복 감정 표현의 의미를 오해할 수도 있다. 예를 들어 다음 장에서 자세히 보겠지만, 한국 사람의 "나는 행복합니다"라는 말과 일본인의 "私は幸せです"라는 말, 그리고 싱가포르인의 "I'm happy"라는 말의 의미는 기본적으로는 비슷하지만 미묘하면서도 중요한 차이가 있다.

　　반대로 같은 상황에서 같은 감정을 갖고 있어도 문화마다 다른 언어 표현이 사용되기도 하는데 Ide(1998)의 조사에 의하면 일본인들은 누군가로부터 선물을 받았거나 좋은 자리에 초대를 받았을 경우 감사의 뜻으로 "すみません(미안합니다)"이라고 말하는 것이 어색하지 않으며 그 말을 들은 사람도 그가 자신의 선물이나 초대에 감사의 마음이 없다고 판단하지 않는다고 한다. 반면 같은 상황에서 미국인들은 아마도 "Excuse me"라고는 하지 않고 "Thank you"라는 말로 감사의 뜻을 표시할 것이다. Ide(1998)는 이런 감정을 "sorry for your kindness"라고 했는데, 이는 영어 모국어 사용자는 이해하기 어려운 표현일 것이다. 반면에 미국의 영화 Love Story에 나온 유명한 대사인 "Love means never having to say you're sorry"란 말은 미국인들에게는 의미심장한 표현으로 심금을 울릴 수 있는 말이지만,[9] 다목적 표현인 "すみません"을 입에 달고 사는 일본인들은 이 말에 고개를 갸웃

9　이 대사는 2005년에 미국 영화 100년을 기념한 American Film Institute 의 설문 조사에서 100대 영화 명대사 중 13위를 차지하였고 많은 노래나 드라마, 영화에서 패러디되었다.

할 수밖에 없다. 한국에서도 이 영화가 처음 개봉되었을 때 이 대사의 진정한 의미를 둘러싸고 작은 논란이 있었다. 원래는 "사랑한다면 미안하다는 말을 해서는 안 되는 거야"라고 번역했지만 훗날 문화일보의 [이미도의 인생을 바꾼 명대사] 칼럼에서는 이를 "사랑하는 사람에게는 아픔을 주지 않는 게 사랑이야"라고 의역하였다. 그러나 이 번역은 의역이 너무 과하다고 생각되어 역시 완전하다고 볼 수 없다. 영화 마지막 부분에 여자 주인공이 죽었음을 알리는 아들의 "Jenny's dead"란 말에 아버지가 '그것 참 안 되었구나'라는 뜻으로 "I'm sorry"라고 답하자 아들이 문제의 의미심장한 대사를 다시 한 번 말하는데 이때 아들의 뜻은 '사랑한다면 미안하다는 말을 할 필요가 없어요'라는 것으로 비록 결혼을 한사코 반대했지만 그래도 아버지가 자신을 사랑하고 있음을 알고 화해하는 취지로 해석된다. 즉 자기 여자 친구로부터 진정한 사랑은 잘못을 용서하는 것이라는 말을 가슴에 새긴 남자 주인공이 이를 아버지에게도 들려주는 것이다. 이 대사의 원작자인 Erich Segal은 영어의 가장 흔한 감정 표현인 love와 sorry의 관계를 꿰뚫고 이런 명대사를 만들어 내어 관객들의 공감을 샀지만, 영이와는 딜리 사랑하는데 미안하다는 말을 하는 게 왜 잘못인지를 이해하기 어려운 일본인이나 한국 관객들은 완전한 공감이 어려웠을 것으로 보인다.

한국에서는 2004년 '미안하다 사랑한다'라는 제목의 드라마가 인기를 끈 적이 있고, 2017년 일본 TBS 방송국의 일요극장은 이를 리메이크한 같은 제목의 'ごめん, 愛してる'이라는 점에 비추어 볼 때 한국어나 일본어에서 사랑하는 것과 미안하게 생각하는 것 사이의 관계가 Love Story의 영어 대사에서 표현된 것과 일치하지 않음을 알 수 있다. Leibniz(1966: 333)는 "언어는 마음의 거울(mirror of the human mind)"이며 "단어의 의미를 정밀하게 분석하는 것은 사람들의 이해 과정이 어떻게 일어나는지(operations of the understanding)에 대해 그

무엇보다 더 많은 것을 알려줄 것이다"라고 한 바 있는데 이는 특히 문화적 배경이 다른 언어들 사이의 소통에 적용되는 말이다.

　칭찬의 경우도 문화마다 반응이 다를 수 있다. 영어에서 "You're handsome"이라고 하면 가장 일반적인 대답은 "Thank you"일 것이다. 그런데 한국에서는 누군가가 "잘 생기셨네요" 또는 "아주 미인이십니다"라고 하면 "네 고맙습니다"라고 답할 수도 있지만, 아마도 나이가 든 사람일수록 "아닙니다"라든지 "뭘요"라고 마치 상대방이 틀린 말을 한 것처럼 (일단은) 부인할 것이다. 대신 확신에 찬 표정으로 "그렇죠?"라든지 "다들 그렇게 말하더군요" 또는 "저도 그렇게 생각합니다"라고 말하는 것은 뻔뻔하다는 인상을 주어 칭찬한 사람을 오히려 머쓱하게 만들기 때문에 금기이며, "아이고 천만에요"나 "그런 말은 난생 처음이예요"라고 강력하게 부정할수록 칭찬한 사람도 안도할 것이다. 한국적 문화에서 칭찬의 말에 대뜸 감사의 뜻으로 답하는 것은 칭찬의 내용을 완전히 인정한다는 것이 되어 상대방의 의도가 무엇이든 간에 버릇없는 사람으로 간주될 위험이 있기 때문이다.

　중국의 고대사를 다룬 삼국지에 보면 조조에게 후한의 헌제 유협이 선위 조서를 내리지만 조조는 세 번이나 고사를 하는데, 물론 조조의 본심은 하루 빨리 황제가 되는 것으로 마다하고 싶은 생각은 없지만 백성들에게 그가 예의를 아는 큰 그릇이라는 것을 보여주기 위해 마음에도 없는 사양을 겸양을 미덕으로 강조하는 맥락으로 볼 수 있다. 이와 역 관계에 있는 것이 유비가 제갈량을 신하로 삼기 위해 세 번이나 방문한 '삼고초려'로서 한국인들은 그 고사의 뜻을 이해하는 데 어려움이 없지만 문화가 다른 사람들은 유비나 제갈량의 캐릭터를 오해할 수도 있다. 한국에서는 음식점에서 계산을 할 때 서로 자기가 내겠다고 다투는 것을 흔히 볼 수 있지만 같은 아시아권의 일본이나 중국에서는 이런 광경은 이색적으로 보이는 것도 마찬가지이다. 영미문화권에서 귀여운 아기에게 "Cute!"라고 말하는 것은 그 아기(의 부모)에 대한 칭찬이지만, 여자 친구에게 단지 "(You're) cute"라고 하는 것은 그 여자 친구가 그 이상의 말을 듣고자 한다면 'I'm not really into you(난 너한테 빠져들진 않았어)'라는 뜻으로 해석될 수 있다. "칭찬은 고래도 춤 추게 한다"[10]고 하지만 적어도 겸손이 몸에 밴 한국인들은 칭찬의 말 을 들으면 속으로는 춤을 출지는 몰라도 적어도 겉으로는 겸손한 표정 으로 마치 아닌 것처럼 답하는 것이 기대된다.

　이처럼 말의 의미뿐 아니라 어떤 말을 하는 것이 적절하거나 기대 되는 상황도 문화마다 다를 수 있으며 이런 감정 표현에 대해 대화참 여자의 적절하거나 기대되는 반응도 차이가 있을 수 있다. 이와 같은 가정은 본 연구의 출발점이며, 이에 대한 실증적 확인이 본 연구의 귀 결점이다. 사람이라면 누구나 고마움이라든지 미안함과 같은 기본적 인 감정을 갖고 있듯이 행복의 감정도 보편적인 것이지만 이 감정의 개념화와 언어화 과정은 개인, 사회 또는 뮤화마다 조금씩 다를 수 있 다. 그렇다면 각 나라에서 행복 감정의 소통에 영향을 주는 사회적, 문 화적 요인들은 무엇인지를 밝혀내는 것이 우리의 궁극적 과제이다.

1.2. 연구 방법과 문제점

행복은 개인적인 차원에 국한되는 것이 아니라 사회나 국가 전체의 행 복에 대한 개념과 인식이 그 개인 및 사회, 국가의 복지와 성장, 발전에

10　이 책은 Ken Blanchard, Thad Lacinak and Chuck Tompkins가 2002 년 공저한 [Whale Done! The Power of Positive Relationships]의 한국어 번 역임.

중요한 역할을 한다는 믿음이 퍼지면서 최근 다양한 분야의 학자들이 이 주제에 주목하고, 학계뿐 아니라 전 세계적으로 일반 대중들도 관심을 갖기 시작했다. 그 결과 행복의 여러 문제들을 분과 학문인 철학, 종교학, 심리학, 인류학 등에서 개별적으로 연구하던 것에서 벗어나, 2000년에는 행복에 대한 개별 분과학문의 장벽을 허물려는 목표를 가진 on-line 저널인 Journal of Happiness and Well-being이 출범하였고, 2013년에는 통합적인 연구를 지향하는 학회지인 Journal of Happiness Studies가 출범하였다.[11] 심리학자인 Myers & Diener(1995)는 "Who is Happy?"라는 제목의 논문에서 이제까지 심리학은 행복이나 만족과 같은 긍정적인 감정보다는 주로 고통이나 불안과 같은 부정적인 감정에 초점을 맞춰 왔는데 그 이유가 많은 학자들이 고통이나 괴로움이 "대부분 사람들의 삶에서 본질적인 요소(part and parcel of most lives)"로 생각했기 때문이라고 보았다. 그러나 이런 연구 경향은 20세기말부터 점차 변화하기 시작했는데, 펜실베니아 대학교의 Seligman이나 버클리 대학교의 Keltner와 같은 심리학자들은 이른바 "행복의 과학(the science of happiness)"이라는 이름으로 인간 심리의 긍정적인 측면을 우선적으로 다루는 긍정심리학(positive psychology) 이론을 발전시켜 나가고 있다. Ahmed(2007)가 학술 연구에서의 "행복으로의 선회(happiness turn)"란 말을 쓴 이래 Kullenberg & Nelhans(2015)는 여러 학문 분야에서 긍정적 감정으로서 행복의 진가를 재인식하고 이에 대한 연구가 봇물 터지듯이 쏟아져 나오고 있다고 할 정도로 다양한 주제들과 새로운 연구 방법들이 제시되면서 심리학자들이 말하는 좁은

11　'행복학(happiness studies)'은 자칭 '행복의 과학(Happy Science)'과 엄연히 다르다. 후자는 1986년 일본의 오오카와가 세운 인간행복연구소를 중심으로 한 영적 운동으로서 사이비 종교라는 비판을 받고 있다.

의미의 "행복의 과학"을 뛰어넘는 "행복학(happiness studies)"이 큰 가닥을 잡아가고 있다.

행복 연구 방법을 크게 둘로 나누면, 이른바 좋은 삶(good life)에 대한 사유와 논증을 위주로 하는 사변적, 성찰적 연구 방법과 주관적 웰빙(subjective well-being)을 보다 객관적이고도 과학적으로 접근할 수 있도록 관찰과 실험, 현장 조사 및 통계 분석 등을 위주로 하는 실증적 연구(empirical investigation) 방법이 있다. 그런데 여러 언어와 문화에서의 감정 표현을 비교, 연구하기 위해서는 무엇보다도 선결 과제로서 특정 언어의 의미적 틀에서 벗어나 객관적으로 분석할 수 있는 의미적으로 중립적인 기술 언어를 개발하는 것이 필요하며, 또한 다양한 문화의 특성을 유형별로 잘 구별하여 기술하는 방식의 형식화가 필요하다. 문화나 심리 현상을 연구할 때 연구자가 모국어로 사용하는 언어의 함정에 빠져 다른 언어 사용자들의 문화나 심리를 오해할 위험성에 대해 많은 경고가 있었음에도 불구하고, 실제 연구를 수행할 때 이 문제의 심각성은 간과되거나 의도적으로 무시되는 경우가 많다. 예를 들어 미국의 정치학자인 Ingelhart(1990)는 스위스의 경우 독일어, 불어, 이태리어 등 다양한 언어가 사용되고 있지만 스위스 사람들은 어느 언어를 사용하든 모두 독일, 프랑스, 이태리 사람들보다 더 행복감이 높은 것을 예로 들면서 행복감의 국가별 대조 연구에서 언어적 차이나 번역 따위는 별 문제가 되지 않는다고 주장한다. 영국의 경제학자인 Layard(2005) 역시 행복의 연구에서 비록 언어가 다를지라도 같은 행복의 의미를 표시하는 동의적인 어휘들이 있다고 주장한다. 이에 대한 하나의 증거로 Layard는 영어를 완벽하지는 않지만 어느 정도 할 수 있는 중국어 모국어 화자들에게 행복에 관해 한 번은 중국어로, 또 한 번은 같은 내용을 영어로 물었더니 그 답이 거의 일치했다는 점을 강조한다. 결국 Layard(2005: 17)는 "행복의 개념은 모든 문화에서 동등하게 친숙한 것처럼 보인다(the concept of happiness seems equally familiar in all cultures)"라고 결론을 내린다.

그런데 중국어의 감정 어휘에 대해 연구한 Ye(2016)는 Layard와 정반대로 중국어의 행복 개념은 영어의 happy의 개념과 많이 다르다는 점을 지적하고 있다. Ye에 따르면 행복감을 표현하는 가장 대표적인 중국어 표현은 xi(喜, 희)와 le(樂, 락)인데 영어로 번역할 때 흔히 구별하지 않고 모두 happy로 번역하는 경향이 있다고 한다. 그러나 다음 절에서 보겠지만 xi는 "축제 분위기의 기쁨(festive joy)"을 의미하는 반면 le는 "이룰 수 있는 즐거움(attainable enjoyment/contentment)"을 의미하기 때문에 두 단어는 다른 상황에서 사용된다고 한다. Wilson et al.(2013)도 영어와 폴란드어의 행복 개념이 같지 않다고 주장하고 있으며, van Osch et al.(2013)은 문화가 다르면 자긍심의 개념과 표현도 언어마다 다르다고 주장하는 등 최근 감정에 대한 대조언어학적 연구에서는 행복 개념이 언어마다 동일하지 않다고 보는 것이 일반적이다. 그렇다면 여러 언어에서의 행복 개념의 대조 연구에서는 번역의 문제가 발생하게 되는데, 많은 연구자들은 진정한 횡단언어적 연구가 가능하려면 "happiness"라는 개념을 동일하게 하는 '비교의 제3점(tertium comparationis)'이 필요하다는 데 동의한다. Wierzbicka(2004, 2006)에 따르면 어떤 문화에서 행복 개념을 연구할 때 이를 다른 언어로 번역하는 것은 조심스러운 문제이며, 심지어 역사적 친족 연관성을 갖는 유럽 언어들 사이에서도 happiness와 유사한 개념들은 정확하게 일치하지 않아서 완벽한 번역이 어렵다고 한다. 이제까지의 횡단언어적 연구의 결론은 감정의 영역에는 보편적인 의미를 지닌 자연언어의 공통적 어휘가 없다는 것이며 어떤 언어의 감정 어휘가 가지는 특별한 의미는 문화적으로 도색된 의미라는 것이다. 예를 들어 행복과 고통의 경우 영어의 happiness나 pain이라든지, 중국어의 xìngfú(幸福)나

tóngkŭ(痛苦), 또는 불어의 bonheur(행복)와 douleur(고통)는 모두 다 제 각기의 의미를 가지고 있고 어느 하나 인식적으로 우선되는 개념이라 할 수 없으며 이런 특정 자연 언어의 단어를 사용하여 인간의 보편적 감정인 행복이나 고통을 연구하는 것은 그 언어가 속한 문화의 관점에 중심을 두고 편향적인 담화를 소개하게 되는 위험성을 지닌다.

언어가 인간 감정의 이해에서 중요한 이유는 언어가 인간의 생각에 접근할 수 있게 해주는 가장 확실한 수단이기 때문이다. 그러나 사람들이 감정을 해석할 때 적어도 어느 정도까지는 그들 모국어에 의해 제공되는 어휘망에 기대어 해석한다. 그러므로 언어에 대하여 체계적이고 중립적으로 접근하지 않으면 주관적 웰빙이나 행복 감정 등을 연구할 때 자기 모국어의 굴절된 시각에서 벗어나 과학적으로 연구하기 어렵다.[12] 최근 언어학에서는 이런 필요성을 인식하고 여러 언어의 의미를 보편적으로 기술할 수 있는 언어로서 '비교의 제3점' 역할을 수행하고 있는 '자연언어의미 상위언어(Natural Semantic Metalanguage, 줄여서 NSM)'가 개발되었다. 이 상위언어는 논리학에서 흔히 볼 수 있는 추상적인 기호 언어가 아니라 분석 대상 언어의 실제 자료(linguistic evidence)에 바탕을 둔 것으로서 경험적 타당성을 갖는다. Geertz(1976)는 학문 연구에서 '경험에 근접한 개념(experience-near concept)'과 '경험과 떨어진 개념(experience-distant concept)'을 구별한다. '경험에 근접한 개념'은 개인이 스스로 자연스럽게 그리고 별다른 노력 없이 자기와 자기 주위 사람들이 보고, 느끼고, 생각하고, 상상하는 것들을 정의하기 위해 사용하는 개념이다. 즉, 사람들이 경험을 통해서 갖게 되는

---

12 주관적 웰빙은 한 개인이나 집단이 자신의 삶의 질에 대한 전반적인 인지적 평가이고 행복은 이런 전반적인 판단에 부수적으로 따르는 감정으로 정의한다.

일반적인 생각이라고 할 수 있다. 이런 종류의 개념은 다른 사람들이 사용한 의미에 대해서도 별 무리 없이 받아들일 수 있다. 반면에, '경험과 떨어진 개념(experience-distant concept)'은 개인이 어떤 개념을 정의하는 데 자기의 경험과는 거리가 먼 여러 이론에서의 특정한 관점을 사용하는 것이다. 이러한 개념은 다른 언어에서의 감정을 분석할 때 언어학적인 의미나 번역의 문제가 있을 수 있기 때문에, 이를 제대로 이해하기 위해서 범문화적으로 기술되고 이해되는 언어로 이를 표현할 필요가 있다. 여기에서 자연언어의미 상위언어(NSM)는 가장 기초적인 "경험에 근접한 개념"으로 그 언어를 사용하는 사람들이 어떤 감정을 느낄 때 마음 속에서 일어나는 인지적 과정을 설명하는 '인지 시나리오(cognitive scenario)'와 모든 언어의 의미를 설명해 줄 수 있는 가장 기본적 단위인 '의미기본소(semantic primes)'를 통해서 여러 언어의 감정 어휘의 개념을 보여주는, 이른바 언어에 대한 언어, 즉 상위언어(metalanguage)로 사용될 수 있는데 이에 대해서는 다음 장에서 자세히 알아보기로 한다.

지금까지 널리 행해지고 있는 행복 연구 방법의 또 다른 문제점은 연구자들이 설문 소사 등을 할 때 피험자들 스스로 이야기하게 하는 이른바 '자기 보고(self-report)' 방법이 널리 사용되어 왔다는 점이다. 그러나 널리 알려져 있듯이 자기 보고의 신뢰성은 피험자가 자신을 얼마나 솔직하게 답할 수 있는지에 달려 있다. Myers(1992)는 행복을 연구하는 사람들이 흔히 택하는 설문 조사 방식에 문제점을 제기하면서 "당신은 얼마나 행복하십니까?"라고 물어볼 경우 실제로는 그다지 행복하지 않은 사람도 비록 그 설문 조사가 철저히 익명으로 이루어지고 응답자의 신상 정보는 완전 비밀로 처리되는 것을 알고 있음에도 불구하고 답을 할 때에는 마치 "외로워도 슬퍼도 나는 안 울어"라고 늘 외치는 Pollyanna처럼 조금이라도 좋은 모습을 보이려고 하는 심리적 동기가 작용하는 경향이 있다고 한다. 또한 자신의 입장을 객관적으로 평가하여 답하기 보다는 자신의 순간적인 기분에 좌우되는 경우가 흔해서 조사 결과의 타당성에 의문이 생길 수 있고, 세계 여러 언어의 원어민들의 감정에 대한 자기 보고를 원어민의 언어가 아닌 영어로 번역해서 연구하는 것은 영어로 번역하는 것 자체가 일종의 재-코딩(re-coding)으로 전락해서 원어 표현 자체의 의미를 왜곡할 수 있다는 문제가 있다. 따라서 본 연구에서는 언어중립적인 상위언어로 감정 표현의 개념과 쓰임을 기술하는 방법을 채택하고 이를 한국어, 일본어, 싱가포르어의 행복 어휘 분석에 적용하도록 한다. 또한 "당신은 얼마나 행복하십니까?"와 같은 주관적 행복감을 직접 묻는 대신에 특정한 상황을 제시하고 "이런 상황에서 당신이 화자라면 어떻게 말하겠습니까?" 또는 "당신의 말에 대해 청자는 어떻게 답할 것으로 생각하십니까?"와 같이 보다 일반적인 소통 방식을 확인할 수 있는 방법을 택하도록 한다.

마지막으로 행복 연구에서의 문제점은 범언어적 관점이 대부분 부족하고 많은 학자들이 문화적 다양성을 과소평가한다는 점이다. Solomon(1995)은 감정의 횡단문화적 연구에서는 다른 문화에 속한 사람들의 감정을 연구자 자신의 문화적 틀에서 벗어나 있는 그대로 잘 읽어낼 수 있는가가 큰 문제라고 하였으며 그들과 자신의 감정이 같지 않다고 하면 그들의 행동, 표현, 보고를 어떻게 해석할 것인지, 우리가 보고 듣는 것에서 그들이 느끼는 감정으로 어떻게 추론할 것인지, 그 차이는 어떻게 인지하고 인식할 것인지가 문제라고 하였다. 또한 수집된 단어들을 단순히 기계적으로 번역할 것이 아니라 그 언어가 속한 문화의 전반적 특성을 이해하면서 설명해야 한다고 하였다. 행복 개념과 같은 주관적이고도 예민한 주제의 연구에서는 보편적인 상위언어로써 실제 언어 자료에 근거한 경험에 근접한 개념을 얻는 것을 시도

해야 한다. 설문을 할 때에는 문항을 최대한 객관화하고 질문의 맥락을 가능한 한 명시적으로 제시하여 응답자의 기분이 개입될 여지를 최소화함으로써 자기보고가 가질 수 있는 문제점을 없애려는 노력이 필요하다. 이런 관점에서 우리는 앞서 언급한 NSM 외에도 스위스 정동 과학 센터(Swiss Center for the Affective Sciences)에서 주도하고 있는 감정 어휘에 대한 그리드(GRID) 분석 및 코퍼스 언어 자표 분석 외에도 '영어 어휘의 정동적 규준(ANEW)'이나 '감정 표출 규칙의 평가 목록(DRAI)'과 같은 객관적인 연구 방법들을 채택하고자 하는데 이들에 대해서는 2장에서부터 상세히 다루고 있다.

언어학에서 행복의 연구는 행복의 개념적 의미와 보편성 논쟁, 언어 행위의 한 범주에 속하는 정표화행(expressive)으로서 행복 감정의 표현 행위에 초점을 맞추어 왔다. 종래의 언어학에서는 주로 추상적인 규칙 체계나 언어의 상징적 서술 기능에 주목해 왔고 감정은 언어적 발화에 수반될 수 있는 단지 부수적 현상으로만 간주되어 왔는데 언어학에서 인간 내면의 감정 상태를 언어가 어떻게 표상하는가에 대한 연구는 1990년대 후반부터 본격화되기 시작했다. 또한 21세기 들어 민족화용론(ethnopragmatics)이라는 분야의 발전과 코퍼스를 언어 연구에 활용하는 방법론의 개발 등으로 실증적인 분석이 활발해지면서 감정과 언어의 관계는 다양한 측면에서 연구되고 있는데 특히 감정과 언어처리의 상호작용, 언어의 감정 표현 기능, 감정의 언어적 지칭 수단과 문법과의 관계, 대화 및 텍스트에 표출되는 현상으로서 감정 등이 주요 연구 영역이 되고 있다. 우리는 이러한 연구 목록에다가 행복 감정의 사회적 소통 연구를 추가하고자 한다. 행복 감정의 사회적 소통 방식에 영향을 주는 요인으로서는 문화적 특성, 표현성, 가치관 등이 있다. 예를 들어 일반적으로 개인주의적 성향이 강한 사회에서는 집단주의적 성향이 강한 사회에서보다 긍정적 감정 표현이 더 빈번하고 자유롭게 일어나는 경향이 있다. 반면에 집단주의 문화에서는 아무리 자신에게 즐겁고 행복한 일이 일어나도 타인을 의식해서 절제된 방식으로 표현하는 것이 기대된다. 인간의 절대 명제라고 할 수 있는 행복은 거대한 코끼리와 같아서 자칫 섣불리 접근하면 어느 한 부분만 보고 잘못 속단하기 쉽다. 또한 접근 방법의 기본을 무시한 채 다가섰다가는 발길에 채일 수도 있다. 특히나 행복 감정의 표현과 소통에 관한 연구는 감정으로서의 행복에 대한 객관적이고도 실증적인 연구 방법과 언어 의미에 대한 보편적, 문화화용론적 연구 방법의 이해가 선행되어야 하는데 다음 2장과 3장에서는 이런 작업들에 대해서 알아보기로 한다.

1.3. 행복과 문화

행복 감정에 대한 횡단문화적 연구를 하기 위해서는 먼저 각 나라의 문화적 특성을 알아야 한다. 각 나라의 고유한 문화적 특성은 그 문화에 속한 사람들이 행복과 같은 감정을 표현하고 소통하는 데 큰 영향을 준다. 지구상에 존재하는 수많은 나라들의 문화적 특성은 과학적인 관찰과 평가 및 비교가 어려운 부분이지만 국제적인 협동 작업과 빅데이터 분석 등을 통해 보다 객관적인 자료들이 수집되어 축적되고 있다. 그런 국제적 작업의 일환으로서 Hofstede(2001, 2011)및 Hofstede et al.(2010)은 국가 간 문화적인 차이를 비교, 분석하기 위해 다음과 같은 문화적 차원을 설정한다.[13]

13　Hofstede(2011)는 기존의 문화 차원 5가지에 추가적으로 Indulgence versus Restraint라는 차원을 추가했지만, 그가 본인의 연구에서 밝혔듯이, 해당 차원은 장기 지향성(Long-term orientation)의 보완적 역할로 추가한 것이

1) 권력 거리(Power Distance)

2) 불확실성 회피(Uncertainty Avoidance)

3) 개인주의/집단주의 (Individualism/Collectivism)

4) 남성성/여성성(Masculinity/Femininity)

5) 장기 지향성/단기 지향성(Long-term Orientation/Short-term Orientation)

첫 번째로 '권력 거리'는 한 사회 내의 집단이나 조직의 권력 분배가 불평등하게 이루어져 있는 것을 어느 정도로 사회 구성원이 인지하고 받아들이는지를 나타내는 차원이다. '권력 거리'는 회사나 학교, 가족 등 어떤 조직에서든 서열상 아래 사람을 위 사람으로부터 격리시키는 정신적 거리를 말하는데 수직적 계층 구조의 사회나 권위주의적 문화일수록 이 권력 거리를 수치화한 '권력 거리 지수(Power Distance Index, PDI)'가 높게 나타나며, 반면 평등지향적인 문화나 탈권위주의적 사회일수록 권력 거리 지수는 낮게 나타난다. 일반적으로 PDI가 낮은 사회는 국가의 지도층을 이루는 엘리트들이 권위주의적 가치를 지양하고, 순응성(conformity)보다는 독립성(independence)을 추구하며, 획일화 대신 개인의 창의와 자유를 더 존중한다. 반면에 PDI가 높은 사회는 권위가 공론을 통한 합의에 기반을 두기보다는 전통에 기반을 둔 경우가 많고 젊은이들은 세상이 불공평한 곳으로 보는 경향이 강하며 권력을 가진 사람들은 특권층일 경우가 많다. 권력 거리가 높은 사회일수록 나이든 사람들은 존경의 대상이지만 동시에 두려움과 기피의 대상이기도 한 반면, 권력 거리가 낮은 사회는 나이가 들었다고 해서

고, 본 연구와는 연관성이 낮은 차원이기 때문에, 여기에서는 다루지 않는다.

자연스럽게 존경의 대상이 되지도 않고 또한 두려움이나 기피의 대상
도 아니다.

　　Hofstede et al.(2010)이 전 세계 76개 나라를 대상으로 조사한 권
력 거리에서[14] 한국의 PDI는 0~100 척도에서 60을 기록하여 41위인
반면, 일본의 PDI는 54로 한국보다 낮은 49위였다. 반면에 싱가포르
의 PDI는 74로서 19위를 기록하여 세 나라 중 가장 수직적이고 권위
주의적인 경향이 강한 문화로 나타났다. 권력 거리 지수는 일반적으
로 동남아 국가에서 높게 나타났는데 말레이시아가 단연 1위로 나타났
고, 서유럽 국가에서 가장 낮아서 오스트리아의 PDI는 11로서 가장 평
등지향적인 문화로 나타났다. 한국은 오랜 가부장적 전통 하에 수직적,
권위주의적 사회 구조를 유지하고 있었고 근대적 시민사회로의 전환
과 민주주의의 도입이 늦었으며 한국 전쟁과 그 이후로 계속 남북 대
치라는 특수한 사정 때문에 군사적 문화가 팽배하여 모든 부문에서 권
력 거리가 큰 문화였으나 최근 들어 개인의 권리 의식 신장과 연령이
나 성에 의한 차별을 거부하고 평등을 지향하는 사회적 풍토가 조성되
면서 보다 수평적이고 탈권위주의적인 사회로 이동하고 있다. 따라서
2010년의 조사에 비해 현재는 PDI가 많이 낮아졌을 것으로 추정한다.
다만 우리는 2010년의 조사 결과를 받아들여 '싱가포르 〉 한국 〉 일본'
의 순서로 권력 거리 지수가 높은데 권력 거리가 큰 문화일수록 개방

14　처음 Hofstede(2001)에서는 서아프리카와 동아프리카, 아랍권은 개별
국가(country)로 세분해 조사하지 않고 광역의 지역(region)개념으로 통합해
서 계산하였다. 따라서 조사 대상은 50개 나라와 이들 3 지역이었다. 또한 장
기 지향성 차원은 Bond의 Chinese Value Survey의 결과를 인용하고 있는데
조사 대상은 23개국이었다. Hofstede et al.(2010)의 세 번째 개정판에서는 조
사 대상국을 확대하여 총 76개국을 조사하였다.

성이 낮고 경직된 소통 방식을 갖고 있기 때문에 일단 개인의 행복감을 다른 사람의 눈치를 보지 않고 거리낌 없이 표현하거나 소통하는 것을 주저하거나 자제할 것으로 가정한다.

두 번째로 문화 이론에서 '불확실성 회피'란 불확실성에 대한 사회 구성원들의 태도를 나타내는 차원이다. '불확실성 회피 지수(Uncertainty Avoidance Index, UAI)'가 높은 국가일수록 불확실성을 회피하려는 안정지향적, 보수적 성향이 강한 국가이며 애매함이나 불분명성에 대해 부정적인 반응으로 불안해하거나 초조해 하는 태도를 보인다. 따라서 법적, 규범적 제도와 장치를 통해 불확실성을 줄이려는 노력을 기울이고 안정을 꾀하려 한다. 반면에 UAI가 낮은 국가는 변화와 가능한 대안에 대해 포용적이고 개방적인 입장을 취하며 도전과 모험, 창조적 파괴 등을 긍정적으로 평가한다. UAI가 높은 나라의 사람이 UAI가 낮은 나라의 사람들의 생활 모습을 보면 이른바 '케세라세라(que sera sera)'식의 지나치게 낙천적이고 안일하며 무계획적이라는 인상을 가질 수 있다. 우리가 초점을 맞추고 있는 한국과 일본, 싱가포르는 UAI에서 큰 차이를 보여주는데, 싱가포르는 UAI가 8에 불과하여 조사 대상 76개국 중에서 최하위를 기록할 정도로 개방적이고 심하게 말하면 태평스러운(easy-going) 측면을 보여준다. 반대로 일본은 UAI가 92에 달할 정도로 매우 높아서 전 세계 76개국 중 공동 11위의 불확실성 회피 국가였고 한국은 UAI가 85로서 일본보다는 약간 낮지만 23위를 차지하여 여전히 UAI가 높은 편이었다. 전체적으로 불확실성 회피 지수가 높은 나라는 그리스와 포르투갈 등의 남유럽 국가와 과테말라, 우루과이, 엘살바도르 등의 중남미 국가인 반면 영국, 아일랜드, 스웨덴, 덴마크 등의 북유럽 국가와 중국, 베트남, 홍콩 등의 동아시아 국가들은 UAI가 낮게 나타났다. Hofstede et al.(2010)의 연구에 따르면 불확실성 회피 지수는 앞에서 본 권력 거리 지수와 아무런 상관 관계가 없고, 다음에 볼 개인주의 지수(Individualism Index)와도 상관 관계를 찾아볼 수 없다. 중요한 점은 같은 아시아권이지만 한국과 일본은 불확실성 회피 성향이 높은 반면, 말레이시아, 싱가포르, 인도 등은 불확실성 회피 성향이 낮다는 점이다. 불확실성 회피란 한 문화의 구성원들이 불확실한 상황이나 불분명한 미래 예측 때문에 심리적 불안을 느끼는 것을 피하려는 것을 말하는데 이것은 원래 IBM 연구 과제에서 직업 스트레스에 관한 질문으로부터 시작되어 Hofstede(2001)에서는 직장 이외의 다양한 사회적 환경에서 각 나라의 개인이 느끼는 불안의 수준을 측정하는 수십 가지의 질문들로 확장되었다. 일례로 Hofstede(2001)의 조사에는 "당신은 일하다가 신경이 곤두서거나 긴장되는 순간을 얼마나 자주 느낍니까?"라는 문항이 포함되어 있는데 이에 대해 '항상 그렇다.'(1점)부터 '그런 적이 없다'(5점까지)의 척도에서 답하게 되어 있었다.

Hofstede(2001: 161)는 UAI가 높을수록 감정 표출이 많고 UAI가 낮을수록 감정 표출을 억제한다고 했다. 또한 Hofstede et al.(2010: 226)도 한 문화의 불인 수준이 높을수록 보다 감정 표현이 많은 문화가 될 가능성이 높다고 하였다. 그런데 Kitayama et al.(2006)이나 Ishii(2013)의 연구에 따르면 감정의 사회적 성격에 따라 문화마다 표현성이 달라질 수 있다고 한다. 이를 받아들여 우리는 UAI가 높다고 해서 반드시 모든 감정을 많이 표출하려는 것이 아니라 감정 중에서 불안감이나 초조함, 지루함, 경멸, 혐오 등의 부정적 감정 또는 자신과 타인을 분리하려는 감정(disengaging emotion)을 더 쉽게 표출할 것으로 생각한다. 반면에 일본이나 한국처럼 UAI가 높은 문화에서는 칭찬이나 동정, 축하, 즐거움, 희망 등의 긍정적인 감정 또는 타인을 자기 쪽으로 끌어들이려고 하는 포용적 감정(engaging emotion)의 표출은 되도록 억제할 것으로 생각한다. 행복의 문제와 관련해서 UAI가 높은 문화일수록 주관적 웰빙은 낮으며 행복의 느낌이 사회 구성원들 사이에 비슷한 수준으로 두루 공유되지 못하고 일부 소수 계층이나 집단에서 드문드문 찾아볼 수 있다. 따라서 UAI가 낮을수록 행복 감정이 큰 문제 없이 자연스럽게 소통될 가능성이 높고 UAI가 높을수록 행복 감정의 소통과 공감이 어려울 것으로 예상한다.

여러 언어에서의 감정 소통 현상과 관련하여 세 번째로 고려해야 할 중요한 문화 차원은 개인주의/집단주의이다. 이에 대해서는 수많은 학자들의 다양한 정의가 있지만 일반적으로 개인주의란 좁게 말하자면 Markus & Kitayama(1991)의 독립적인 자아(independent self) 개념을 바탕으로 '나-의식(I-consciousness)'이 강하여 개인들 사이의 구속력이 약하고 자기 자신 또는 자신의 직계 가족에게 주된 관심을 가지는 느슨한 사회 구조를 추구하는 것을 의미한다. 반면 집단주의는 상호의 존적인 자아(interdependent self) 개념을 우선하기 때문에 '우리-의식(we-consciousness)'이 강하고 내집단(in-group)과 외집단(out-group)을 엄격히 구분하며 내집단에 대한 긍정적인 기대가 높고 내집단에 대한 충성이 문화적으로 기대되는 사회 구조를 추구하는 것이다. 개인주의 적인 사회는 개인의 감정이 다른 집단이나 제도로부터 완전 독립되어 있고 자율, 자립, 다양성, 쾌락 등을 추구한다. 반면에 집단주의적 사회 는 개인의 감정도 다른 집단이나 제도로부터 영향을 받고 질서, 단결, 전통, 소속감이 중요하다.

Hofstede는 국가별 개인주의 성향을 보여주는 '개인주의 지수(Individualism Index, II)'를 제시하고 있는데 이에 의하면 한국은 II가 0~100 척도에서 18로서 조사 대상 76개 나라 중 65위를 차지하였다. 반면 일본은 II가 전체 평균 43보다 상회하는 46으로 35위였고, 싱가 포르의 II는 20으로 58위에 올랐다. 참고로 개인주의 지수가 가장 높은 나라는 91을 기록한 미국이었으며 2위는 90점의 호주, 3위는 89점의 영국으로 북미와 서유럽의 나라들이 개인주의가 높은 것으로 나타났고, 반대로 과테말라, 에콰도르, 파나마 등은 가장 개인주의가 낮은 문화에 속했다. 우리는 개인주의 지수가 높은 문화일수록 긍정적 감정인 행복한 느낌을 표현할 때 타인의 눈치를 볼 필요가 없는 등 사회적 제약이 없거나 덜할 것이므로 행복감의 소통 역시 보다 적극적인 방식을 택할 것으로 본다.[15]

네 번째 문화 차원인 남성성/여성성(Masculinity/Femininity) 차원은 사회 구조에서의 성 역할 분담 및 사회 구조의 남성성, 그리고 여성성과 관련된 지향성을 나타낸다. 중요한 점은 Hofstede et al.(2010)도 강조하듯이 여성성을 여권운동이나 양성평등과 혼동해서는 안 된다는 것이다. 남성성 지수(Masculinity Index, MI)가 높은 문화는 남녀 간의 성 역할 분담이 극명하게 나뉘고, 자기중심적이어서 자기 주장이 강하고, 성취감이나 물질적인 성공에 대해 강한 집착과 선호를 나타낸다. 반대로 MI가 낮은 문화는 비교직 싱 역할의 분담이 극명하게 나뉘지 않으며, 타인중심적이고 구성원 간 관계 유지가 문화적으로 중요하게 여겨지기 때문에 사회 내 다른 구성원을 배려해 주는 경향과 삶의 질을 강조하는 특성을 보인다. 남성성이 높은 문화에서는 가정 생활의 만족도가 낮고, 어린이들은 자주 공격성향을 보이며, 여성은 자신의 상사로 남성을 선호한다고 한다. 반면에 남성성이 낮은 문화에서는 가정 생활의

15　Matsumoto et al.(2008)에 따르면 개인주의 문화에서는 긍정적인 감정의 표현이 아무런 제약 없이 활발하게 일어나는 반면, 집단주의 문화에서는 자신에게는 매우 좋은 느낌일지라도 그런 감정을 다른 주위 사람을 의식하지 않고 거리낌 없이 말하는 것은 바람직하지 않다고 생각한다.

만족도가 높고 아이들의 공격성이 낮으며, 여성은 직장 상사로 여성을 선호한다고 한다. Hofstede(2001)의 조사에서 일본은 조사 대상 76개국 중 2위로 가장 남성성이 높은 문화인 것으로 나타났고 싱가포르는 38위인 반면, 한국은 59위로 남성중심성이 낮은 사회로 분류되었다.

다시 한번 강조하지만 남성성이 높은 문화가 반드시 남성우월주의적이거나 성차별이 심한 문화라는 것을 의미하지는 않는다. 이 조사에서 한국의 남성성 지수가 낮다고 해서 한국 사회가 상당히 남녀평등적 사회라는 것을 의미하는 것은 아니다. 남성성이 강한 문화는 양성 평등이 낮을 것으로 생각하기 쉽지만, 이 둘은 서로 다른 개념으로서 모든 문화에서 둘 사이의 상관 관계가 성립하지는 않는다. 같은 서구 문화에 속하지만 미국이나 독일, 영국과 같은 나라들은 남성성이 매우 높고 반면에 덴마크나 네덜란드, 노르웨이, 스웨덴 등은 남성성이 매우 낮은 나라이다. 또한 한국의 남성성 지수는 76개국 중 59위로 매우 낮고 미국의 남성성 지수는 19위로 높아서 미국이 한국보다 남성성이 높은 문화로 나왔지만 그렇다고 해서 미국이 한국보다 여성의 권리가 낮거나 양성 평등이 낮은 문화라고 말할 수는 없다. Hofstede의 문화 이론에서 말하는 남성성이 높은 문화는 대체로 자의식이 강하고 경쟁적이며 흔히 공격적이고 목표지향적이며, 책임감과 도전 의식이 높은 문화이다. 반면에 여성성이 높은 문화는 반드시 성차별을 해소하려 하거나 여성을 배려하려는 성향이 강한 문화라는 뜻이 아니라 남자든 여자든 경쟁보다는 협력을 중시하고 평화지향적인 문화라는 뜻이다. 이런 여성성이 강한 문화에서는 개인의 목표 달성도 의미가 있지만 그 과정도 중요하며, 개인의 성공에 못지않게 타인과의 관계를 중요시하고 겸양지덕이 미덕이 될 수 있다. 흥미로운 점은 Hofstede(2001)는 같은 문화에서도 연령에 따라 여성과 남성 사이의 남성성의 차이가 바뀌는 것을 발견했는데 대체로 20대 초반에 남성과 여성의 남성성의 차이가 가장 높다가 점차 줄어들기 시작해서 45세에 이르면 완전히 일치한다. 즉 나이가 들수록 남녀 모두 보다 덜 자아지향적이 되는데 이 변화는 남성에게서 보다 급속하게 일어난다는 것이다.

Hofstede 문화 차원 이론에서 다섯 번째 차원인 장기 지향성/단기 지향성(Long-term Orientation/Short-term Orientation)은 한 문화의 구성원들이 참을성, 영속성, 근검 절약 등을 중시하는지 아니면 안정과 여가, 신속한 결정 과정을 중시하는지를 보여주는 차원이다. 해당 차원의 지수인 '장기 지향성 지수(Long-term Orientation Index, LOI)'가 높을수록 끈기와 인내 및 인간관계, 서열 등을 중시하는 문화이며, 미래지향적인 성향을 보이는 국가이다. 미래지향성으로 인해 현재의 삶의 질이나 행복 등을 어느 정도 절제하려고 하며 장기적인 성과를 이루려는 경향을 보인다. 반면 이 LOI가 낮을수록, "carpe diem"으로 대변되듯 미래지향적이기보다는 현재의 삶이나 행복을 더욱 중요시하며, 절제나 절약 등이 문화적 미덕으로 여겨지지 않는다.[16] 따라서 LOI가 높은 사회는 극기와 금욕을 미덕으로 생각하는 스토이시즘(stoicism)석 사회이며 반면에 LOI가 낮은 사회는 감각적 쾌락을 인생 최고의 행복이라고 생각하는 에피큐리어니즘(epicureanism)적 사회이다. 물론 최근 한국은 특히 젊은 세대를 중심으로 전통적인 금욕주의보다 향락주의의 성향이 높아지는 경향을 볼 수 있다. 예를 들어 종래 부모 세대에서

---

16 2017년 7월 20일자 한겨레 [내 삶의 주인 되기]에서 손관승이 지적한 것처럼 현재 한국에서의 YOLO(You Only Live Once) 열풍은 흔히 현세지향적 생각이나 행동으로 오해되어 마치 장기 지향성 지수(LOI)를 낮추려는 경향으로 보이는데 이는 엄밀히 말해 쾌락과 소비를 강조하는 '화려한 삶(dolce vita)'과는 다른 개념이다.

는 열심히 벌어서 자기 집부터 장만하는 것이 중요하다고 생각한 반면, 자식 세대에서는 쉽게 장만할 수 없는 집을 얻기 위해 허리띠를 졸라 매고 올인(all-in)하는 것보다 자동차부터 먼저 구입하는 것이 현명하다고 생각한다. 과거 대부분의 한국 부모들은 자기 자신보다 자식들을 위해 희생하는 것이 당연하다고 생각하고 자식들의 교육을 위해 허리가 휘는 것도 감수했지만, 이제는 자식의 성공에 못지않게 부모 자신의 노후 설계도 중요하다는 인식이 커져가고 있다. 뿐만 아니라 과거에는 존경을 받는 사람은 무엇인가 가치를 만들어내는 생산의 영웅이었던 것에 비해 요즘에는 멋있게 삶을 향유하는 소비의 영웅으로 바뀌고 있다. 젊은이들이 죽기 전에 꼭 해보고 싶은 일을 적은 버킷 리스트(bucket list)에는 해외 여행, 맛집 순례 등이 상위에 차지하고 있고, 프라임타임 텔레비전을 이런 내용의 프로그램이 도배하다시피 한 것은 한국이 근검 절약을 강조하던 스토익한 사회로부터 향락과 소비를 중시하는 에피큐로스적 사회로 변모하는 추세를 잘 보여준다. 이 점은 미국도 비슷한데 공간미술가인 Candy Chang은 돌아가신 어머니를 추모하면서 미국 뉴올리언스의 한 버려진 건물 벽에 Before I die..라는 제목의 칠판을 만들고 그곳에 아무나 자신이 숙기 전에 하고 싶은 일을 분필로 적도록 하였다. 이내 수많은 사람들이의 폭발적인 반응이 있었는데 특히 "Have fun"이라든지 "Travel Round the World"와 같은 문구들이 많이 눈에 띄었다. 삶의 의미를 찾으려는 운동으로서 Before I die...는 현재 100여 개 나라에 설치되어 있다.

　　장기 지향성의 순위표에서 상위 5개국은 중국, 홍콩, 타이완, 일본, 한국으로서 모두 동아시아의 국가들이었다. 이들은 유교 사상의 영향이 남아 있는 나라들로서 장기 지향성이란 개념은 신유교적 문화 개념이라는 평을 듣게 한다. 중국의 장기 지향성은 타의 추종을 불허할 정도로 높은 118인 반면 한국은 장기 지향성 지수가 75로서 조사 대상

23개국 중에서 5위였고, 일본은 80으로 한국보다 한 단계 더 높은 4위의 매우 장기 지향적인 문화로 평가된다. 반면 싱가포르는 장기 지향성 지수가 48에 그쳐 한국이나 일본보다는 덜 장기 지향적인 문화로 평가된다.[17] 미국, 영국, 캐나다와 같은 서양권 나라들은 대체로 장기 지향성이 낮았으며, 제3세계 국가들은 가장 단기 지향적 문화인 것으로 나타났다. 장기 지향성이 높은 문화일수록 일시적이고 개인적인 감정에 휘둘려 크게 일희일비하는 것을 금하는 사회적 제약이 강할 것으로 생각되므로 우리는 장기 지향성이 높은 문화에서는 행복 감정의 표현과 소통이 솔직하고 활발하게 일어나지 않을 것으로 예측하며 이를 실제 조사를 통해 확인하고자 한다.

지금까지 검토한 Hofstede(2001, 2011), Hofstede et al.(2010)의 문화 차원 이론을 한국 문화에 적용하면, 현재 한국 문화는 물론 여러 분야에서 변화가 빠르게 일어나고 있기는 하지만, 위계와 서열이 강하며, 집단주의적 성향을 띠고, 모험성 보다는 안정지향성이 강하고, 또한 성취감이나 자기 주장, 물질적 성공보다는 사회 구성원 간 관계 유지 및 타 구성원에 대한 배려 등이 중요하며, 끈기와 인내, 절제를 미덕으로 삼기 때문에, 대체로 권력 거리 지수와 불확실성 회피 지수, 장기지향성 지수는 높고, 개인주의 지수와 남성성 지수는 상대적으로 낮다고 볼 수 있다. 다음 〈표 1〉은 우리가 관심을 갖고 있는 한국과 일본, 싱가포르의 결과를 표로 만든 것이고 〈그림 2〉는 이것을 그래프로 나타낸 것이다.

이를 방사형 차트로 다시 나타내어 비교하면 다음 〈그림 3〉과 같다. 일본은 각종 지수에서 한국에 비해 높은 값을 갖는 경향이 있고 싱

17　76개국을 조사한 다른 문화적 차원의 지수들에 비해 장기 지향성 지수는 조사 대상이 23개국으로 한정되어 있다. 각 지수에서 여러 나라가 공동 순위인 것도 있는데 이 경우 '공동'은 표기를 생략하였음.

표 1 한국, 일본, 싱가포르의 5대 문화 차원 지수와 비교

문화 차원 지수	한국	일본	싱가포르
권력 거리 지수 비교	60 (41위)	54 (49위)	74 (19위)
	1위 말레이시아(104), 최하위 오스트리아(11)		
불확실성 회피 지수 비교	85 (23위)	92 (11위)	8 (76위)
	1위 그리스(112), 최하위 싱가포르(8)		
개인주의 지수 비교	18 (65위)	46 (35위)	20 (58위)
	1위 미국(91), 최하위 과테말라(6)		
남성성 지수 비교	39 (59위)	95 (2위)	48 (38위)
	1위 슬로바키아(110), 최하위 스웨덴(5)		
장기 지향성 지수 비교 (비교 대상 23개국)	75 (5위)	80 (4위)	48 (9위)
	1위 중국(118), 최하위 파키스탄(0)		

Hofstede et al, 2010에서 인용.

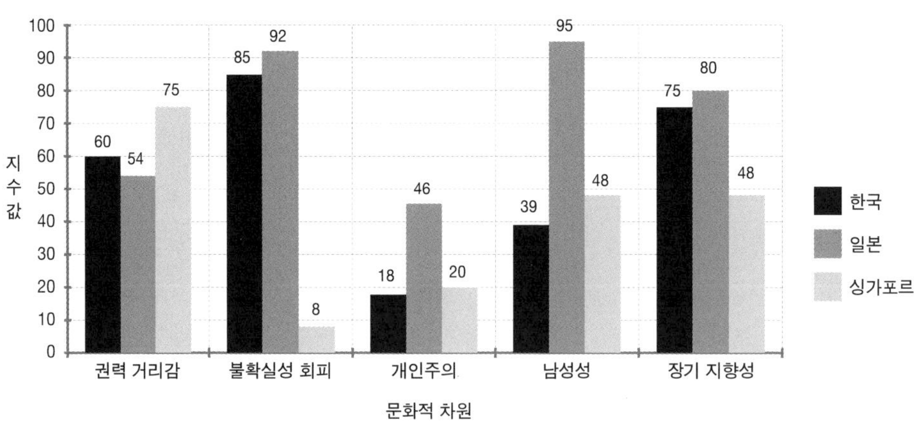

그림 2 한국, 일본, 싱가포르의 5대 문화 차원 지수 (막대그래프)

가포르는 낮은 값을 갖는다. 전체적인 모습은 일본과 한국이 닮은꼴에 가깝고 싱가포르는 독특한 형태를 취하고 있다는 점에서 문화적 유사성이 한국과 일본 사이에서 더 강하며 이는 언어 사용에서도 그대로 반영될 것으로 예상된다.

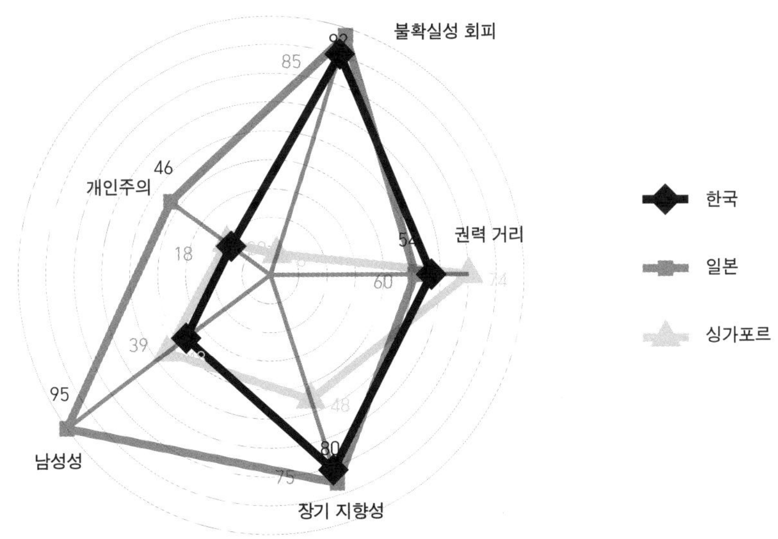

그림 3 한국, 일본, 싱가포르의 5대 문화 차원 지수 (방사형 차트)

이상에서 본 일련의 문화 차원 지수는 한 문화에 속한 사람들의 생각과 행동의 경향을 여러 측면에서 예측할 수 있게 해주는데 긍정적 감정으로서 한 개인의 행복한 감정을 표현하거나 타인에게 전달하는 것 역시 그 개인이 속한 문화적 차원의 특성에 영향을 받을 것으로 예상할 수 있다. 따라서 우리는 다음과 같은 가설을 설정하고 실제 조사를 통해 그 타당성들을 조사하고자 한다.

문화적 차원 지수와 행복감 표현 사이의 관계에 대한 가설:
1. 권력 거리감:
   권력 거리감이 강한 문화일수록 행복감의 표현과 소통에
   소극적일 것이다.
2. 불확실성 회피:
   불확실성 회피가 강한 문화일수록 행복감의 표현과 소통에
   소극적일 것이다.

3. 개인주의:

개인주의가 강한 문화일수록 행복감의 표현과 소통에

적극적일 것이다.

4. 남성성:

남성성이 강한 문화일수록 행복감의 표현과 소통에

소극적일 것이다.

5. 장기 지향성:

장기 지향성이 강한 문화일수록 행복감의 표현과 소통에

소극적일 것이다.

1.4. 싱가포르 퍼즐

우리는 한국, 일본, 싱가포르 세 나라에서의 행복 개념과 소통 방식에 대한 탐구 여행의 첫 발을 내딛었다. 비록 우리의 여정은 언어문화적 탐구이지만 그 나라의 현재 정치경제적 상황이나 법체제 등을 알아볼 필요가 있다. 특히 우리에게 너무나도 익숙한 한국 사회나 바로 이웃나라인 일본과 달리, 싱가포르는 잠깐의 여행이나 인터넷 서핑 등으로 얻은 피상적인 관찰이나 경험이 대부분이고 정확한 실상은 베일에 가려진 것처럼 보이므로 우선 싱가포르에 대해 세부적인 사항들을 알아보기로 하자. 싱가포르에 여행 온 사람이라면 누구나 감탄하듯이 도로에는 버려진 휴지 조각 하나, 껌 딱지 하나 보이지 않고 불법 주정차한 차량을 거의 볼 수 없을 정도로 규칙을 잘 지키는 나라인 싱가포르는 "The Fine City"라는 별칭대로 깨끗하고 질서있는 도시 국가이다. 그러나 싱가포르는 그 Fine의 의미가 때로는 '벌금'으로 해석될 정도로 이방인들이 보기에는 과할 정도로 까다롭고 구속적인 법과 규칙의 지배를 받고 있는 나라이기도 하다.

공식 국호가 '싱가포르 공화국(the Republic of Singapore)'인 싱가포르는 동남아시아 말레이 반도의 남단에 위치한 63개의 섬으로 이루어져 있는 도시 국가로서 면적은 한국의 부산보다 약간 작은 719.1km²이다. 싱가포르는 1819년 Sir Thomas Stamford Raffles가 이끄는 동인도 회사가 설치되고 1826년 영국의 식민지가 되기 전까지는 한적한 어촌이었으나, 이후 지리적인 위치 때문에 무역항으로 발전하였다. 제2차 세계대전 중 한때 일본에 점령당했지만 1945년에 영국이 다시 탈환하였고 1963년에 말레이 연합에 합병되었으나, 1965년에 독립하였다. 이후 리콴유(Lee Kwan Yew)의 가부장적인 강력한 리더십 하에 정치적 안정을 이루었는데 이는 경제적으로 싱가포르의 비약적 발전에 큰 도움을 주었다. 국제통화기금(IMF)의 조사에 따르면 싱가포르 2017년의 추정 1인당 명목 국내총생산(GDP)은 세계 11위인 $51,431로 영토는 작지만 경제력은 최상위급의 강소국이다. 같은 조사에서 일본은 $38,282로 세계 24위, 한국은 $29,115로 30위이다.[18]

2015년 싱가포르 인구조사에 따르면 싱가포르의 인구는 약 560만 명인데 중국계 74.1%, 말레이계 13.4%, 인도계 9.2%, 유라시안계와 기타가 3.3%인 다인종 국가이다. 종교는 불교, 기독교, 이슬람교, 힌두교 등이 공존하고 있지만 어느 종교도 인구의 과반을 차지하지는 않는다. 인구밀도는 1평방킬로미터 당 7,797명으로서 세계 3위의 인구조밀국이며 기대 수명은 81.8세로 남성이 79.3세, 여성이 84.1세이다. 15세 이상의 국민 중 글을 읽고 쓰는 문해율은 95%로서 세계 최고 수준이며, 인구밀도가 높지만 집을 소유하고 있는 사람이 87%나 된다. 공용문자(official script)는 로마 문자, 한자 간자체(簡化字), 타밀 문자이고,

---

18 IMF 자료는 http://www.imf.org/external/datamapper/NGDP_RPCH@WEO/OEMDC/ADVEC/WEOWORLD 를 참고할 것.

공용어(official language)는 영어, 말레이어, 표준 만다린어와 타밀어이다. 그러나 행정과 사법, 입법, 교육, 공적 비즈니스 등의 언어는 영어이다. 공공 문서는 영어로 기록하는 것이 원칙이며 다른 공용어로 작성된 문서는 반드시 영어 번역본을 첨부해야 해당 기관에 접수가 되고 효력을 인정받는다.[19] 2010년의 조사에 의하면 싱가포르 국민 중 약 3분의 1 정도만이 영어를 제1언어, 즉 모어(native tongue)로 사용하지만 80% 정도가 영어 해득력이 있고 고등학교 졸업 또는 그 이상의 학력을 지닌 사람들은 거의 대부분이 큰 불편없이 영어를 말하거나 읽는다. 인종별로 보면 말레이계의 4분의 1, 중국계의 3분의 1, 인도계의 2분의 1 정도가 영어를 제1언어로 사용한다. 이러한 다언어적 상황이 사회 통합에 큰 걸림돌이 될 수도 있다고 생각되는데 싱가포르는 적어도 표면적으로는 이를 슬기롭게 극복하고 있는 것으로 보인다. Wong(2014)에 따르면 싱가포르 사람들의 창조성이 반영된 싱가포르식 영어, 즉 Singlish는 종종 잘못된 영어로 폄하되기도 하지만, 언어와 문화 장벽을 극복하려는 노력의 소산으로 생겨났고, 정부의 강력한 인종 통합 정책(Ethnic Integration Policy)에 힘입어 모든 싱가포르인들이 공동의 의사소통의 목적으로 사용하는 언어로 충분히 잘 기능하고 있다. 인종적으로 소수계인 말레이계도 대다수가 말레이어만을 고집하지 않고 말레이 민족의 정체성과 문화를 포기하지 않으면서도 영어는 받아들이는 "영어를 말하는 말레이인(English-speaking Malays)"으로 남기를 원하는 것으로 알려져 있다.[20] 이 점은 영어가 식민지 시대 엘리트들의 후

---

19 인구조사 및 각종 통계 자료는 Statistics Singapore: 2015 General Household Survey에서 인용한 것임.

20 싱가포르에서 영어 공용어의 지위에 관해서는 Chew(2011), Wong(2014) 등을 참고할 것.

예와 일반 대중 사이의 사회경제적 지위의 불평등을 심화시키는 도구로 생각되어 영어 사용 능력에서 계층 간 큰 차이를 보이는, 싱가포르와 인접해 있는 말레이시아의 상황과는 많이 대조적이다.[21] 또한 한국은 일제 강점기에서 벗어나 국권을 회복하면서 일본어를 비롯한 모든 식민통치의 잔재를 청산하려고 노력한 것과 크게 대비된다.

　　법적으로 싱가포르는 대의민주주의를 표방하고 단원제의 의회 정치 체계를 가진 공화국이지만 실질적으로는 독립 이전인 1959년부터 인민행동당(People's Action Party)이 계속 집권하고 있다. 2015년 총선에서 인민행동당은 전체 89석 중 83석을 차지했는데, 비록 선거는 민주적으로 실시되었지만 한국의 중앙선거관리위원회와 같은 독립된 선거관리 기구가 없고, 야당과 시민 사회의 역할이 미미하며, 언론에 대한 정부의 영향력이 강력하다. 그 결과 싱가포르는 세계 각국의 인권문제에 대해 조사하는 미국의 인권단체 Freedom House 보고서에서 "부분적으로 자유로운(partly free)" 국가로 분류되고 있고,[22] 영국의 경제 주간지 The Economist의 민주주의 지수(Democracy Index)에서는 "결함이 있는 민주주의(flawed democracy)"로 불리고 있는데 이는 싱가포르의 높은 경제적 위상과는 걸맞지 않는 상황으로서 1960~80년대 한국의 이른바 개발독재를 연상케 한다. 온 세계가 4차 산업혁명 시대로 달음박질해나가는 2010년대에도 다른 부분에서는 앞서간다고 자처하는 싱가포르가 인권과 민주주의에서 후진적인 행태를 방치하는 것은 이해하기 힘들다.[23]

21　최서연(2012)에서는 말레이시아에서 영어 중시 교육정책의 현황과 문제점을 실제 사례를 통해 분석하고 있다.

22　출처: https://freedomhouse.org/reports

23　출처: https://www.eiu.com/public/topical_report.aspx?campaignid=-

　　또한 싱가포르의 언론의 자유나 표현의 자유는 비슷한 경제적 수준을 자랑하는 서방 선진국은 물론이거니와 같은 아시아권인 한국이나 일본에 비해 매우 뒤떨어져 있다는 것이 중론이다.[24] 예를 들어 2010년 11월의 BBC News 심층 취재는 싱가포르가 언론사에 의한 자체 검열(self-censorship)이 널리 퍼져 있다는 것을 파헤쳤다. 이에 따르면 싱가포르 정보통신부 산하의 언론발전국(Media Development Authority)은 "공격적이고 유해한 내용으로부터 선택과 보호에 대한 요구의 균형을 맞추기 위해 싱가포르 언론 매체를 규제하고 있다"고 하지만, 이러한 규제는 자의적이고도 선택적으로 적용되고 있어 정부나 공공 기관에 대해 비판적인 기사나 방송은 철저히 봉쇄되고 있다. 싱가포르보다 경제 수준이 떨어지는 다른 국가에서는 찾아볼 수 없는 규제도 있는데 예를 들어 인공위성 TV 안테나를 민간이 설치하는 것이 금지되어 있고, 인터넷도 약 100개 정도의 웹사이트는 집에서 접속할 수 없도록 되어 있는데 많은 싱가포르인들은 이런 금지된 사이트를 직장과 같은 곳에서 비밀리에 접속하는 것으로 나타나 있어 이런 상황에 대한 불만의 목소리가 커지고 있다.[25]

　　이러한 상황 때문에 "국경없는 기자회(Reporters Without Borders)"의 2017년 조사에서 싱가포르의 언론 자유 지수(Press Freedom Index)는 조사 대상 180개 나라 중에서 151위에 머물렀는데 이는 "매우 우려

Democracy0115

24　출처: "Media: Overview". Ministry of Information, Communications and the Arts. 16 March 2005

25　2010년 11월 16일 영국 BBC 방송의 "Singapore country profile"에서는 이를 집중적으로 다루었음.

할 만한 상황"에 속한다 (한국은 63위, 일본은 72위였음).[26] 이처럼 언론의 자유와 표현의 자유가 제한을 받는 상황에서의 사회적 의사 표시나 감정 표출은 제약을 받거나 위축될 수 있다. 만약의 경우 싱가포르에서와 같은 표현 자유의 제약이 오늘날 한국이나 일본에서 이루어진다면 시민들은 인내의 한계를 느끼게 될 것이다. 비록 행복과 같은 개인적이고 긍정적인 감정조차도 언론과 표현의 자유를 제한하는 사회적 환경이나 문화적 규범 때문에 마음껏 자유롭게 표출하고 공유하는 데에 부담을 느낄 수 있는데 우리는 이 점을 싱가포르인들을 대상으로 한 행복 감정 소통 조사를 통해 확인해 보고자 한다.

소통과 관련하여 싱가포르에서 언론의 자유와 표현의 자유는 헌법 14조 1항에 명시적으로 보장되어 있다. 그러나 헌법 14조 2항에는 이런 자유를 규제할 수 있는 경우들을 나열하고 있는데 특히 공공의 이익에 필요하거나 부합한다고 여겨질 때에는 언론과 표현 및 결사의 자유를 제한할 수 있으며 이런 조건은 정부에 무비판적인 의회에서 결정하되 사법적 판단의 대상이 아니라고 명시하고 있다. 뿐만 아니라 공공비밀법(Official Secrets Act)과 방송법(Broadcasting Act) 및 신문출판법(Newspaper and Printing Presses Act), 영화법(Films Act) 등도 언론 자유를 제한하는 조항들을 담고 있어서 다양한 종류의 검열과 제재가 취해지고 있다. 그 결과 싱가포르는 정부가 주도하는 정책에 순응하고 정부가 제시하는 사회 질서와 행동의 가이드라인에 잘 길들여진 시민들을 양산하고 있다는 비판이 있다.[27] 예외적으로 영국의 하이드파크(Hyde Park)에 있는 Speakers' Corner를 본 따 2008년에 만든 싱가

---

26 이에 대해서는 https://rsf.org/en/ranking를 참고할 것.

27 이런 비판에 대한 더 상세한 내용은 미국 국무성에서 발간한 Singapore 2015 Human Rights Report.를 참고할 것.

그림 4　싱가포르의 Speakers' Corner

포르 시내의 Speakers' Corner에서 공연 및 집회법(Public Entertainments and Meetings Act)이나 공공질서법(Public Order Act)과 무관하게 별도의 허가를 받지 않고도 확성기를 사용한 정치적 발언이나 집회가 가능하지만 완전한 언론 자유를 보장하는 것과는 거리가 있다. 싱가포르의 경제적 번영에 걸맞지 않는 이러한 제한된 민주주의는 원활한 사회적 의사소통을 저해하는 요소가 되며, 특히 젊은 세대를 중심으로 더 많은 언론과 표현의 자유를 요구하는 움직임이 있다. 이들은 전통적인 매체 외에 인터넷이나 모바일폰을 통한 통신에 주목하고 있다. 이에 따라 당국이 온라인 통신을 통제하려는 움직임 또한 커지고 있다.[28]

　이와 같은 사회적 상황 속에서 싱가포르인들의 삶의 질에 대한

28　일례로 다음 내용을 참고할 것: "Internet Users by Country (July 2016 estimate)". Internet Live States. July 2016. "Elaboration of data by International Telecommunication Union (ITU), United Nations Population Division, Internet & Mobile Association of India (IAMAI), World Bank."

만족감은 높고 세계인들의 평가도 대체로 우호적이다. 유명한 저술 가이지 대중강연자인 Buettner(2010)는 갤럽-셰어케어 웰빙지수(Gallup-Sharecare Wellbeing Index), 세계 가치조사(World Values Survey), 세계 행복 데이터베이스(World Database of Happiness) 등에서 싱가포르가 "아시아에서 가장 행복한 나라(the happiest place in Asia)"로 뽑혔다는 점에 주목한다. 예를 들어 세계 가치조사에 따르면, 싱가포르인의 95%가 스스로 매우 행복하거나 꽤 행복하다고 답했고, 응답자들에게 존경심을 느끼는지, 많이 웃는지, 흥미로운 것을 배우거나 하는지 등을 질문하면서 삶의 만족 순위를 매겨 보게 하여 얻어진 갤럽-셰어케어 웰빙지수에서 싱가포르인들은 10점 만점에 6.9로 평가하였고, 2%만이 우울하다고 평가하였다.[29] 반면에 일본과 한국은 같은 조사에서 하위권에 처했는데, 그도 그럴 것이 일본은 잃어버린 10년 이후 경기 부양을 위해 안간힘을 쓰지만 구조적 불황의 덫을 빠져나오기가 쉽지 않았다. 일본은 자타가 공인하는 경제 대국이지만 국민들의 삶의 질은 선진국에 걸맞지 않아 "국가는 부유한데 국민은 가난하다(a rich nation but a poor people)"는 뼈아픈 지적을 받은 지도 오래인데 아직도 그런 지적에서 벗어나지 못하고 있다.[30] 일본의 경제는 서서히 불황의 그늘에서 벗어나고 있지만 실업률과 물가상승률을 더한 경제고통지수(Misery Index)는 한국이 일본에 비해 높다. 일인당 국민총생산(GDP)을 기준으로 한 한국의 경제 수준은 11~12위권인데 생활 수준은 48위에서 맴돌고 있다. 경제협력개발기구(OECD)가 발표한 한국의 '2016년 더 나은

---

29 이 조사 자료는 Gallup-Sharecare의 웹사이트인 http://www.well-beingindex.com/에서 열람할 수 있다.

30 이런 지적의 한 예로 Kingston(2011)을 참고할 것. 이 말은 일본뿐 아니라 사우디아라비아나 인도와 같이 부의 편재가 심한 나라들을 가리키기도 한다.

삶의 지수(Better Life Index, BLI)'는 조사 대상 38개 국 중 28위이다. 한
국은 2003년 이후 2016년까지 12년 연속으로 OECD 국가 중 자살률 1
위를 유지하고 있는데 하루 평균 38명이 자살하고 있다. 특히 청소년
과 65세 이상의 노년층에서 자살률이 상대적으로 높은데 이는 감당하
기 어려울 정도의 과도한 스트레스를 유발하는 암울한 경제적 상황과
무한 경쟁으로 내몰리는 사회적 현실에 대한 좌절감 및 전통적인 부모
부양이 불가능해지고 사회안전망의 붕괴 때문에 많은 사람들이 삶의
의욕과 희망을 상실했기 때문으로 보인다. 그런 와중에 한쪽으로는 디
시인사이드에서 시작된 것으로 알려진 "헬조선"이라든지 "탈조선", "N
포 세대", "국뽕", "국까"와 같이 자기모멸적인 단어의 사용이 늘어나고,
또 다른 한편으로는 YOLO(You only live once)를 단지 '늦기 전에 무조
건 즐기라'는 좁은 뜻으로 해석한 나머지 음식과 여행과 같은 소비와
향락에 탐닉하는 경향이 있는데 어느 쪽이든 건강한 의미의 행복과는
거리가 멀다.[31]

반면에 싱가포르는 한국과 일본의 고민이 남의 나라의 고민인 듯
삶의 질에 대해서는 최고 수준의 만족도를 보이고 있다. 이러한 높은
수준의 만족도에 대해 Buettner(2010)는 싱가포르인이 좋은 음식, 기본
적인 거처, 적절한 의료 서비스 등 높은 삶의 질을 이루는 필수적인 요
소를 갖고 있는 나라에서 살기 때문에 충분히 행복할 권리를 갖고 있
다고 분석하였다. 하지만 이런 요소들은 한국이나 일본도 어느 정도
갖추고 있는 것들로서 세 나라에서 이에 대한 가치 부여의 정도에서만
차이가 있다고 생각된다. Buettner는 더 나아가 싱가포르가 지위 평등,

31　이 말과 비슷한 개념의 표현은 1774년 Goethe가 쓴 비극 작품인 Clav-
igo에서 쓰였다고 한다. 이에 대한 손관승의 비판은 http://www.seouland.
com/arti/society/society_general/2258.html을 참고할 것.

안보, 신뢰, 관용, 여가에 대한 접근, 재정적 안정과 같은 행복과 상관관계에 있는 것들을 모두 충족시키고 있다고 주장한다. 여기서 또 다른 퍼즐로 다가오는 점은 이런 풍요로움 속에도 싱가포르인들의 행복 감정 표출은 그다지 적극적이지 않다는 것인데, 이는 결국 행복 표현은 각종 사회경제적 행복 지수만으로는 파악할 수 없는 요인들이 있다는 것을 암시한다. Buettner는 지속적인 행복은 사회적, 물리적 환경을 최적화함으로써만 가능한데 최적화된 환경에 절대적인 기준을 적용하려는 것을 경계한다. 이는 서구적인 시선으로 섣불리 행복을 예단할 수는 없다는 것이며 이 점은 어느 정도 싱가포르 퍼즐에 해답을 제시해준다. 1978년 이후 중국의 자본주의식 성장을 주도한 덩샤오핑이 "검은 고양이든 흰 고양이든 쥐만 잘 잡으면 된다"는 이른바 '흑묘백묘론'으로 경제와 정치를 분리하려고 했던 것은 앞으로의 장기적인 결과를 예측하기는 어렵지만 최소한 당분간은 싱가포르에도 적용될 수 있는 지극히 실용적인 사상으로 보인다.[32]

이밖에도 인간개발지수(Human Development Index, 줄여서 HDI), 국제 삶의 질 지수(International Living's Quality of Life Index, 줄여서 ILQLI), 머서 세계 삶의 질 조사(Mercer Survey of Quality of Living City Rankings, 줄여서 Mercer Survey) 등과 같은 국제적인 조사에서 싱가포르인들은 높은 삶의 질에 대한 긍정적 평가를 하고 있는 것으로 나타나지만 문제가 전혀 없는 것은 아니다. 우선 유엔개발계획의 HDI는 행복이 경제적 관점에서만 오는 것이 아니라 건강과 교육으로부터 나온다고 여긴

---

32 물론 공직자들이 청렴하고 부패를 모르며 분배의 정의가 어느 정도 실현된 싱가포르를 중국과 비교하는 것은 무리일 수 있다. 중국은 1989년의 천안문 사태로 경제 대국화에 값비싼 대가를 지불했지만 싱가포르에서는 적어도 그런 대규모 민중 저항 사건이 일어날 확률이 높아 보이지 않는다.

다. HDI는 국민 소득, 기대 수명, 문해율의 세 가지로 구성되는데 싱가
포르는 2010년에 27위에 선정되어 높은 인간 개발 지수를 나타냈지만,
11위인 일본, 12위인 한국보다 낮았다.[33] 그리고 ILQLI는 생활비, 문화
와 여가, 경제, 환경, 자유, 건강, 공공 기반 시설, 안전과 위험, 기후의
아홉 가지 항목으로 구성된다. 0부터 100까지의 점수를 부여할 수 있
으며, 점수가 높을수록 삶의 질이 더 좋은 것이다. 싱가포르는 61점을
받아 194개 국 중 70위를 하였다. 동남아시아에서는 높은 순위를 차지
한 편이나 일본, 한국, 타이완보다는 낮다. 싱가포르는 안전과 위험에
서 100점, 건강에서 74점, 문화와 여가에서 71점, 공공 기반 시설에서
69점, 경제에서 68점을 받았다. 그러나 생활비는 51점, 자유는 42점,
환경은 39점, 기후는 39점으로 낮았다.[34] 마지막으로 세계 대도시의 삶
의 질을 좌우하는 사회, 경제, 문화, 자연 환경, 의료와 건강에 대한 배
려, 학교와 교육, 공공 서비스와 교통, 여가, 소비재, 주거 등 제반 요소
를 평가하는 Mercer Survey에서 싱가포르는 25위로 아시아에서 1위를
차지했고, 도쿄가 47위, 오사카가 60위였으며 서울은 76위에 올랐다.[35]
요약하자면, 싱가포르는 동남아시아 연합(ASEAN)의 브루나이, 캄보디
아, 인노네시아, 라오스, 말레이시아, 미얀마, 태국, 필리핀, 베트남보
다 더 좋은 평가를 받았다. 그러나 싱가포르는 일본, 홍콩, 한국, 대만
과 비교했을 때는 항상 더 좋은 평가를 받는 것은 아니었다. 일반적으
로 싱가포르는 경제와 안전에서는 높은 점수를 받았지만 자유와 민주

---

33 이 자료의 출처는 http://hdr.undp.org/en/content/human-develop-
ment-index-hdi임.

34 이 자료의 출처는 https://internationalliving.com/world-rankings임.

35 이 자료의 출처는 https://www.mercer.com/newsroom/2017-quali-
ty-of-living-survey.html임.

주의 권리에서는 낮은 편이었다. 싱가포르의 기대 수명은 높은 반면, 수입과 성별의 평등 그리고 지속 가능성에서는 그렇지 않았다.

그렇다면 싱가포르에서는 부유하고 고등 교육을 받은 사람들이 더 행복할까? 다시 말해, 싱가포르에서는 돈이 행복을 살 수 있을까? 대부분의 선진국에서처럼 싱가포르에서도 개인의 수입이 그 사람의 교육 수준과 밀접한 관련이 있고 이들은 저소득층, 저학력자들보다 유복한 생활을 할 가능성이 높다. 그런데 Easterlin(1974)은 고소득자가 꼭 행복한 것은 아니라는 "이스털린의 역설(Easterlin Paradox)"을 역설한 바 있다. 그 후 Easterlin, McVey, Switek, Sawangfa & Zweig(2010)도 소득이 증가할수록 꼭 더 행복한 것은 아니라는 점을 실증적으로 보여주었는데 싱가포르에서도 Easterlin Paradox를 발견할 수 있다. 예를 들어 2008~2009년의 세계 경제 위기로부터 빠르게 벗어나 반등했음에도 불구하고, 싱가포르인들은 더 행복해지지 않았다. 엄청난 경제적 성장은 식료품 및 연료의 가격과 생활비를 오르게 했다. 외국인 노동자의 유입으로 인구가 빠르게 증가한 것도 공공 기반 시설과 사회 관계에 부담을 주었다. Straits Times와 같은 언론의 보도에 따르면 상대적으로 열악한 주거 문제와 교통 시스템도 거주자들과 통근자들의 비난을 받았다. 싱가포르인들은 제한된 자원 하에 흔치 않은 기회들을 놓고 치열한 경쟁을 느끼기 때문에 성공의 성과를 다른 사람들과 충분히 나눌 여유가 없다. 주거, 의료 보험, 사회 복지, 대중교통, 퇴직금 등에 대한 불만은 싱가포르 사회의 안정마저 위협하는 만성화된 고질병처럼 보인다.

그렇다면 무엇이 싱가포르인을 정말로 행복하게 만드는 것인가? 일반적으로 대부분의 싱가포르인들은 경제가 좋을 때 행복하다고 한다. "How happy are Singaporeans?"라는 제목의 온라인 토론에서 많

은 싱가포르 네티즌들은 소득이 행복감을 느끼게 하는 데 필수요소라
는 점에 동의하고 있다 (https://www.quora.com/How-happy-are-Singa-
poreans 등). 그러나 앞에서 언급했듯이, 경제가 좋을 때에도 물가 인상,
주거비 상승과 같은 문제점이 발생하므로 경제가 행복을 보장해 주는
유일한 요인은 될 수 없다. 중요한 점은 온라인 토론에 참여한 싱가포
르인들은 가장 기본적인 욕구가 충족했을 때 어느 정도 만족하지만,
그 만족감에는 한계가 있다고 생각한다는 것이다. 소득 수준으로 상위
15%까지의 싱가포르인들은 같은 소득 수준에 있는 다른 나라 사람들
처럼 좋은 자동차도 굴릴 수 있고, 비싼 민영 아파트에서 높은 생활 수
준을 향유할 수 있기 때문에 행복감을 느낄 가능성이 높지만, 그보다
소득이 낮은 다수의 싱가포르인들은 자동차를 구입하고 유지하는 데
부담을 느끼며, 정부가 지은 공영 HDB Flat 아파트에 살면서 자신이
추구하는 이상적 삶과 현실을 타협해야 할 필요성을 느낀다. 대신 싱
가포르인들은 물질적 영역 외에도 다른 삶의 영역에서 보다 큰 행복과
성취감을 느낀다. 즉 싱가포르인들은 결혼, 가족, 친구와 같은 개인들
사이의 관계에서 행복을 느끼고 이것이 전반적인 행복의 수준을 정하
는 데 큰 역할을 한다. 이 점은 Ye(2013, 2016)의 연구에서 행복을 타인
과의 관계에서 주로 찾는 대다수 중국인들의 경우와 유사한 것이다.

　　싱가포르는 2012년 Happy Planet Index에서 151개 국 중 90위
에 머물렀고 같은 해 갤럽의 조사에서는 세계에서 가장 "감정이 없는
(emotionless)" 무덤덤한 사회로 선정될 정도로 감정 표현이 없는 문화
였다. 즉 5개의 긍정적 감정과 5개의 부정적 감정에 대한 설문 조사에
서 필리핀인들의 60%는 매일 긍정적이든 부정적이든 감정을 느끼며
산다고 답한 데 비해 싱가포르인들은 36%만이 그러하다고 답했다. 그
런데 놀라운 점은 이듬해 갤럽이 같은 내용으로 다시 조사한 바에 의
하면 싱가포르는 긍정적인 감정을 느끼는 비율에 있어서 조사 대상

143개 국 중 가장 큰 증가율을 보여 중위권으로 도약했다는 점이다.[36] 무엇이 이런 변화를 가져왔는지 조사를 한 갤럽조차도 명쾌한 해답을 내놓지 못했는데 과연 2012년의 조사 결과와 2013년의 조사 결과 어느 쪽이 싱가포르인들이 느끼는 감정의 실상일까? 지금까지 본 수 많은 행복 지수는 사람들의 생각을 수치화하여 보여주려는 지표이지만 사람들이 실제 느끼고 공유하며 소통하고자 하는 행복감을 투명하게 제시하지 못하고 있다. 싱가포르는 행복을 느낀다고 하지만 그런 감정을 잘 소통하지 않으려 하고, 안전하고 청렴하다고 하는데 왠지 답답하고 뭔가 부족하게 느껴지며, 민주주의는 정체되어 있는 것 같지만 경제는 비약적으로 발전하고 있다. 또한 개방적이고 역동적인 현대적 사회라고 하지만 때로는 매우 폐쇄적이고 고루한 전근대적 사회 같이 느껴지며, 언론과 표현의 자유는 제한되어 있지만, 그래도 삶의 질은 높다고 못내 자부한다. 이런 점은 외부인들은 쉽게 이해하기 어려운 수수께끼처럼 보인다. 이런 싱가포르 퍼즐(Singapore puzzle) 중에서 언어와 의식, 소통에 관련된 부분에 대해 우리는 Hofstede(2001, 2011)의 문화 이론과 Scherer(2005)의 감정 처리 이론, Matsumoto et al.(1998, 2008)의 감정 표출 이론 등을 통해 종합적으로 판단할 필요가 있다고 생각하며 다음 장부터 이에 대해 하나씩 알아보고자 한다.

---

36 http://www.straitstimes.com/singapore/singapore-goes-from-most-emotionless-to-highest-increase-in-positive-emotions-gallup

2. 감정과 행복 이론

2.1. 감정이란 무엇인가?

행복 감정의 표현과 소통에 대해 살펴보기 위해서는 먼저 감정이란 무엇인지, 이를 어떻게 연구하고 조사하는지에 대해 알아볼 필요가 있다. 감정이란 말 그대로 정(情)을 느끼는 것인데 한자에서 원래 정이란 정서 외에도 기질, 욕망, 태도 등을 포괄한다. 〈순자(荀子)〉에서는 정을 "인간의 본성이 좋아함, 싫어함, 기쁨, 분노, 슬픔, 즐거움으로 발현된 것"이라 하였다. 순자는 이렇듯 6가지 정을 논한 반면 〈예기〉나 조선 성리학에서는 약간 다른 관점에서 7가지 정을 논하고 있다. 인간이면 누구나 갖고 있는 다섯 가지 욕심인 5욕(五慾), 즉 식욕, 물욕, 수면욕, 명예욕, 색욕으로부터 일곱 가지 정, 즉 7정(七情)이 생겨나는데 7정이란 희(喜), 노(怒), 애(哀), 락(樂), 애(愛), 오(惡), 욕(慾)의 일곱 가지 감정을 말한다. 때로는 7정에 즐거운 마음인 락(樂) 대신 두려운 마음인 구(懼)를 넣기도 하는데 이는 다음 장에서 보겠지만 즐거움(樂)이 기쁨(喜)과 개념상 중복되는 부분이 많아서 이 둘이 넓은 의미의 행복한 감정에 포함될 수 있기 때문인 것으로 보인다. 3장에서 자세히 보겠지만 일본어에서도 うれしい(嬉しい)라는 단어는 즐거운 마음과 기쁜 마음이 혼재하여 있는 것으로 볼 수 있다.

인간의 본성을 다루는 성리학에서 감정은 매우 비중 있게 다루어졌는데 현대 감정 연구를 선도하는 Scherer(2010)나 Fontaine et al.(2007) 등의 이론과 놀랍도록 유사하게도 감정이 외부의 사건이나 상황에 반응하는 과정에서 생겨나는 것으로 보았다. 퇴계 이황은 〈예기(禮記)〉에서의 7정은 기(氣)가 발현된 것이고, 〈맹자(孟子)〉의 사단(四端)인 측은지심(惻隱之心), 수오지심(羞惡之心), 사양지심(辭讓之心), 시비지심(是非之心)은 이(理)가 발현한 것으로 보고 이가 기를 제어하지 못하면 이욕(利慾)에 떨어져 금수와 같은 존재가 된다고 보는 주리론, 도덕론적 입장을 취했다. 반면에 율곡 이이는 "사단은 칠정을 겸하지 못하나 칠정은 사단을 겸한다"고 주장하여 주기론, 존재론적 입장을 취하면서 조선 성리학의 대논쟁을 이끌었다. 이를 현대적으로 재해석하면 도덕률이 감정을 제어하는 것이 필요하거나 바람직한지, 자연적 감정은 윤리적 통제 없이 자율적으로 작동할 수 있는 것인지에 대한 논쟁으로 볼 수 있는데, 이 두 가지 해석은 행복 감정의 소통과 사회나 문화의 관계와도 관련이 있다. 즉 어떤 사회나 문화가 핵심적인 가치로 삼는 것이 무엇인지에 따라 감정의 자유로운 표현 정도가 정해지는데 이런 표현성(expressivity)과 표출 규칙(display rule)에 대해서는 이 글 5장에서 다루도록 한다. 한덕웅(2000)은 전통적인 성리학에서의 4단 7정에 해당하는 현대 한국어의 감정 어휘들의 의미 차원을 조사하였다. 그 결과 기쁨, 사랑 및 사양은 긍정적 차원에 속한 감정 어휘인 반면, 분노, 슬픔, 혐오, 측은함, 수치심, 두려움 등은 부정적 차원에 속한다는 결과를 얻었다. 이는 다음 장에서 볼 감정을 구성하는 차원에 대한 현대심리학의 이론적 분석과 일맥상통하는 결과로서 감정의 기본 구조에 대해서는 한국인의 인식이 서양 학자들의 분류와 크게 다르지 않음을 보여준다.

서양에서 감정(emotion)은 자아(self)와 외부 세계와의 관계로 파악하는데 Keltner & Haidt(1999)는 감정이 외부 자극에 대한 신경생리적, 심리적 반응으로서, 개인에 대한 사회적 통제(control)에 대처하는 기제라고 정의했다. 이런 정의는 다음 절에서 볼 감정의 '컴포넌트 처리 모델(CPM)'과 연결되는데 중요한 점은 감정이 개인의 감각(sense)과 지각(perception)에 기반을 둔 것이지만, 주관적인 수준에 머무르지 않으며, 오히려 객관적인 관찰과 측정이 가능하여 과학적으로 분석할 수 있는 간주관적(intersubjective) 현상이라는 점이다. 또한 감정은 개인에게 부과되는 사회적 통제를 잘 처리할 수 있도록 도와주는 것으로서 일종의 배출구 역할을 한다. 그 때문에 우리는 앞 장에서 갤럽이 싱가포르를 "감정이 없는 사회"라고 결론 내린 것에 대해 감정이 갖고 있는 사회적 역할이 싱가포르에서 기능을 발휘하지 못할 가능성에 대해 우려하게 된다. 다만 모든 사회는 최소한의 통합과 질서 유지를 위해 개인의 자유방임적인 감정 표출을 억제하는 감정 표현에 대한 사회적 규범을 정하고, 구성원들은 이를 지킬 것으로 기대된다. 이는 감정이 지닌 파괴적 잠재력과 반사회적 에너지를 경계하는 것이다.

영어에서 감정을 뜻하는 단어인 emotion은 라틴어의 emovēre에서 온 것으로서 이는 '밖으로'를 뜻하는 e-와 '움직이다'를 뜻하는 movēre의 합성어로 원래의 뜻은 '밖으로 몰아내다'의 뜻이다. 즉 감정은 개인의 마음속에서 일어나는 느낌을 그 개인의 밖으로 내보이는 것을 말한다. 그런데 종종 절제되지 않은 방식으로 느낌이 분출되다보니 감정은 위험한 것, 또는 옆 사람에게 거북한 것으로 비추어질 수 있다. 특히 유럽에서는 이성(reason)에 대한 믿음이 확고한 나머지 감정을 이성의 대척점에 놓았다. 감정은 이성과 대비되어 철저히 이분법적으로 이해되고 기술되었다. 이성은 흔히 차가운 지성 또는 머리와 연결되고 감정은 따뜻한 가슴, 즉 심장과 연결되었으나, 합리주의 시대에 중요한 것은 이성이고 비이성적인 감정은 자칫하면 분란을 초래할 수 있는 위험한 것쯤으로 여기기도 했다. 이성을 그리스 철학에서의 로고스(logos)라고 보고, 감정을 파토스(pathos)라고 본다면, 감정이 없는 것은 apathy가 되는데 그렇다면 우리는 무관심한(apathetic, indifferent) 존재가 되고 만다. 따라서 근대 합리론의 대표자라고 할 수 있는 데카르트 (Descartes)마저도 감정을 유물론적으로 설명하면서 감정이 없으면 진리 탐구가 불가능하다고 주장했다. 하지만 "이성(理性)을 가져라. 아니면 목 조를 끈을 가져라"라는 디오게네스(Diogenēs)의 준엄한 명령이 기억 속에 너무나 생생한 나머지, 대다수의 유럽 지식인들에게 이성과 반대인 감정은 비합리적인 것이어서 사고와 추론에 의존하지 않으며 "감정적"이란 말은 자제력을 잃고 합리적으로 행동하지 못한다는 의미로 쓰이게 되었다.

그러나 현대 심리학의 연구 결과는 감정 또한 우리 의식의 범위 안에서 사고의 결과로 나오는 것임을 계속 보여주고 있고 인간은 이성적인 존재인 동시에 감정적인 동물이라는 명제는 누구도 부인할 수 없다. 흔히 "감정이 우리의 적응을 방해한다"는 말을 듣는데, 감정 때문에 문제를 일으키는 경우가 많기는 하지만, 감정은 세상을 살아나가는데 필수적인 도구이다. 헤겔(Hegel)은 "감정이 역사를 움직이는 힘"이라고 했고, 다윈(Darwin)도 인정하듯이 인간의 감정이 이렇게 진화해 온 것은 그것이 삶을 성공적으로 헤쳐 나가는 데 도움을 주었기 때문이므로 우리는 더 이상 감정을 인간 존재의 약점이라고 말할 수 없다. 또한, 감정이 풍부한 사람을 인격 수양이 덜되었거나 품성이 열등한 사람이라고 보는 자세에서 벗어날 필요가 있다. 영어에서는 emotion이란 단어 외에 affect(정동, 情動)라는 용어도 있는데 이는 emotion보다 넓은 개념으로 사용되어 사람이나 상황과 관련된 일시적인 느낌(feelings), 원인이나 정체를 적시하기 어려운 기분(mood), 개인이 선택이 굳어진 기질적 성향(disposition), 세계를 바라보는 태도(attitude)를 모두 포함하는 개념이다.[37]

37　한국심리학회의 심리학 용어사전에 따르면(http://www.koreanpsy-

　　현대 정보 이론의 관점에서 감정은 단순한 기분이나 느낌 이상의 것으로서 우리가 접하게 되는 수많은 정보들 중에 특히 주목할 필요가 있는 정보에 대한 신호들(signals)이다. 이런 신호들을 신속하게 평가함으로써 상황의 의미가 전달되고 그에 따라 적절한 행동이 따르게 된다. 이런 식으로 우리는 우리의 삶을 위해 감정을 활용한다. 감정은 우리의 인지 능력을 보완하거나 완성시켜주며 의사 결정에서 빼 놓을 수 없는 중요한 부분이다. 실제로 Damasio(2000)는 우리가 결정을 내릴 때, 특히 매우 중요한 결정을 내릴 때는 더욱 더 "감정의 지혜(wisdom of our emotions)"에 의존한다고 주장한다. 대뇌 회백질에 있는 신경절(basal ganglia)은 그것이 감지한 것을 말로는 표현하지 못하지만 느낌으로 우리에게 전달해 준다고 한다. 감정은 사물이나 사람 또는 사건이나 상황 등과 같은 외부 자극에 대한 단기적 적응 반응으로서 뇌의 인지 과정에서 사고(thinking) 및 욕구의 결과로 발생하는 느낌이라고 할 수 있다 (Niedenthal et al., 2006). 감정은 보통의 경우 인위적으로 만들어낼 수 없고, 자극의 의미에 따라 달라질 수 있다. 즉 행복, 슬픔, 분노, 불안, 불행, 긍지, 호감 등을 느끼는 것은 삶의 사건과 조건에 우리가 부여하는 의미 때문이다. 같은 사건에 대해서도 다른 감정 표현이 가능한 것은 의미 부여라는 해석 과정이 개입되기 때문이며 이것은 사

chology.or.kr/psychology/glossary.asp), 영어의 emotion은 '정서'로 번역하고 affect는 '감정'으로 번역하고 있지만 이 표준 번역 자체에 대해 논란이 있고 실제 연구에서도 일반적인 관례대로 emotion을 '감정'으로 번역하고 affect는 '정동'으로 번역하는 사례가 많다. '정동'은 임상적 징후로서의 감정 상태나 생리적 현상을 포함하는 신경생물학적 현상을 지칭한다. 이 글에서는 이런 일반적인 관례를 따르되 기존 한국어 문헌에 사용된 번역은 그대로 사용하기로 한다.

회적, 문화적 영향을 받을 것으로 생각된다. 그렇기 때문에 감정의 보편성에 안주할 수 없고 여러 사회와 문화의 특성을 고려한 감정 표현의 비교사회학적, 횡단문화적 연구가 필요한 것이다. 내 자신이나 다른 사람의 감정을 이해한다는 것은 그 삶에서 일어나는 일상적 사건들의 의미를 해석하는 방식을 이해한다는 것이고, 어떤 사람들이 자신의 개인적인 안녕에 어떤 영향을 미치는가를 이해하는 것이다. 또한 우리 인간의 마음은 우리가 위험에 처해 있는지, 안전한지, 바람직한 방향으로 가고 있는지 등을 결정해야 하는 상황에서 복잡하고 미묘한 개인적인 의미들을 느낄 수 있다. 적응에 실패하는 것을 잘 용서하지 않는 세계에서 우리의 소중한 자원인 감정은 삶에 적응하려는 우리의 노력과 밀접하게 관련이 있다.

개인적 의미 부여의 산물로서 감정은 신체적 적응과 항상성(ho-meostasis) 유지에 관계하며 감정이 제대로 기능을 발휘하지 못할 경우 마치 기도나 땀샘이 막힌 동물처럼 생존까지 위협받을 수 있다. 감정은 이와 같은 개인내부적(intrapersonal) 기능뿐 아니라 인간의 사고와 행동을 조절하고 타인 및 상황을 해석하며 평가하는 데 중요한 역할을 하는 대인관계적(interpersonal) 기능도 갖고 있다 (Levenson 1999). Gardner(1983)는 "다중지능 이론(the theory of multiple intelligences)"에서 종래의 IQ 테스트로는 사람의 인지적 능력을 완전히 설명할 수 없다고 주장하면서 자신 및 다른 사람의 감정을 이해하는 능력도 중요한 지능이라고 한 바 있다. 이런 종류의 지능을 Payne(1985)은 "감정 지능(emotional intelligence)"이라고 불렀고 그 후 EQ라는 용어가 정착되었는데 Goleman(1995)은 성공적인 사회 생활을 영위하기 위해서는 EQ가 IQ보다 더 중요하다고 주장하였다. 그러나 EQ는 IQ와 달리 표준화된 검사 방법이 아직 확립되어 있지 않고, 그 유효성에 대해서 논란이 계속되고 있다. 우리는 여기서 감정이 별도의 능력인지 아니면 이성이나 논리와 연결되어 있는지의 문제나 감정 지능을 둘러싼 유효성 문제를 검토할 생각은 없다. 다만 분명한 것은 감정의 적절한 표현과 소통이 논리적 의미의 표현과 소통 못지않게 중요하다는 점과, 의사소통에서 전달되는 언어적 의미는 인지적-개념적 내용만으로 이루어지는 것이 아니라 감정적 의미가 포함되며, 이는 의사소통의 성패를 좌우하기도 한다는 점이다. 이렇게 중요한 감정의 표현과 소통은 주로 언어에 의존하기 때문에 언어학적 연구가 감정 연구에 필수적이다. 감정 연구의 대표적인 언어학적 방법을 살펴보기 전에 먼저 감정의 종류와 유형에 대해 알아보기로 하자.

2.2. 기본 감정

Ekman(1993, 2003)과 같은 심리학자들은 행복(happiness)을 포함하여 슬픔(sadness), 두려움(fear), 분노(anger), 놀람(surprise), 혐오(disgust)의 감정은 문화와 언어에 상관없이 인류보편적인 기본 감정(primary emotions)이라고 한다. 이런 기본 감정은 생득적(innate)이며 생존에 유용하기 때문에 진화의 유산으로 남은 것으로서 다른 영장류나 포유류들도 갖고 있는 감정이다. Ekman(1993)은 이 기본 감정을 "6대 감정(big six)"이라고 부르는데 아직 언어 습득이 일어나지 않은 유아의 발달 단계 초기부터 찾아 볼 수 있고 모든 인간의 문화에 보편적으로 확인되며, 뇌와 자율신경계의 활동에 기초하기 때문에 인종이나 문화의 차이에 관계없이 얼굴 표정에 일정하게 드러나고 쉽게 구분이 가능하다고 한다.

그러나 Wierzbicka(1999), Goddard(2010)와 같은 언어학자들이나 Briggs(1970), Wilce(2011)와 같은 인류학자들의 연구에 따르면 감정에 대한 개념화와 표현 양식은 사회의 관습이나 문화, 공유된 가치관 등에 따라 다르게 구현될 수 있다. 예를 들어 국립국어원의 표준국어대사전에 행복은 "복된 좋은 운수" 또는 "생활에서 충분한 만족과 기쁨을 느끼는 흐뭇한 상태"라고 정의되어 있는데 이는 행복이 개인의 노력보다는 운이나 환경에 의해 주어지는 것이라는 생각을 반영한다. 반면 Merriam-Webster New Twentieth Century Dictionary (Unabridged, Second-edition)에서 happiness는 "the enjoyment of pleasure without pain"으로 정의되어 있어서 개인의 주체적 역할에 초점을 두고 있다. 긍정심리학자들에 의하면 행복은 자신의 삶에 대한 전반적인 만족과 매일매일 느끼는 좋은 기분의 결합이라고 하면서 한 개인의 행복 감정은 그가 물려받은 유전자에 의해 50% 정도 결정되고, 자신의 생각이나 노력, 행동 등에 의해 40%가 결정되며, 나머지 10%는 환경에 의해 결정된다고 한다. 이들은 행복을 체중에 비유하고 있는데 한 사람의 체중은 유전적으로 결정되는 부분이 크지만 본인의 노력 여하에 따라서 얼마든지 달라질 수 있는 것처럼 행복도 꾸준한 자기 수련을 통해 얻을 수 있는 일종의 기술(skill)이라고 한다.[38]

한 사회에서도 시간의 흐름에 따라 행복 개념과 표현이 달라질 수 있다. 한국어에서 흔히 덕담으로 "복 많이 받으세요"라고 해왔는데, 최근에는 "복 많이 지으세요"라고 하는 말이 쓰이는 것은 행복에 대한 전통적인 운명적 사고에서 보다 적극적인 자세로 의식이 변하고 있는 것을 보여준다. 동서양에서 행복에 대한 태도나 정의에서도 차이가 있다. 인도의 Mahatma Gandhi는 "행복은 생각하고 말하고 행하는 것이 조화를 이룰 때(Happiness is when what you think, what you say, and what you do are in harmony)"라고 하였고, 러시아계 미국의 철학자이자 문필가인 Ayn Rand는 행복을 "자신이 가치 있는 것들을 성취함으로써 이

---

38 긍정심리학에서의 행복에 대해서는 Peterson(2006)을 참고할 것.

르게 되는 의식의 상태(Happiness is that state of consciousness which pro-ceeds from the achievement of one's values)"라고 정의하고 있다. 영국의 사상가 Bertrand Russell은 "행복의 정복(The Conquest of Happiness)"이라는 제목의 책을 낼 정도로 행복은 인간의 노력으로 얼마든지 쟁취할 수 있는 것이라고 본 반면, 미국의 가톨릭 성직자인 Thomas Merton은 "욕심이 끝나는 곳에서 행복이 시작된다(When ambition ends, happiness begins)"고 하여 대조를 이루는데 Merton이 동양 종교와 철학에도 심취했었다는 점을 고려하면 어느 정도 이해가 되는 부분이다.[39]

행복의 감정은 보편적일지 모르지만, 언어에서의 행복 표현은 꼭 그렇지 않다. 즉 어떤 언어는 행복의 감정을 표현하는 단어들이 미세하게 분화되어 있는 반면, 행복 어휘가 그렇게 발달하지 않은 언어도 있다. 예를 들어 한국어나 일본어에 비해 영어는 행복감과 관련된 어휘로서 'beatitude, blessedness, bliss, blitheness, cheerfulness, contentment, delectation, delight, delirium, ecstasy, elation, enchantment, enjoyment, euphoria, exhilaration, exuberance, exultation, felicity, gaiety, gladness, glee, happiness, jollity, joy, jubilation, lightheartedness, merriment, pleasure, rapture, rejoicing, well-being' 등의 많은 표현들이 있다. 반면, 한국어에는 대응되는 표현으로 '행복, 즐거움, 기쁨, 환희, 희열, 열락, 희희낙락, 만족, 유쾌, 흐뭇함' 정도가 있고, 일본어도 こうふく(幸福)이라는 한 단어가 영어의 happiness뿐 아니라 blessedness, joy, well-being의 뜻으로도 쓰일 수 있고, さいわい는 happiness란 뜻 외에도 문맥에 따라 luck, fortune, blessing, felicity로도 해석될 수 있다. 이밖에도 しあわせ(행복하다), うれし

---

39 행복에 대한 Merton(1978)의 이러한 관점은 "Happiness is not a matter of intensity but of balance, order, rhythm and harmony"라고 한 데에서도 잘 드러나 있다.

い(기쁘다), たのしい(즐겁다), よろこばしい(경사스럽다), こころよい(상쾌하다), ゆかい(유쾌하다) 등 행복 감정의 어휘가 있는데 숫자상으로 영어에 비해 적은 편이다.[40] 이는 보편적인 기본 어휘는 일반적으로 언어마다 큰 편차를 보이지 않는다는 것과 상당한 거리가 있다.

영어와 한국어 또는 영어와 일본어에서의 행복 어휘의 분포적 차이를 친족 관계가 없는 서로 다른 어족에 속한 언어들이기 때문이라고 볼 수 있다. 그런데 Wierzbicka(2004), Wilson et al.(2013) 등의 연구는 같은 어족에 속하는 언어들도 기본 감정 어휘의 숫자에서 편차가 크고 주요 단어들 사이에서 의미적 대칭 관계가 잘 성립하지 않음을 보여주고 있다. 예를 들어 Wierzbicka에 의하면 같은 인도유럽어족이지만 분노를 표현할 때 영어에서 anger라고 부르는 상황과 힌디어에서 rabbia라고 부르는 상황은 완전히 동일하지 않다고 한다. 또한 영어-폴란드어 사전에 보면 영어의 happiness는 폴란드어의 szczęście로 번역되어 있고, contentment는 zadowolenie로 번역되어 있는데, Wilson et al.(2013)에 따르면 폴란드어의 szczęście는 happiness의 의미 외에도 행운, 재수, 좋은 운명 등을 포함하는 다의어이기 때문에 영어 단어 happiness는 szczęście의 의미에 부분적으로만 대응하며, zadowolenie는 영어의 contentment 외에도 pleasure나 happiness의 의미도 포함되어 있다고 한다. 이들이 폴란드어 화자 20명을 대상으로 폴란드 행복 어휘의 몇 가지 차원별 평가치를 측정하는 그리드(GRID) 실험을 한 결과 그 단어가 듣는 사람을 흥분시키는 정도를 말하는 각

---

40 영어는 역사적 발전 과정에서 많은 외래어 차용어가 있어서 어휘가 크게 늘어난 반면 한국어와 일본어는 유입된 외래어가 적어서 행복 어휘뿐 아니라 모든 영역에서 어휘 수가 영어보다 적다고 볼 수 있는데 이런 역사적 차용은 본 연구의 범위를 벗어나는 것으로 또 다른 연구를 요하는 부분이다.

성도(arousal)의 측면과 그 단어가 지닌 유쾌한 정도를 말하는 감정가(valence)에서 영어 모국어 화자가 contentment라는 단어를 들을 때보다 훨씬 더 각성도와 감정가가 높게 나왔는데 이런 내용은 사전에 잘 표시되지 않고 번역도 어려운 부분이다.[41] 따라서 이런 내용을 잘 모를 경우 폴란드 사람이 "Jestem zadowolony"라고 말할 경우 이를 영어로 "I am content"로 해석할 가능성이 높은데 이는 폴란드 사람이 전하려는 의미를 완전히 다 이해한 것은 아니다. 결과적으로 Wilson et al.은 영어의 행복을 나타내는 단어들과 폴란드어의 행복 어휘들은 1:1 대응 관계에 있지 않고 다음 〈그림 5〉처럼 다소 복잡한 상호 관계에 있다고

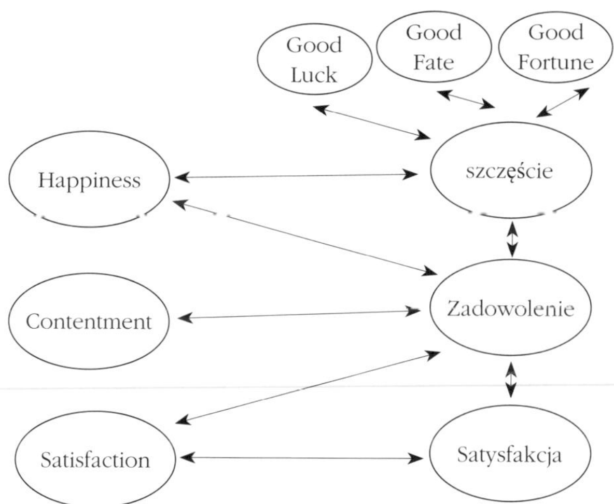

그림 5 영어와 폴란드어의 행복 어휘의 의미 대응 관계 (Wilson et al. 2013: 481)

---

41   GRID 이론에 대해서는 다음 장에서 자세히 다루고 있는데, 이 이론에 의하면 감정의 의미는 감정을 처리하는 컴포넌트들과 연결된 수많은 자질(feature)들로 구성되어 있고 감정가(valence), 힘(power), 각성도(arousal), 새로움(novelty) 등의 차원에 따라 그 값이 달라진다고 보고 있다. 이 차원들에 대해서는 다음 장에서 더 자세히 다루고 있다.

한다.

〈그림 5〉에서 보면 양 언어의 행복 어휘들은 유쾌한 느낌의 정도가 높은, 즉 감정가(valence)가 높은 것부터 낮은 것으로 차례대로 배열되어 있고 그 의미가 서로 연관성이 있어 두 언어 사이에 최소한 번역 가능성이 있거나 한 언어 내에서 대치가능성이 있는 경우 화살표로 연결되어 있다. 영어의 happiness는 폴란드어에서 szczęście와 zadow-olenie의 두 가지 해석이 가능한데 이런 중의성은 문맥에서 해소될 수 있거나 화청자가 공유하는 언어적 가정에 의해 그 발화 맥락에 가장 적합한 쪽으로 선택될 수 있다. 폴란드어의 szczęście는 happiness 외에도 운과 관련된 영어 표현의 뜻도 있다. 반면에 영어의 happiness는 '행복'의 뜻만 있고 '행운'과는 의미적으로 중첩되는 부분이 없다. 그렇지만 영어를 말하는 사람이든 폴란드어를 말하는 사람이든 행복이나 행운의 감정은 누구나 비슷하게 느낄 것이며 단지 이를 어떤 식으로 표현할 것인지는 그의 언어가 구획한 의미 범주에 따라 정해진 단어를 사용할 것이다.

감정 자체는 보편적이지만 이를 언어로 표현하는 데에는 여러 가지 인위적 요인들이 삭용하여 차이가 발생하는 것으로 볼 수 있는데 그런 요인들 중 가장 큰 것은 아마도 언어가 쓰이는 사회의 구조 및 가치와 규범 등일 것으로 생각된다. 한 언어에 어떤 특정한 감정 표현이 발달해 있다는 것은 그만큼 그 어휘들을 맥락에 따라 구별하여 사용하기 때문이며, 빈번한 행복 어휘의 사용은 행복 표현의 정동적 감정가(affective valence) 및 심리적 각성도(mental arousal)와 관련이 있다. 따라서 우리는 동일하거나 유사한 맥락에서 한국, 일본, 싱가포르 3국의 행복 어휘 사용 실태를 각 언어가 갖고 있는 행복 표현의 정동적 감정가 및 심리적 각성도와 연결하여 조사하고자 한다.

2.3. 이차적 감정

기본 감정이 어떤 식으로든 상호 결합하면 '조합 감정' 또는 '복합 감정'이라고도 부르는 이차적 감정(secondary emotion)이 만들어진다. 다음 〈그림 6〉은 Plutchik(2001)의 감정 유형표이다. 가장 중심의 기본 감정이 있고 이들이 확장되어 서로 결합하면 복합 감정이 나오는데 예를 들어 기본 감정인 공포와 놀람이 결합하면 이차적 감정인 경악(awe)이 되고, 혐오와 분노가 결합하면 경멸(contempt)이 되는 것 등을 볼 수 있다.[42]

그밖에도 영어의 이차적 감정으로는 당황(embarrassment), 질투(jealousy), 죄의식(guilt), 자부심(pride) 등이 있는데 이런 이차적 감정은 주로 사회적 맥락에서 비롯되며 특정 상황에서 개인의 (이성적) 판단과

그림 6 감정 유형표 (Plutchik, 2001: 349)

---

42 Plutchik(2001)은 Ekman(1993)의 여섯 기본 감정에 기대(anticipation)와 신뢰(trust)의 두 가지 감정을 추가하여 8개의 기본 감정을 설정하고 있다.

결합되어 나오게 되는 감정이다. 물론 이차적 감정도 기본 감정과 마찬가지로 얼굴 표정에 나타날 수 있다. 그러나 이런 이차적 감정의 얼굴 표정은 문화마다 차이가 있고, 이차적 감정을 표현하는 어휘가 없는 언어도 있으며, 같은 외부 자극이라도 이런 이차적 감정이 생기는 사람과 그렇지 않은 사람이 있다는 점은 이차적 감정이 보편적이지 않을 가능성을 강력히 시사한다. 또한 한국어의 '한(恨)'과 같은 정서는 슬픔과 분노 등 기본적인 감정들이 복합된 것으로 다른 언어로 단순 번역이 어렵다. 뿐만 아니라 이런 이차적 감정의 표현은 종종 문화적, 사회적 제약을 받는다. 예를 들어 한국에서는 가끔 "사랑의 매"라든지, "사랑은 변하는 거야"라는 말을 하곤 하는데 이는 문화가 다른 나라에서는 고개를 갸우뚱하게 만드는 이해하기 어려운 말일 수 있다.

인간의 감정은 주관적이고 비결정적이어서 같은 자극이라도 다른 사람에게는 다른 감정을 불러일으킬 수 있고 같은 사람이라도 동일한 자극에 대해 때에 따라 다른 반응을 보일 수 있다. 이런 가변성에도 불구하고 많은 감정 연구자들은 감정을 과학적인 방법으로 측정하고 실험하며 분석할 수 있는 기본 원리들이 있다고 본다.[43] 그런 대표적인 이론으로서 '컴포넌트 처리 모형'이 있는데 이에 내해 알아보기로 하자.

2.4. 컴포넌트 처리 모형

행복이나 분노, 슬픔, 혐오, 공포 등의 감정은 그저 마음속에서 정적인 상태로서의 느낌이 아니라 사람이라는 하나의 유기체를 구성하는 인

---

43 실험 분석적 방법을 채택한 연구로서 Fellous(2007)는 감정의 과학적 분석 모델들을 비교, 검토하고 있다.

지, 생체, 행동 등의 하위 시스템에서의 조화롭게 일어나는 변화이다 (Planalp 1999: 11). 따라서 감정은 '컴포넌트(component)'라고 부르는, 스스로는 자립적으로 돌아가지만 상호 연결되어야 비로소 전체적 통합을 이루게 되는 몇 가지 부문들에서 일어나는 처리 과정(process)의 총합이라고 볼 수 있다. 이런 이론의 주된 연구자인 Scherer(2005, 2010)의 감정 연구에서는 1)대상, 원인, 또는 사건(objects/causes/events), 2)평가(appraisal), 3)생리적 변화(physiological changes), 4)행동 경향(action tendencies), 5)제어(regulation)의 부문들을 상정하고 감정이 각 컴포넌트에서 어떻게 처리되고 이들 컴포넌트는 서로 어떻게 연결되는지 등을 연구하고 있다.[44] 다음 〈그림 7〉은 Scherer(2010, p.50)에서 인용한 것으로 원래의 모형 중에 제어의 컴포넌트가 감정의 표상과 범주화를

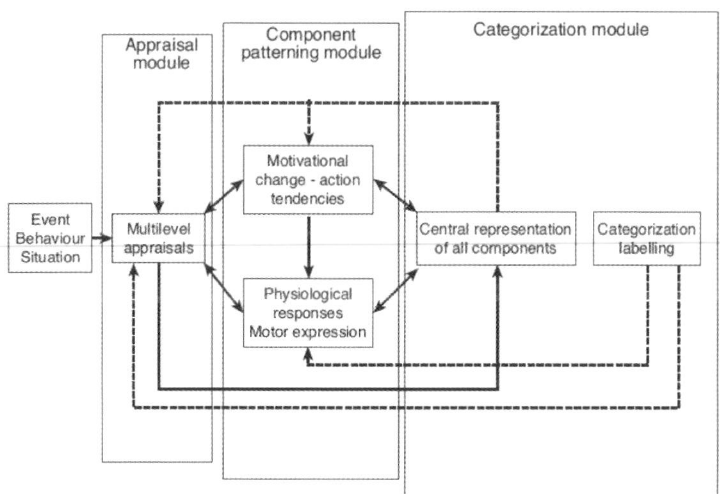

그림 7 **컴포넌트 처리 모형의 구조 (Scherer, 2010: 50)**

44 　이러한 감정 연구 방법을 감정의 '컴포넌트 처리 모형(Component Process Model, 줄여서 CPM)'이라고 부른다.

담당하는 범주화 모듈로 대치된 것이다.

　예를 들어 밤거리에서 칼을 든 강도와 마주치는 뜻하지 않은 사건을 접했을 때 우리의 시각이나 청각 등 감각 기관이 이를 받아들여 뇌에 전달하면 즉각적으로 그 상황에 대한 다각도의 이해와 판단이라는 평가 과정이 작동된다. 그 결과에 따라 우리는 자신도 모르게 손바닥에 땀이 난다든지, 심장이 떨리거나 맥박이 치솟는 것과 같은 신체적 변화가 일어나며 이 상황을 어떻게 대처할 것인지에 대해 순간적으로 결정하게 된다. 만약 그 사건이 자신의 생명까지 위협할 정도로 위험한 것이지만 틈이 있다고 생각되면 그 장소를 빨리 뛰쳐나오거나 반대로 자신도 위협적으로 보이도록 고함을 지르면서 과감히 맞설 수도 있다. 자신이 처한 상황에서 느낀 두려움을 포함한 모든 감정을 파악하고 이를 독백처럼 스스로에게 언어적으로 표현하거나 상대방에게 전달할 수도 있다. 이 모든 과정에 우리의 신체 각 부분이 거의 동시간적으로 맡은 바 역할을 수행하여 전형적인 감정이 생겨나고 인지되며 표현되게 된다. 일반적으로 '정동적인(affective)' 것은 '인지적인(cognitive)' 것과 대척 관계에 있는 것으로 해석되어 왔다. 즉 정동(affect)은 인지(cognition)와 정반대의 과정이거나 상호 무관하다고 생각해 왔는데 Scherer(2010)의 감정 이론에서는 정동과 인지는 무관한 것이 아니며, 감정 처리 과정에 인지 작용이 필수적인 위치를 차지하고 있다. 지각이나 기억과 같은 인지적 기능들을 설명하기 위해 개발된 원리들이 감정과 관련된 여러 현상을 설명하기 위해 유용하게 확장, 적용되고 있다.

　그런데 이 모형에서는 인간의 각 신체 기관에서 일어나는 감정 처리 과정을 잘 정의된 부문들로 나누어 체계적으로 설명하고 있지만, 한 가지 생각해 볼 점은 감정 처리의 전 과정에서 인간의 외부 환경적 요인들의 역할과 그 작용 방식이 불분명하다는 점이다. 특히 이 모델에서 가장 핵심적인 부문으로서, 다층(multi-level)으로 이루어진 순차적 체크가 일어나는 평가 컴포넌트에서 사건 외적인 정보나 지식이 어떻게 관여하는지에 대해 보다 명확히 할 필요가 있다. 뇌에서 외부 자극을 감지하고 계산하며 충동을 조절하고 결정을 내리는 네트워크의 핵심적인 부분으로 알려진 전전두엽(prefrontal lobe)의 전전두피질(prefrontal cortex)과 감정과 관련된 정보를 처리하는 변연계의 편도체(amygdala) 등 특화된 영역이 있다는 것이 정설인데, 감정의 컴포넌트 처리 모형은 뇌에서 특별히 감정만을 일관되게 처리하도록 발달된 영역의 존재를 부인하고 있다. 따라서 여러 다른 컴포넌트들의 유기적 연결과 협동이 가능한 방식에 대한 연구가 더 필요하며 특히 감정을 언어적으로 표현하는 과정에서 언어를 담당하는 부문과의 네트워크가 어떻게 이루어지는지도 밝혀내야 한다.

본 연구에서 초점을 맞추고 있는 행복 감정을 주어진 상황에 따라 적절하게 이해하고 표현하며 소통하는 것도 일종의 감정 지능(EQ)의 일부라고 할 수 있는데 이런 지능이 평가 과정에서 작동하는 방식도 면밀한 연구가 필요하다. 두려움이라든지 즐거움, 행복과 같은 감정 자체는 인간이라면 누구나 비슷한 과정을 거쳐 느끼게 되는 것으로서 전 세대와 지역에 걸쳐 인류 보편적이지만 그 생성과 표현 방식은 사회와 문화에 따라 달라질 수 있다. 예를 들어 다음 절에서 더 자세히 보겠지만 Ishii(2013)가 조사한 바에 의하면 미국에서는 행복이란 감정은 호흡이 가빠지거나 말의 속도가 빨라지는 등 각성도가 높은 상태로 표현되는 반면, 일본에서는 반대로 호흡이 차분해지고 말의 속도가 느려지는 등 각성도가 비교적 낮은 감정이라는 차이가 있었다. 따라서 행복한 장면을 연기하는 미국 드라마에 출연한 배우는 다소 흥분된 모습과 활성화된 몸짓으로 평소보다 빠르게 말을 하는 것이 요구되는 반면, 비슷한 장면이라도 일본인들을 주 대상으로 하는 영화에 출연한 배우는 느긋하고 천천히 안정적으로, 미국인들이 보기에는 다소 절제하는 듯한 연기를 해야 할 것이다. 아울러 슬픔은 사치스러운 감정이라는 생각이 팽배한 문화라든지, 남자는 쉽게 눈물을 흘려서는 안 되고 아무리 어려운 상황에서도 잘 참고 이겨나가도록 교육되고 훈련된 사회에서는 그런 신체외부적 조건화가 일어나지 않은 사회나 문화와 달리 같은 사건이 일어나도 이에 대한 반응으로서 감정의 처리 과정은 판이하게 다를 것으로 예상할 수 있다. 또한 사람들은 자신의 일상적인 경험을 통해 마음속에 떠오른 감정을 언어라는 고차원적인 수단을 통해 표현, 전달하며 이때 사용되는 언어 표현들은 감정 연구의 핵심이 된다. 감정에 관한 표현들은 언어와 문화에 따라 다양하게 나타난다는 점에서 인간의 감정에 대한 연구는 각 언어와 문화의 요인을 고려하여 상호 교차적 비교를 통해 이루어져야 한다. 이런 점을 보완하기 위해 Scherer는 감정의 컴포넌트 모형과 Osgood et al.(1957) 등이 개발한 '감정의 차원 이론'을 결합하여 감정 표현의 대조심리학적, 대조언어학적 연구 패러다임인 '그리드 패러다임(GRID Paradigm)'을 제안하였는데, 이로부터 본격적으로 감정과 언어, 문화의 종합적인 연구 패러다임이 만들어졌다고 해도 과언이 아니다.

2.5. 그리드 패러다임

스위스의 정동 과학 센터(Centre for Affective Sciences)가 주도하고 전 세계 27개국의 자연언어 의미 연구자들이 참여한, "GRID Project"라고도 불리는 그리드 패러다임의 기본 가정은 다음과 같다:

1) 감정은 단순히 정지된 정적 상태가 아니라 여러 컴포넌트(com-

ponent)로 이루어진 동적인 현상이며 이 과정에는 인간의 내적,
외적 요인들이 종합적으로 참여한다.

2) 감정 컴포넌트들과 연결된 감정 의미의 자질(feature)은 감정 어
휘의 의미를 구성하며 그 구조는 감정가, 힘, 각성도 등의 차원
(dimension)으로 표시될 수 있다.

3) 감정 연구의 핵심은 사람들이 감정 경험을 말하기 위해 사용하
는 어휘와 표현으로서 인간 감정의 공통점/차이점들을 찾는 것
은 횡단문화적 연구에 기초를 두어야 한다.

이런 가정 하에 이 프로젝트에서는 다양한 감정 중 대표적이라
고 할 수 있는 24개의 감정이 표출되는 현상들로부터 추려낸 144개
의 대표 자질들을 크게 다섯 가지의 범주로 나누어 설정하고 (Scherer
2005, Fontaine et al. 2007), 이 다섯 가지의 범주들을 의미의 가장 기본
적인 차원들과 연결하는데 그 중 첫째 차원인 각성도(AROUSAL)는 감
정이 우리에게 주는 흥분이나 몸과 마음의 활성화 정도로서 이는 많은
경우 신체적 변화와 연결된다. 즉 어떤 감정은 마음을 가라앉게(deacti-
vated) 만드는 반면 또 다른 종류의 감정은 우리를 들뜨게(activated) 하
는데 이 점이 각성도의 차이이다. 감정의 두 번째 차원으로서 감정가
(VALENCE)란 감정의 긍정적인(positive) 면과 부정적인(negative) 면이라
는 두 극성을 말한다. 모든 감정은 반갑거나 피하고 싶은 감정적 가치
를 갖는데 긍정적 가치의 감정은 보통 유쾌하다(pleasant)고 여겨지는
감정이고, 부정적 가치의 감정은 불쾌하다(unpleasant)고 느껴지는 감
정이다.[45] 이 두 차원은 특정 감정에 대해 각자 양과 음의 값을 부여할

---

45 '각성도'와 '감정가'는 Osgood, Suci, & Tannenbaum(1957)이 각각
'ACTIVITY(활동)'와 'EVALUATION (평가)'이라고 부른 의미 요인들과 기본

수 있는 척도(scale)를 구성하는데 Kensinger & Corkin(2004)이나 La-
Bar & Cabeza(2006)의 연구에 따르면 감정의 이 두 차원은 신경학적
으로 분리되어 있어 서로 다른 뇌 피질 네트워크에서 활성화된다고 한
다. 감정 연구에서는 보통 〈그림 8〉처럼 이 두 차원을 좌표축의 직교하
는 x축과 y축으로 하여 모든 감정의 특성을 좌표 그리드에 나타내는데
이런 방식의 연구를 Russell(1980) 및 Russell & Barrett(1999)은 감정의
'환형 모델'(circumplex model)이라고 부르고 있다.

〈그림 8〉에 보면 감정가를 나타내는 x축 중에 양의 값을 갖는 유

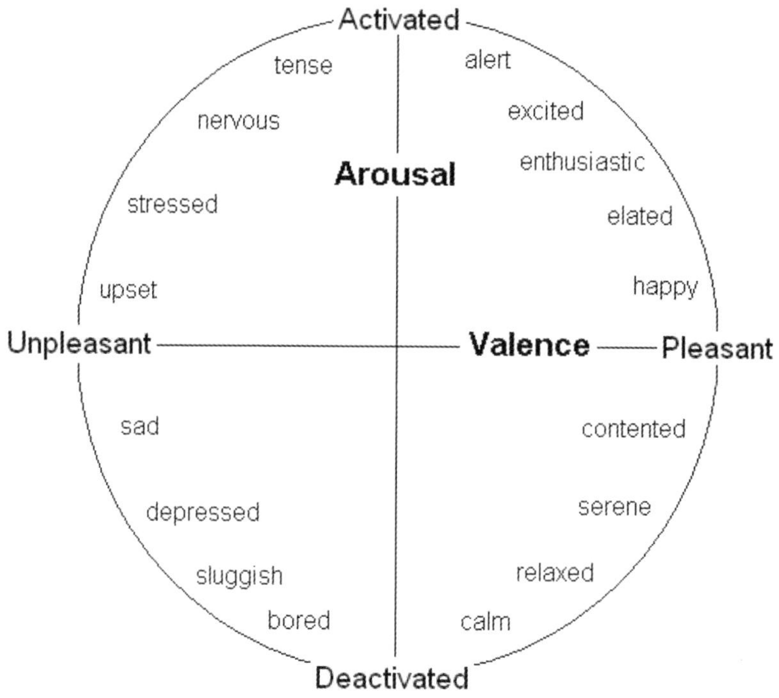

그림 8 감정의 환형 모델 (Russell, 1980:1165)

적으로 같은 개념이다. 국내 연구에서 '각성도'는 때로는 '각성' 또는 '흥분도'
로 쓰이기도 하며 '감정가'는 '극성' 또는 '유인가'라고 불리기도 한다.

쾌한 가치의 감정으로는 alert, excited, enthusiastic, elated, happy, contented, serene, relaxed, calm이 있는데 이 중 alert부터 happy까지는 정도의 차이는 있지만 y축의 각성도 차원에서 양의 값을 갖는 감정이고 contented부터 calm까지는 상대적으로 각성도가 낮은 감정임을 알 수 있다. 제1사분면에 위치한 happy, elated, enthusiastic, excited, alert 단어들은 모두 매우 유쾌한 감정으로부터 약간 유쾌한 감정에 이르기까지 긍정적인 가치를 갖고, 그 중에서 alert는 매우 고양된 반응을 보이는 상태이고 아래로 내려올수록 각성의 정도가 낮은 것이다. 즉 누군가가 "I'm elated"라고 말한다면 그는 "I'm happy"라고 말하는 것보다는 약간 덜 긍정적이지만 조금 더 고양된 상태에 있음을 의미하는 것이다.

각 차원은 그 차원에 정렬된 단어들의 혼-척도(Horn-scale)를 형성하게 해 주어서 의미화용적으로 일정한 추론 관계를 가능케 한다.[46] 즉 하나의 척도에서 보다 높은 위치에 있는 표현이 쓰인 문장은 같은 척도의 상대적으로 낮은 위치에 있는 표현이 쓰인 문장을 함의(entail)하고, 역으로 낮은 위치에 있는 표현이 쓰인 발화는 보다 높은 위치에 있는 표현이 사용된 발화의 부정을 함축(implicate)한다. 이런 문장 관계를 각각 '척도 함의'와 '척도 함축'이라고 하는데 이를 일반화해서 정의하면 다음과 같다 (아래 정의는 Horn(1989)의 정의를 이성범(2002)에서 다소 수정한 것임).

46　혼-척도란 Horn(1989)이 정의한 것으로 ⟨always, usually, often, sometimes⟩라든지 ⟨must, should, may⟩, ⟨hideous, ugly, unattractive, plain⟩처럼 의미 영역이 같지만 그 표현 정도의 강함에서 차이가 있는 등급적 표현들을 순서대로 배열한 것이다. 행복뿐 아니라 사람의 감정을 묘사하는 어휘들은 그 정도의 차이에 따라 순서대로 배열이 가능한 척도를 형성할 수 있다.

1) 척도 함의(scalar entailment)

하나의 척도에서 n번째 위치에 나온 표현 E_n을 포함하고 있는 문장 S_n은 그 문장의 다른 부분은 모두 똑 같고 다만 E_n 대신 그보다 척도에서 더 낮은 E_{n+1}이란 표현을 포함하고 있는 문장 S_{n+1}을 함의한다.

2) 척도 함축(scalar implicature)

하나의 척도에서 n번째 위치에 나온 표현 E_n을 포함하고 있는 문장 S_n은 그 문장의 다른 부분은 모두 똑 같고 다만 E_n 대신 그보다 척도에서 더 높은 E_{n-1}이란 표현을 포함하고 있는 문장 S_{n-1}의 부정을 함축한다.

예를 들어 각성의 차원만 본다면 각성도가 높은 것부터 낮은 것으로 이루어진 〈alert, excited, enthusiastic, elated, happy〉의 다섯 개 어휘로 이루어진 척도를 보자. 이 척도 상에서 두 번째로 높은 위치에 있는 excited가 쓰인 "X is excited"란 문장은 그 척도에서 각성도가 그보다 낮은 어휘들인 enthusiastic, elated, happy 등이 쓰인 문장인 "X is enthusiastic", "X is elated", "X is happy" 등을 연쇄적으로 함의한다. 일반적으로 어떤 문장 A가 다른 문장 B를 함의한다는 것은 A가 참일 경우 B는 반드시 참이 된다는 것으로 일종의 의미상의 포함 관계라고 할 수 있다. 즉 누군가가 "excited (about something)"이라고 한다면 그는 "enthusiastic (about something)"이라고 할 수 있다. 반대로 누군가가 "Y is happy"라고만 하면 이는 각성을 나타내는 척도에서는 가장 낮은 단계이므로 그보다 높은 각성을 나타내는 단어들이 쓰인 발화의 부정을 함축하여 "Y is not elated", "Y is not enthusiastic", "Y is not excited"를 연쇄적으로 함축한다.[47] 이렇듯 행복을 표현하는 어휘는 그 차원에 따라 정도의 차이를 보이는 비슷한 뜻의 단어들과 함께 척도를 형성하게 되어 함의 또는 함축과 같은 미묘한 의미 관계를 나타낼 수 있다.

또한 행복을 표현하는 어휘는 반대쪽 개념인 불행을 나타내는 어휘와 모순적 대립(contradictory opposition)이 아닌, 단순 대조적 대립(contrary opposition) 관계에 있다. 즉 예를 들어 happy와 이것의 반의어인 unhappy는 X is not happy라고 해서 반드시 X is unhappy라고 볼 수 없다. 그 이유는 X is not happy but X is unhappy, either가 모순적인 문장이 아니기 때문이다. 즉 사람은 행복하지 않다고 해서 반드시 불행한 것은 아니며 행복하지도 않고 불행하지도 않은 중간 단계가 가능하다는 것이다 (X is neither happy nor unhappy). 또한 얼마나 행복한지 그 정도를 물어볼 수 있고 (How happy is X?), 누구보다 더 행복한지 또는 아닌지 비교도 할 수 있다 (X is happier/unhappier than Y). 따라서 '행복해지기(being happy)' 위해서는 단순히 '불행을 면한 것(being not unhappy)'으로는 충분하지 않으며 불행을 벗어나서 그 이상의 긍정적 단계로 들어가야 한다는 것을 의미한다. 역으로 '불행하다(being unhappy)'는 것은 '행복하지 않다(being not happy)'가 아니라 그 보다 더 부정적 상태에 있다는 것을 의미한다.

각성도와 감정가라는 이 두 가지 차원은 다양한 감정의 성격을 규

---

47   함축(implicature)이란 한 문장에서 명시적으로 표현되지는 않았지만, 그 문장이 특정한 맥락에서 발화되었을 때 화자와 청자가 공유하는 가정이나 맥락적 지식에 의해 떠올릴 수 있는 맥락의존적 의미를 말한다. 한 발화의 함축은 함의와 달라서 진리조건적이지 않으며 때로는 취소될 수도 있다. 이에 대해 자세한 것은 Horn(1989)을 참고할 것.

정하고 분류하는 데 가장 핵심적인 차원이라고 할 수 있는데, 이 밖에도 일부 그리드 연구에서는 종종 세 번째 차원으로서 감정의 강하고 약함을 뜻하는 힘(POWER)이라는 차원과 마지막으로 친숙성, 예측불가능성, 갑작스러움을 의미하는 새로움(NOVELTY)이란 차원을 포함시키기도 한다. 인간이 경험하는 모든 감정은 이런 네 가지 차원에 따라 구별된다. 예를 들어서 자부심(pride)이란 감정은 미국과 같은 서양 문화에서는 대체로 긍정적인 가치의 감정으로 생각되지만 일부 아시아권 문화에서는 부정적인 가치를 지닌 것으로 간주되기도 한다. 또한 슬픔(sadness)이라는 감정과 분노(anger)라는 감정은 힘에 있어서 차이가 있는 것으로 생각되며, 다음 장에서 자세히 보겠지만 기쁨(joy)이라는 감정은 행복(happiness)이란 감정과 매우 유사하지만 각성의 정도에서 차이가 있다고 여겨진다.

다음 〈그림 9〉는 x축에 감정가의 차원을, y축에는 힘의 차원을 설정하고 이에 따라 20개의 감정을 좌표상에 나타낸 것이다. 먼저 감정가의 차원을 보면 가운데 0을 기준으로 우측으로 약 0.8 이상의 값을

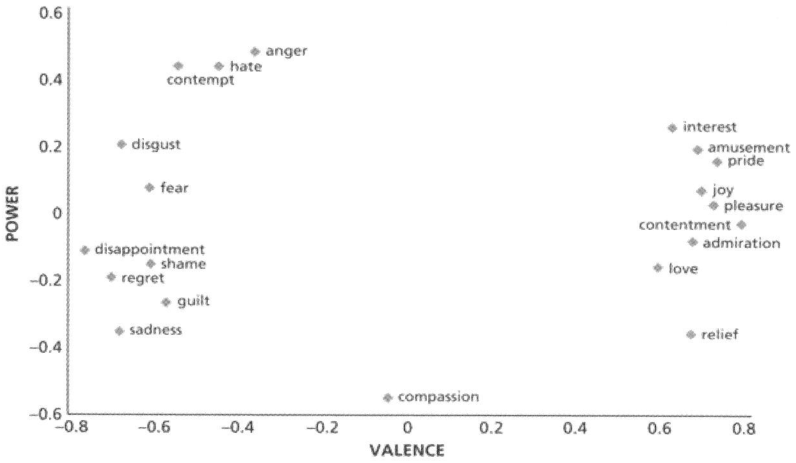

그림 9 주요 감정의 감정가와 힘

갖는 contentment를 필두로 그보다 다소 약하지만 그래도 0.6 이상의 값을 갖는 pride, pleasure, joy 등의 긍정적 감정이 있고 좌측으로는 0 점 바로 왼쪽의 compassion과 -0.2의 anger, hate부터 -0.8의 disap-pointment까지 부정적인 감정이 포진해 있다. y축의 힘의 차원에서는 약 0.5의 anger가 가장 강한 감정이고 그 다음으로 hate, contempt, interest가 뒤따르며 guilt, sadness, relief 등은 가장 약한 감정으로 나와 있다. 그런데 〈그림 9〉는 모든 언어에 공히 적용되는 것이 아니라 조사 대상 24개 언어 중 영어에만 해당되는 것으로 어떤 언어에는 다른 언어에 있는 감정 표현이 없을 수도 있고 또 유사한 표현이 있다고 하더라도 그 개념의 차이가 있을 수 있으며 각 차원에서 느끼는 값도 다를 수 있다. 따라서 여러 언어의 감정 표현들을 찾아 비교하는 작업이 필수적인데 이에 대해서는 다음 3장에서 다루고 있다.

2.6. 감정으로서의 행복

행복의 감정에 대해서는 몇 가지 대립되는 견해들이 있다. 첫 번째는 주로 심리학에서 정설로 생각되는 견해로서, 행복감이 공포감이나 슬픔, 분노 등과 함께 인간이라면 누구나 타고나는 기본적 감정 중의 하나로 별다른 학습을 요하지 않으며 언어나 민족, 문화와 무관하게 인류보편적인 것이라는 견해이다 (Darwin 1998; Ekman 1992, 2003). 이와는 반대로 행복감은 인간이라면 누구나 동일한 자극에 대해 비슷하게 느끼고 표현할 수 있도록 타고난 기본 감정이 아니며 자신이 속한 집단의 가치나 관습 등에 영향을 받아 문화적 차이를 가질 수 있다고 보는 견해도 있다. 더 나아가 Geertz(1975: 81)와 같은 학자는 행복감뿐 아니라 모든 감정이 "문화적 인공물(cultural artifact)"이라고 하였고, 사회적 구성주의자인 Harré(2005)는 사회적 판단, 문화적 가치, 관습 등이 감정을 만들고 키워나간다고 주장하였다. 일부 인류학자들은 기존의 심리학자들이 분노를 기본적인 인간의 감정이라고 생각하는 것은 영어의 anger라는 단어 사용에 의한 고정 관념에서 비롯된 오류이며 Ilongot어나 Ifaluk어, Utku Eskimo어에는 영어의 anger에 해당하는 표현이 없어서 보편적 감정이라고 할 수 없다고 주장했고 (Lutz 1988; Briggs 1970), Inuit어나 Yoruba어에는 영어의 anxiety에 해당하는 말이 없어서 불안감이란 것 역시 보편성이 없다는 주장도 있다 (Russell 1991).

위 두 가지 견해에 대한 절충적인 입장에서 Richeson & Boyd(2005)는 인류의 진화 과정과 개인의 사회화 과정이 모두 감정과 상호 연결되어 있으며 감정 자체는 보편적 현상일지 몰라도 감정의 경험, 지각, 표현 및 조절은 개인을 둘러싼 사회의 관습에 따른 문화적 규범의 함수로서 다르게 구현될 수 있다고 주장한다. 이는 현대 언어학의 생성 문법 이론에서 언어 능력(competence) 자체는 모든 인간이 생득적으로 타고난 보편적 능력이지만, 후천적으로 영향을 주는 많은 요인들에 의해 각자가 이 언어 능력을 실제 맥락에서 구현하는 언어 수행(performance)은 다 다를 수 있다고 보는 것과 일맥상통한다. 이런 관점에서 우리는 행복 감정 자체는 인류 보편적이지만 이를 표현하는 것은 문화에 따라 달라질 수 있다고 가정한다. Mesquita, Frijda & Scherer(1997)는 인간이 느낄 수 있는 수많은 감정들 중에 몇 가지 기본 감정은 진화의 유산으로 필연적으로 갖게 된 보편적 잠재력이며 보다 복잡한 감정들은 각 문화에서 특화되어 정착된 인공물인 것으로 본다. 또한 기본 감정들의 의미도 다양한 사회적 환경에 따라 해석되는 방식이 달라질 수 있고 표현 방식에 차이점이 있을 수 있다고 본다.

기본 감정의 하나라고 생각되는 분노의 표현과 문화의 상관성에 주목한 Averill(1982)의 분노 표현 양식 조사에 따르면 개인중심 성향자의 비율이 높은 미국은 분노의 표출 경향이 상대적으로 높은 반면, 집단주의 성향자의 비율이 높은 일본에서는 될 수 있는 대로 분노를 억제하는 것이 선호된다고 한다. 비슷한 문화상대적 관점에서 Markus & Kitayama(1991)는 일본과 같은 집단중심 문화에서는 동정이나 공감과 같은 타인중심적 감정의 표현은 권장되지만, 자부심이나 분노와 같은 자기중심적 감정 표현은 적극적으로 억제되는 반면, 미국과 같은 개인중심 문화에서는 감정을 표현하는 행위가 솔직성과 진실성의 반영으로 간주되기 때문에 동정이나 공감뿐 아니라 분노와 자부심도 거리낌 없이 표현된다고 주장하였다. 더 나아가 일반적으로 개인주의 성향이 강한 미국에 비해 집단주의 성향이 강한 동아시아권에 같이 속해 있는 한국과 일본의 경우, 서로 다른 역사적, 정치적, 사회경제적 요인들 때문에 한국인에 비해 일본인은 대체로 감정 표현을 자제하는 경향이 강하다는 주장도 있다.[48]

분노뿐 아니라 행복에 대해 사람들이 생각하거나 말하는 방식은 언어마다 다르고 문화마다 다르다. 영어 단어 happiness/happy의 개념은 앵글로색슨의 담론에서 행복을 잘 설명할 수는 있어도, 다른 언어를 사용하는 문화에서의 행복에 대한 담론에서 그들이 생각하고 말하는 행복을 이 영어의 개념으로 완전히 설명할 수 없다. 이 점이 바로 Wierzbicak(2014)가 'Imprisoned in English'라는 다소 충격적인 제목의 책에서 문화를 연구하는 사람들이 흔히 영어를 연구의 "기본 언어(default language)"로 사용하여 분석하고 그 결과를 해석하는 것의 위험성을 경고한 이유이다. 어떤 문화에서 행복을 표현하는 여러 어휘들의 의미에 대해 영어의 선입관에서 벗어난 정밀한 분석이 선행되고 난 뒤

48　일본에서 분노 감정의 표현에 대한 연구로는 김용운(1994)과 류상영(2013), 이성범(2016)을 참고할 것.

그 단어들이 구체적 상황에서 어떻게 표현되어 행복감을 소통하는지
를 살필 때에야 비로소 모든 문화에서 행복 담론을 설명할 수 있을 것
이다. 다만 모든 사람들이 어떤 때는 나쁜 감정을 느끼고 어떤 때는 좋
은 감정을 느낀다는 것은 인정해야 한다. 그 증거로 모든 언어에는 '좋
다'나 '나쁘다'나 '느끼다'에 대한 단어가 있으며 '나는 좋은 감정을 느
꼈다' 등으로 합쳐서 쓸 수 있다. 즉 "happiness"에 관한 문화 보편적
인 담화는 없지만, 무언가 좋은 것을 느끼거나 나쁜 것을 느낀다는 점
은 공통적이므로 언어 보편적인 방법론을 찾는 데에서부터 출발해야
한다. 그런 방법론의 하나로서 Wierzbicka(1999, 2004)는 '자연언어의
미 상위언어(Natural Semantic Metalanguage) 이론'을 제안하는데 이에 대
해서는 다음 3장에서 자세히 보도록 한다.

3. 행복 어휘의 개념

3.1. 언어학에서의 행복 연구

언어학에서는 오래 전에 Jakobson(1960)이 언어의 기능을 논하면서 "정서적(emotive)" 또는 "정표적(expressive)" 기능이 언어 사용의 일반적 기능 중 하나라고 지적했듯이 감정 표현이 언어의 중요한 기능임을 인식하고 있었다. 그럼에도 불구하고 "많은 언어학자들이 언어에서 감정 표현에 관한 논의만 나오면 여전히 겁을 먹는다"고 할 정도로[49] 감정에 대한 언어학적 연구가 활발하지 못했던 것이 사실이다. 실제로 현대언어학을 이끄는 주도적 이론이라고 볼 수 있는 생성문법에서의 수학적이고 형식주의적인 엄격한 접근 방식에 비해 감정 연구는 Irvine(1990: 126)의 표현을 빌면 "특이하고(idiosyncratic), 주관적(subjective)"이라는 비판을 받았다. 그러나 Ochs & Schieffelin(1989: 7)이 "언어는 심장이 있다(Language has a heart)"는 인상적인 문구로 주의를 환기하면서 언어학에서도 감정에 대한 관심과 연구 필요성이 점점 더 커져 나갔다. 1990년대 후반에 들어 Guenthner(1997: 247)는 "의미에 대한 언어학의 분석이 지금까지 주로 지시적 의미에 집중하고 언어의 정동적 측면

49　Irvine(1990: 126)의 원문은 다음과 같다: "Many linguists still seem to develop cold feet when it comes to a discussion of the expression of emotion in language".

은 성가신 부작용 정도로 다루어 왔다”고 반성하기에 이르고 급기야는 “감정이 의사소통에 생명력을 주는 것”(Planalp 1999: 10)이라는 새로운 인식이 싹트면서 Wierzbicka(1999: 1)는 “학문적으로 오래 동안 무시되어 왔던 감정이 드디어 인문학, 사회 과학, 생물학 등을 아우르는 학제적 연구의 가장 중요한 위치를 점하게 되었다”고 선언하였다.[50]

이후 언어학을 포함한 감정 연구는 급속도로 발전을 거듭하게 된다. 이 중에서 철학은 주로 감정이 별도의 능력인가 아니면 이성이나 논리와 연결되어 있는가와 같은 문제를 다루고, 사회학은 일상생활 및 사회적 활동에서 감정의 역할은 무엇이며, 감정이 본유적 느낌인가 아니면 사회적 구성물인가와 같은 질문을 던지며, 인류학에서는 감정이 인류보편적인지의 문제와 인간의 제도와 규범, 믿음 체계 등과 감정의 문제 등을 다룬다. 언어학에서는 Ochs & Scieffelin(1989: 22)이 “감정은 모든 언어 체계에 침투한다”고 했는데 따라서 말소리부터 음절, 단어, 문장, 담화 수준에 이르기까지 언어 체계의 어떤 부분이든 감정적 요인을 고려하지 않고 설명하는 것은 완전한 설명이 될 수 없다. 특히 대조언어학에서는 언어마다 감정이 개념화되는 방식은 무엇이며 감정

50　인간 감정에 대한 연구는 어느 한 분과학문(discipline)에 속한 것이 아니라 심리학, 철학, 인류학, 사회학, 의학, 공학, 언어학 등 여러 학문의 학제간(interdisciplinary) 연구가 필수적이다. Birch(1995: ix)는 감정은 우리 일상 생활의 중심에 있고 “삶에서 가장 중요한 것(Feelings are what matter most in life)”이라고 했다. 또한 감정의 사회적 기능에 초점을 맞춘 Stearns & Stearns(1985)는 좁은 의미에서 “감정학(emotionology)”을 개인의 감정 경험에 대한 연구가 아닌 “감정과 감정 표현에 대해 한 집단이 갖고 있는 기준(standards)이나 태도(attitudes)를 연구하는 것”으로서 적절한 청혼 방식이라든지 직장에서의 분노 조절에 대한 직무 연수처럼 실제적인 상황에서 감정이 표현되는 방법을 결정하거나 한계를 정하는 사회적 변수에 대한 연구라고 보았다.

의 의미 표상 및 언어적 소통의 구조와 원리 등을 다루고 있다.

3.2. 자연언어의미 상위언어

감정에 대한 언어학적 접근의 하나로서 호주 국립대학(Australia National University)을 중심으로 한 Wierzbicka 교수와 그녀의 동료들은 "자연언어의미 상위언어(Natural Semantic Metalanguage, 줄여서 NSM)"라는 이론을 만들어 나가고 있다. 다소 생경하게 들리는 "자연언어의미 상위언어"란 영어나 한국어, 일본어 등과 같은 실제 사용되는 인간의 언어즉 자연언어의 의미를 보여주고, 분석하고, 설명하기 위해 개발해 낸인공 언어로서 자연언어에 대한 언어, 즉 상위 개념의 언어를 말한다. NSM은 오로지 연구 대상언어(object language)인 자연언어의 의미를 파헤치기 위해 만든 중립적인 상위언어(metalanguage)로서 어떤 언어의감정 어휘를 분석하고 연구하든 누구나 공통적으로 사용할 수 있기 때문에 객관적인 비교기 가능하고 연구자 자신이 사용하는 특정 언어의시각에 갇힌다거나 자기의 모국어로 연구 대상의 언어를 자의적으로번역하는 위험성에서 벗어날 수 있다.

NSM 이론가들에 의하면 지금까지의 연구는 여러 대상 언어의 현상을 영어라는 언어를 통해 외부자의 굴절된 시각에서 기술하였을 뿐, 횡단언어적(cross-linguistic)이고 횡단문화적(cross-cultural)인 관점이 없었기 때문에 행복 등의 감정 연구에서 왜곡된 그림을 그려왔다고 한다. 그 대안으로 그들은 의미를 설명함에 있어 모든 언어에 공통적으로 적용될 수 있는 보편적 메타언어에 기반을 둔 횡단문화적인 관점을 지지하며, 각기 다른 언어의 감정 개념을 그 언어를 사용하는 내부자의 관점에서 보려고 노력하고, 감정 개념의 중요한 부분인 원형적인 인지 시나리오(cognitive scenario)를 정확하게 밝혀내는 방법을 제안하고 있다. 특히 Wierzbicka(2002)는 사람들이 사용하는 감정 표현들을 분석하여 각 언어나 문화별로 특정 감정을 어떻게 이해하고 사용하는지를 밝히고자 하였다. Planalp(1999)도 주장한 것처럼, 한 문화에서 사용하는 감정 어휘를 분석하면, 그 문화에서 감정을 어떻게 개념화하고 범주화하는지, 또 어떤 단어들로 기술하는지 등 특정 감정에 대해 전반적인 것을 이해할 수 있다. 그래서 사람들이 실제로 감정을 나타내기 위해 사용하는 어휘나 표현들은 그 감정을 이해하는 데 중요한 초석이 된다. 그런데, 서로 다른 문화와 언어의 감정 표현을 비교하고 분석하는 데 있어서 번역을 사용하게 되면, 해당 문화나 언어에서 사용하는 사고방식이나 관점의 틀에 영향을 받을 수 있는 문제점이 발생한다. Wierzbicka는 이러한 문제점을 해결하기 위해 모든 언어에 공통적인 측정 도구가 있어야 한다고 주장했고, 이러한 도구의 하나로 자연언어의미 상위언어를 제시한 것이다.

구체적으로 자연언어의미 상위언어는 모든 언어에 있고 더 이상 나누어지지 않는 기본적인 최소 의미 단위에 해당하는 60개 남짓한 의미기본소(semantic primes)를 기본 단위로 하는 상위언어로, 이것을 통해서 모든 언어의 복잡한 의미들, 특히 감정의 의미들을 설명할 수 있도록 만들어진 인공 언어이다. NSM의 의미기본소는 마치 물질을 설명하는 자연과학의 '원자(atom)'에 해당하는 것으로서 언어보편적인 것이기 때문에 문화나 언어의 차이로 감정 어휘의 의미가 변질되는 것을 막을 수 있고, 각 문화의 사람들이 경험하고 이해하는 감정의 원형적인 인지 시나리오를 설명할 수 있다. Goddard(2006)가 정리한 65개의 의미기본소들은 다음의 〈표 2〉와 같다.

이 목록에는 우리가 언어로 표현할 수 있는 가장 기본적인 의미 개념들이 망라되어 있는데, 다만 분류의 기준이 모호하거나 일관성이

표 2 NSM의 의미기본소 목록 (Goddard 2006: 4)

범주 (Categories)	의미기본소 (Semantic Primes)
실체 (Substantives)	I, YOU, SOMEONE/PERSON, SOMETHING/THING, PEOPLE, BODY
관계적 실체 (Relational substantives)	KIND, PART
한정 표현 (Determiners)	THIS, THE SAME, OTHER/ELSE
양화 표현 (Quantifiers)	ONE, TWO, SOME, ALL, MANY/MUCH
평가 표현 (Evaluators)	GOOD, BAD
묘사 표현 (Descriptors)	BIG, SMALL
심리/경험 술어 (Mental/experiential predicates)	THINK, KNOW, WANT, FEEL, SEE, HEAR
말하기 (Speech)	SAY, WORDS, TRUE
행동, 사건, 이동, 접촉 (Action, events, movement, contact)	DO, HAPPEN, MOVE, TOUCH
처소, 존재, 소유, 명세 (Location, existence, possession, specification)	BE (SOMEWHERE), THERE IS/EXIST, HAVE, BE (SOMEONE/SOMETHING)
삶과 죽음 (Life and death)	LIVE, DIE
논리적 개념 (Logical concepts)	NOT, MAYBE, CAN, BECAUSE, IF
시간 (Time)	WHEN/TIME, NOW, BEFORE, AFTER, A LONG TIME, A SHORT TIME, FOR SOME TIME, MOMENT
공간 (Space)	WHERE/PLACE, HERE, ABOVE, BELOW, FAR, NEAR, SIDE, INSIDE
증강 표현, 강화 표현 (Augmentor, intensifier)	VERY, MORE
유사성 (Similarity)	LIKE

없고 필요한 범주의 숫자와 그 범주에 속하는 의미기본소의 범위가 불분명하게 설정되어 있어 앞으로도 많은 논의가 필요하다. 먼저 세상에 존재하는 실체를 나타내는 I, you, someone, people 등의 의미기본소와 이런 실체들 사이의 분류(taxonomy)와 부분(patrimony) 관계를 나타내는 KIND (OF), PART (OF)가 있다. 주의할 점은 위 표에 나온 65개의 의미기본소는 영어의 단어처럼 보이지만 영어 단어가 아니며, 모든 언어에 공히 적용될 수 있는 의미적으로 더 이상 쪼갤 수 없는 원자적 개념을 나타내는 것이다. 이들은 자연언어에서의 활용이나 굴절 같은

어형 변화를 빠짐없이 반영하여 별도의 어휘로 인정하지 않는다. 예를 들어 일인칭 화자를 가리키는 I는 본 목록에는 영어의 1인칭 대명사 주격으로 나와 있지만 실제 영어 문장에서 me, my, mine이라든지 한국어 문장에서 '내가, 나의, 나를, 나에게' 등의 격변화형들에 해당하는 개념을 모두 포함하여 대표하는 의미 단위로 설정되어 있는 것이다. 이 표에서 보면 1, 2인칭 대명사는 의미기본소이지만 영어의 he나 she, it와 같은 3인칭 대명사는 의미기본소가 아니며 대신 SOMEONE, SOMETHING이 의미기본소이다. 이 점은 독립된 어휘로서 3인칭 대명사가 없는 언어가 많고, he, she, it는 개념적으로 someone, some-thing과 어느 정도 일치한다는 점 때문에 3인칭 대명사를 별도로 설정하지 않은 것으로 보인다. 그러나 많은 언어에서 남성-여성의 구분이 필수적이며 생물-무생물의 구분도 매우 중요한 개념이기 때문에 이를 반영하지 않는 것은 이 상위언어가 가진 설명력을 약화시킬 가능성이 있다.

그럼에도 불구하고 가장 기본적인 것만 설정하여 극히 제한적인 의미기본소 체제를 유지하려고 하는 것은 필요한 요소라고 생각되는 것들을 모두 추가하고 계속 확장하다 보면 인지적인 면에서 심리적 실재성(psychological reality)이 떨어질 뿐 아니라 보편적인 체계로서의 의의가 사라질 수도 있기 때문으로 보인다. 그러나 이 책의 6장에서 보겠지만, NSM을 확장하여 문화적 차원에서의 언어 사용 현상을 설명하고자 하는 민족화용론(ethnopragmatics)에서는 기존의 60여 개에 불과한 의미기본소만으로는 중요한 개념들을 설명하기 어렵기 때문에 비록 모든 언어에 보편적으로 발견되는 의미기본소는 아닐지라도 언어가 다른 사람도 그 개념을 이해하는 데 크게 어려움이 없는 단어의 의미는 기본소 목록에 없어도 따로 정의하지 않고 사용하기도 한다. 예를 들어 family라든지 parent, children, men, women, old, young, boy,

girl과 같은 단어는 단일한 개념이 아니기 때문에 절대적인 의미기본소
는 아니다. 따라서 위 표에서는 제외되는 것이 원칙인데, 대부분의 언
어 사용자들은 이런 단어들은 더 기초적인 의미 구성 요소로 분해하지
않고서도 이해할 수 있기 때문에 이런 종류의 의미 요소는 원자보다는
한 단계 위의 "의미 분자(semantic molecule)"라고 부르고 예외적으로 리
스트에 허용하기도 한다. 다만 이런 의미 분자가 어디까지 허용되어야
하고 의미기본소와의 관계는 어떻게 정해야 하는지는 아직 더 연구가
필요하다.

의미기본소 중에서 실체들 사이의 분류 및 포함 관계를 나타내는
KIND와 PART는 Wierzbicka(1999)에서는 뒤따라오는 OF와 함께 하
나의 단위로 설정되었으나 Goddard(2006)에서는 OF를 빼고 KIND와
PART만을 기본소로 보았는데 이는 횡단문화적 연구에서 영어중심주
의를 배제한다고 나선 NSM이론이 결국은 영어를 벗어나지 못하는 인
상을 배제하기 위해 수정한 것으로 보인다. 아울러 명사의 지시 범위
를 한정하는 표현에는 화자에 가까운 것을 지시하는 THIS는 포함되어
있지만 that은 없다. 또한 영어의 the, a와 같은 관사는 배제되어 있는
데 이는 현대영어에서는 일반화된 표현이지만 그 개념 자체는 의미론
학자들 사이에서도 논란이 계속되고 있고 특히 외국인 학생들을 가르
치는 영어교육자들이 정확히 설명하기 힘들어 고개를 절레절레 젓게
할 정도로 쉽지 않다. 따라서 the나 a는 영어에서는 비록 매우 중요한
표현이지만 언어보편적 개념을 나타내는 의미기본소에서는 제외된 것
으로 보인다. 그렇다면 이런 지시사나 관사 표현으로 의미를 세밀하게
분류할 필요가 있을 때 NSM에서는 어떤 방법을 취할지가 과제로 남게
된다.

또한 이 목록에는 수나 양을 나타내는 표현도 기본적인 ONE,
TWO 외에 SOME, ALL, MUCH/MANY만 있고 원래 Wierzbicka(1999)

에는 있었던 LITTLE/FEW는 빠져 있다. 처음에 MUCH/MANY와 LIT-TLE/FEW로 수와 양 및 긍정과 부정을 구별하려 했던 것은 이 체계가 비록 언어보편적인 체계를 지향한 것이기는 하지만 영어를 포함한 인도유럽어족의 일반적 수량 분화 체계를 반영하려고 했던 것처럼 보인다. 그러나 LITTLE은 NOT MUCH, FEW는 NOT MANY의 복합 개념으로 볼 수 있기 때문에 이후 Goddard(2006)에서 LITTLE/FEW는 삭제된 것으로 보인다. 그런데 MUCH/MANY의 구분은 한국어나 일본어처럼 양과 수의 개념적 차이가 약한 언어도 적지 않기 때문에 보편소적인 의미기본소로 보기에 문제가 있다. 그 밖에 형용사의 의미는 원래 Wierzbicka(1999)에서는 Attributes(속성)라는 단일 범주에 가장 기본적인 네 개만 설정되어 있었는데 Goddard(2006)에서는 Evaluators(평가 표현)와 Descriptors(묘사 표현) 두 범주로 나누어 추상적인 수준의 가치나 도덕률을 나타내는 GOOD과 BAD은 평가 표현에 포함시키고, 크기의 개념인 BIG, SMALL은 묘사 표현에 포함시키고 있다. 대신 long/short, high/low와 같은 기초적인 공간 차원의 것이 제외되어 있는 반면, A LONG TIME, A SHORT TIME과 같은 시간적 개념이 시간이라는 범주로 의미기본소 목록에 포함되어 있다는 점이 주목할 만하다. 아울러 본 연구에서 다루고 있는 happy, joy, pleased 등과 같은 감정 표현의 개념은 모두 의미기본소 목록에 제외되어 있다.[51] 따라서

51　Wierzbicka의 의미기본소에 대해 Weigand(2004: 13)는 의미 개념은 "존재론적 실체(ontological entities)가 아니라 화자가 세상을 지각하고 이해하는 능력에 의존하는 것"이라고 하였다. 즉 어떤 언어의 화자가 자신이 처한 맥락에서 세상에 대한 이해 방식이나 정도에 따라 의미 개념은 생성될 수 있고 외면되기도 한다. 예를 들어 영어에서 "He's my brother"라고 하면 그가 화자보다 연장자인지 아니면 손아래 사람인지를 즉각적으로 알 수 없다. 또한 화

NSM 체계에서 이런 감정 표현의 의미는 주어진 의미기본소들을 결합하여 보다 큰 개념 및 서술을 가능케 해주는 통사적 기능을 가진 NSM의 '미니-문법(mini-grammar)'을 통해 합성적으로 기술되어야 한다. 이 '미니-문법'은 아직 초기 단계에 불과하고 구체적으로 그 규칙들이 제시되어 있지 않지만 Wierzbicka(1999)의 분석 방식을 통해 볼 때 우리가 살피고자 하는 기본 감정 어휘를 분석하는 데에는 충분하다고 생각된다. 의미기본소를 토대로 이를 미니-문법을 통해 결합하여 문장 단위의 의미를 보여주는 의미 기술을 Wierzbicka는 "의미 해설(semantic explication)"이라고 하는데 우리는 다음 3.3절부터 NSM의 의미기본소와 미니 문법을 이용하여 한국어, 일본어의 대표적인 행복 어휘의 의미 해설들을 직접 만들어 보고 영어 표현에 대한 기존의 의미 해설과 비교해 볼 것이다.

NSM의 의미기본소 목록에는 형용사 외에도 동사가 표현하는 개념 역시 가장 기본적인 것으로 구성되어 있다. THINK, KNOW, WANT, FEEL, SEE, HEAR 등 인지나 지각의 심리 술어의 의미가 포함되어 있고 SAY, WORDS, TRUE는 말하는 것과 관련된 의미기본소로 설정되어 있다. 그런데 이 목록에는 자연언어의 수많은 말하기 동사를 총괄하여 SAY라는 하나의 의미기본소만 있기 때문에 이로써 실제 언어에서 벌어지는 말하기 현상에 대한 정교한 의미 분석이 가능할 것인지는 의문이다. 또한 자연 언어에서 중추적인 역할을 하는 술어들의 여러

자의 성에 따라 여자가 말했으면 '오빠'나 '남동생'이 될 수도 있지만 이 역시 발화 맥락을 알아야 비로소 파악될 수 있다. 반면에 한국어에서는 '형'과 '동생'이 구별되어 있고 '오빠'라는 용어도 있어서 영어에서는 구별되지 않은 것을 세분해서 표시한다. 그런 표현이 없는 언어에서는 그런 개념을 떠올리기가 쉽지 않다.

의미 유형을 모두 반영하지 않고 심리/경험 동사 여섯 개와 말하기 동사 하나 그리고 행위 동사 네 개, 총 11개 술어의 의미기본소만 설정한 것은 매우 컴팩트한 체계이기는 하지만 앞으로 이것을 통해 의미를 분석할 때 운신의 폭을 너무 좁게 만들 수 있다. 또한 양상(modality)을 나타내는 표현으로는 CAN만 있으며, NOT, MAYBE, BECAUSE, IF 등 기본적인 논리적 연결 개념이 목록에 포함되어 있는데 언어에서 조동사의 중요한 역할을 제대로 기술하려면 MUST나 WILL 등의 기본소도 추가되어야 할 것으로 보인다. 뿐만 아니라 시간과 공간이라는 인간 존재의 중요한 두 차원과 관련된 의미 현상을 설명하기 위해서는 지금 목록에 설정된 것만으로는 턱없이 부족하다고 보인다. 물론 이 목록은 인간 언어에서 표현하는 모든 개념을 망라하는 것이 아니며 "기초적인 개념의 빌딩 블록(fundamental building blocks of concepts)"으로서 Wierzbicka(1999: 36-37)는 이 65개 의미기본소는 "인간 생각의 알파벳(the alphabet of human thoughts)"이라고 한 바 있다. 다만 이 의미기본소의 목록이 과연 보편적이고도 충분한 것인지의 여부는 아직 논란의 여지가 있다.

의미기본소는 영어의 단어가 아니라 모든 언어에 보편적인 기본 의미 요소로서 문법적 프레임(grammatical frame)에 의해 결합하여 구나 문장과 같은 더 큰 단위가 될 수 있다. 앞서 언급했듯이 NSM에는 미니-문법(mini-grammar)이 있는데 이것은 자연 언어의 문법을 닮았지만 어떤 특정 자연 언어를 위한 것이 아니라 모든 언어에 두루 적용되도록 구성된 보편적인 문법으로 문법적 프레임을 제공한다. 아직 완전하다고 볼 수 없지만 지난 20년 동안 영어를 비롯하여 독일어, 프랑스어, 러시아어, 폴란드어, 스페인어 등 여러 언어에 기초하여 체계적으로 탐구되어 왔고 비교적 이해하기 쉽다. 이 문법은 통사론 연구에서의 문법과는 거리가 먼, 최소한도의 구조만을 위한 결합 규칙들이 대부분이지만, 의미기본소들의 단순한 연결뿐만 아니라 각 술어 표현의 논항 결합가(valency)와 보충어(complement)의 선택과 같이 조금 더 고차원적인 문법 기능도 가지고 있다. 예를 들어 someone THNKS about someone/something는 인지에 관한 틀인데 이를 someone THINKS something (good/bad) about someone/something처럼 확장해서 쓸 수 있다(보충어 삽입). 즉 기본적인 틀에서 감정의 방향이나 감각을 느끼는 부분까지 덧붙여 나타낼 수 있다. 그러나 이제까지 개발된 미니-문법은 다양한 구조를 세분해서 생성해 낼 수 있는 파워(power)를 갖고 있지 못하며 보편성을 추구하지만 영어를 비롯한 서유럽 언어의 통사 구조에 매여 있어서 유형론적으로 볼 때 중국어와 같은 고립어뿐 아니라 한국어나 터키어와 같은 교착어(agglutinative language)의 특성을 반영하기에는 역부족인 면이 있고 앞으로 더 보완할 여지가 있다고 생각한다. 다만 이 NSM은 감정 어휘의 연구에 있어 "용어상의 특정 인종중심주의(terminological ethnocentrism)", 즉 특정 언어의 사용으로 인한 인종적 선입관에서 벗어나서 보다 객관적인 언어중립적 상위언어로써 개념을 분석하고 비교할 수 있게 해주는 장점을 갖고 있는 것 또한 사실이다.

Wierzbicka(1999)는 이러한 의미기본소와 미니-문법을 이용하여 사람들이 특정 감정을 경험할 때의 일반적인 인지 과정을 보여주는 "원형적 인지 시나리오(prototypical cognitive scenario)"를 설정했다. 이것은 해당 감정이 생길 때 마음속에 떠오르는 보편적인 과정을 말하는데 예를 들어 슬픔(sadness)이라는 감정은 보통 다음과 같은 생각들이 결합하여 발생하는 감정이다 (Wierzbicka 1999: 39):

(a) 무언가 나쁜 일이 일어난 것을 나는 알게 되었다.
(b) 나는 이런 일들이 일어나는 것을 원하지 않는다.

(c) 나는 이 일로 인해 어떻게 해야 할지 생각이 나지 않는다.

(d) 나는 아무 것도 할 수 없다는 것을 알고 있다.

Wierzbicka의 예를 들어 설명하면, 누군가가 "I feel sad because my dog died"라고 말한다면 이때의 sad가 표현하는 것은 (a) 나의 개가 죽었다는 나쁜 일이 일어났다는 것과 (b) 나는 내 개가 죽는 일이 일어나는 것을 원하지 않으며, (c) 지금 뭘 해야 할지 생각할 수도 없고, (d) 개의 죽음에 대해 아무 것도 할 수 없다는 것을 깨닫고 있다는 것을 의미한다. 슬픔이라는 감정에 대한 이런 인지 시나리오는 앞에서 본 의미기본소와 미니-문법에 의해 그 의미를 분해하여 설명할 수 있는데 이를 Wierzbicka(2006)는 언어 표현의 "의미 해설(semantic explication)"이라고 부른다. 영어 sadness의 의미 해설은 다음과 같다.

sadness의 의미 해설 (X feels sad)

> X feels something
>
>   sometimes a person thinks:
>
>   "I know: something bad happened
>
>   I don't want things like this to happen
>
>   I can't think now: I will do something because of this
>
>   I know that I can't do anything"
>
>   because of this, this person feels something bad
>
> X feels something like this

한 가지 의문점은 Wierzbicka는 이것이 영어 단어 sadness의 의미 해설이라고 했지만, 같은 책의 바로 다음 문단에서는 이것이 형용사 sad라는 단어에 깃들어 있는 인지 시나리오라고 함으로써 형용사 sad와 그것에서 파생된 명사 sadness 사이의 의미 차이가 없는 것처럼 말하고 있다. 그런데 다음 절에서 보겠지만 Wierzbicka 자신은 형용사와 그것의 명사형 사이에는 의미의 차이가 발생할 수 있다고 말함으로써 일관성에 문제가 있어 보인다. 어쨌든 위의 의미 해설은 sadness라는 단어에 연결된 인지 시나리오로서 영어 사용자들은 자신이 슬픈 감정을 sad (또는 sadness)라는 단어로 표현할 때 경험하는 과정이며 이 중 하나라도 틀리면 sad라고는 말할 수 없다. 이런 의미 해설은 연구자 자신의 직관에 의존하는 것이 아니라 그 모국어 화자들이 실제 사용한 예문이나 코퍼스에 수록된 자료들을 보고 일반화하는 것으로서 비모국어 사용자인 연구자의 관점이 아니라 실제 모국어 사용자인 '원어민의 관점(native perspective)'에서 작성되어야 한다.

Wierzbicka는 인간의 언어로 표현되는 감정 개념을 다음과 같은 6개 그룹으로 분류하고 있다:

① 좋은 일이 일어남 (기쁨 또는 행복)
② 니쁜 일이 일어남 (슬픔 또는 비탄)
③ 나쁜 일이 일어날 수 있음 (두려움 또는 근심)
④ 나에게 일어나길 원하지 않는 것 (분노 또는 분개)
⑤ 타인에 대한 생각 (부러움 또는 남의 불행에 대해 갖는 쾌감)
⑥ 우리 자신에 대한 생각 (부끄러움 또는 회한)

이 여섯 개 그룹은 감정의 좋고 나쁨과 실제 일어난 것과 일어날 것의 구분 및 원하는 것과 원하지 않는 것의 구분과 타인과 (우리) 자신에 대한 것의 구분으로 이루어져 있는데 이 6개 그룹에 각기 포함된 감정 개념은 그 개념을 다양한 방식으로 표현하는 여러 언어 표현의 인지 시나리오의 기저를 이루게 된다. 행복 어휘는 위의 그룹 중 ① 좋은 일이 일어남의 그룹에 속하는데 따라서 행복 어휘는 그 의미 해설의 어딘가에는 반드시 ①의 내용이 들어가야 한다. 이 부분은 모든 행복 어휘의 공통적인 컴포넌트이고 그 다음 컴포넌트부터 차이가 발생하여 각 어휘의 의미가 달라지게 된다. 그런데 이 인지 시나리오는 그런 감정을 경험하는 사람이 속한 문화나 사회의 해석을 반영하는 것이므로 특정 언어의 감정 어휘는 비록 기본적 의미는 동일한 유의어(synonym)처럼 보일지라도 이 인지 시나리오 부분에서 다른 언어의 감정 어휘와 차이가 있게 된다. 그렇다면 영어와 한국어, 일본어의 행복 어휘들은 행복 개념을 어떤 점에서 비슷하게 표현하고 또 어떤 점에서 다르게 표현하는지를 각 언어의 대표적인 행복 어휘의 의미 해설을 통해 살펴보기로 하자.

3.3. 영어의 행복 어휘

우리는 이제 Wierzbicka(1999)가 자연언어의미 상위언어(NSM)로 영어의 행복 어휘들을 의미 분석한 것을 검토하고, 그 결과를 한국어와 일본어의 행복 어휘들과 비교해 보도록 하자. 먼저 영어에서 가장 대표적인 행복 어휘인 happy의 경우 Wierzbicka(1999: 52)는 다음과 같은 의미 해설을 제안한다.

다음 [A]의 의미 해설에 보면 happy는 누군가가 무엇을 느낀 것인데, 먼저 (a)의 후반부에 괄호로 표시되었듯이 그런 느낌은 그 사람이 무엇인가를 생각했기 때문일 수도 있고 그런 생각의 과정 없이 그런 느낌이 들 수도 있다. 즉 happy가 표현하는 행복의 감정은 사고나 평가의 결과일 수도 있고 그렇지 않고 특별한 이유도 없이 막연히 생길 수도 있는 감정임을 의미한다. 반면에 같은 행복 어휘지만 joy는

[A] happy의 의미 해설 (Wierzbicka, 1999: 52)[52]

> happy (x was happy)
>
> (a) X felt something (because X thought something)[53]
>
> (b) sometimes a person thinks:
>
> (c) "some good things happened to me
>
> (d) I wanted things like this to happen
>
> (e) I don't want anything else now"
>
> (f) When this person thinks this this person feels something good
>
> (g) X felt something like this

그 발생 과정에서 생각이나 평가가 필수적이며, 반면 슬픔을 나타내는 sad는 대부분 생각의 과정을 거치지 않고 불현듯 생겨나는 감정이기 때문에 그 의미 해설에 [A]-(a)의 괄호 부분과 같은 것을 추가할 필요가 없다. 한국어에서도 "나는 절로 흥겨운 나머지 어깨춤을 추었다"든지 "그들은 그냥 흥이 났다"는 가능하지만 "?나는 그냥 희열을 느꼈다", "?그들은 절로 환희가 느껴졌다"는 어색한데,[54] '흥겹다'나 '흥이 나다'와 같은 감정 어휘는 '절로', '그냥'과 같이 원인 불명의 좋은 감정을 나

---

52   의미 해설의 각 항목 앞에 (a), (b)... 등으로 표시한 것은 설명의 편의를 위한 것이며 의미 해설의 필수 요소는 아니다.

53   물론 영어에서는 think가 명사구 목적어를 취할 때는 다음에 of나 about을 써야 하지만 의미 해설 [A]에서는 thought something으로 표시하고 있다. 이는 이 의미 해설은 의미기본소와 미니-문법으로 이루어진 NSM의 표현일 뿐 실제 영어 문장이 아니기 때문에 가능한 것이다.

54   예문 앞의 '?'는 그 예문이 문법적으로 가능하지만 의미상으로 어색한 문장임을 뜻한다.

타내지만, '환희'나 '희열' 등의 감정 어휘는 아주 구체적이고 특별한 이유를 제시해야 하는 것이 보통이다. 동화에서 보면 "happily ever after"라든지 "그들은 그 후로 오랫동안 행복하게 살았답니다"라고 끝나는 happy ending이 많은데 이럴 때 "joyfully ever after"나 "오랫동안 환희를 느끼며 살았답니다"는 어색하다. 클라이맥스가 지난 후에는 특별한 사건이 없어도 주인공들이 평탄하게 삶을 즐겼다는 뜻이므로 이때는 가장 무난한 happy가 제격이다.

아울러 영어의 happy는 [A]-(c)에 보듯 무언가 좋은 일들(things)이 한번 이상 지속적으로 나에게 일어난 것으로서 개인에게 적용되는 감정이라는 특성이 있다. 그런데 한국어에서는 '행복'이 단일한 사건으로도 생길 수 있는 감정이다. 그런 면에서 한국어의 '행복'은 영어의 happy와 joy의 의미를 모두 포함하고 있는데 이는 다음 절에서 자세히 다루고 먼저 영어의 행복 어휘를 계속 보자. happy와 비슷하지만 joy는 다른 사람에게도 일어날 수 있는 좋은 일을 말한다는 점에서 개인을 뛰어넘는 집단이나 사회에 두루 적용될 수 있는 감정이다. happy는 또한 (d)에서 보듯 그 사람이 그 일이 일어나기를 과거부터 원했고, 이 일이 일어난 이상 다른 것은 중요하지 않다고 생각될 정도로 그 감정에 충만하게 된다는 특성이 있는 행복 감정이다. 즉 "(적어도 지금 이 순간은) 이거면 돼! 다른 것은 필요없어"라고 말할 수 있는 상태를 의미한다. 이와 관련하여 happy가 싱가포르 영어에서 어떻게 쓰이고 있는지 실제 ICE-Singapore 코퍼스 자료를 보도록 하자.

이 ICE-Singapore 코퍼스는 싱가포르 국립대학교(National University of Singapore) 영어영문학과에서 관리하고 있는데 싱가포르에서 영어로 나눈 구어체 대화 자료와 독백 자료 및 문어체의 출판되거나 또는 출판되지 않은 자료 등을 담고 있다. 또한 인문학, 사회과학, 자연과학, 공학 등 분야별 학술적 또는 비학술적 문어 자료와 편지, 보도 기사 및 논설, 기업 및 개인 관련 저작뿐 아니라 소설이나 수필과 같은 창작물 자료도 있으며 대화체 자료에는 직접 대화와 전화 통화 자료 방송 인터뷰 내용, 재판정에서의 심리 내용, 상업 거래 내용 등이 모두 포함되어 있어서 싱가포르 문화를 충분히 엿볼 수 있는 다양한 자료들을 검색할 수 있다.

다음 대화 (1)은 싱가포르의 ICE 코퍼스 S1A-034 중 일부이다. 여기서 B는 직장을 옮겼다가 다시 원래 직장으로 돌아왔는데 동료인 A와 C는 돌아온 B를 반겨주며 다음과 같이 이야기하고 있다. B는 자신이 다른 곳에 있다가 원래 직장으로 온 것이 자신에게 일어난 좋은 일로서 그는 이것을 원했고 이제 이것으로 되었다는 뜻으로 happy라는 단어를 쓰고 있다.

> (1) A: You come back here. The atmosphere everything is so stifling in a way...
>
> B: Uh uhm.
>
> C: Ya, it's different also I mean it's like...
>
> B: I think it depends on who you hang out with also,
>
> C: It depends on who you you talk you meet the kind of people here
>
> B: I mean uhm I'm quite **happy** here. 〈ICE-SIN:S1A-034# X261:1:1B〉
>
> A: That's good.

또한 다음 대화 (2)에서 E는 자신이 약 8개월 간 가르친 학생들이 수학 성적이 나아진 것에 대해 만족감을 happy라는 어휘를 사용해서 표시하고 있다.

(2) E: I've got uh twenty-four passes in Maths and I'm very
very **happy** over the results. 〈ICE-SIN:S1A-043#290:2:E〉
Because my the majority in my class are Malay and uhm
and uh normally Malay children don't do well.
And uh helping this lot of children for about eight
months they have improved.
I'm indeed very **happy**. 〈ICE-SIN:S1A-043#293:2:E〉
D: I'm glad to hear that.

이처럼 영어의 happy는 본인이 원했던 일을 성취한 다음에 느끼는 개
인적 보람을 표현할 때 쓰는 가장 일반적인 행복 어휘라고 할 수 있다.
그러나 Wierzbicka(1999: 53)의 분석에 의하면 영어의 happy는 비슷한
뜻을 가진 독일어의 glücklich나 프랑스어의 heureux보다는 훨씬 약
한 정도의 행복감을 나타내는데 이는 영어의 다른 단어 joy와의 역할
분담이 이루어진 것 때문이기도 하다. joy의 인지 시나리오는 다음 [B]
와 같다.

joy는 happy에 비해 사용 빈도는 낮지만 happy가 표현하지 못하
는 상황을 표시할 수 있다. 첫째로 joy는 그런 느낌을 반드시 생각을
통해 얻게 된다는 점에서 사유 과정이 필수적이지 않은 happy와 차이
가 있다. 또한 [A]-(c)와 [B]-(c)를 비교하면 happy는 'some good
things'인 반면 joy는 'something very good'으로 되어 있다. 즉 happy
는 그렇게까지 강하지는 않더라도 보통 좋은 일들이 계속 일어난 경우
를 말하는 반면, joy는 아주 좋은 일 하나가 일어났음을 의미한다. 또한
happy는 "happened to me"라고 하여 '나'에게만 적용되는 개인적인
사건이 이미 일어났음을 의미하는 반면, joy는 "is happening"으로서
하나의 큰 좋은 사건이 막 일어나고 있는데 이는 '나'에게만 의미 있는

[B] joy의 의미 해설 (Wierzbicka, 1999: 50)

joy (x felt joy)

(a) X felt something because X thought something

(b) something a person thinks:

(c) "something very good is happening

(d) I want this to be happening"

(e) when this person thinks this this person feels something very good

(f) X felt something like this

(g) because X thought something like this

사건이라기보다는 일반적으로 사람들이 기쁨을 느낄 수 있는 사건을 말한다. 이러한 차이는 다음 예에서 확연히 드러난다.

> (3) a. **joy** of reading/cooking/singing/sex...
>
>   b. ?**happiness** of reading/cooking/singing/sex...

책읽기나 요리하기, 노래하기, 섹스 등의 즐거움은 특정 개인에게만 해당되는 것이 아니라 여러 사람이 공감할 수 있는 행복한 감정이며 이는 단일 사건으로도 매우 높은 수준의 만족감을 줄 수 있기 때문에 happiness보다는 joy가 더 잘 어울린다.

> (4) a. **Joy** to the world, the Lord is come.
>
>   b. ?**Happiness** to the world, the Lord is come.

70년대 미국의 록밴드였던 Three Dog Night는 "Joy to the world / All the boys and girls, now / Joy to the fishes in the deep blue sea / Joy to you and me"라고 살아있는 세상 만물의 환희를 노래하여 인기를 끌었는데 이처럼 joy는 나 자신에만 국한되지 않고 우리 모두가 느낄 수 있는 기쁨을 나타낸다. 이 노래는 미식 축구팀인 덴버 브롱코스가 경기에서 승리하면 관중들 모두 자리에서 일어나 행복감을 공유하며 다 같이 합창하던 노래이기도 하다. 또한 joy는 현재 일어나고 있는 일이나 상황에 대한 행복감을 말하는 반면, happy는 비교적 과거로부터 오랜 기간에 걸쳐 일어난 사건들로 인해 행복한 느낌을 갖게 된 것을 말하기 때문에 예수의 탄생과 같은 순간적으로 일어난 사건이지만 모두가 바라는 것이라면 그 행복감은 happiness라고 표현하기에는 규모도 너무 크고 지속성도 거의 없으므로 joy로 표현하는 것이 적절하다. 이와 유사하게 한국어에서도 '행복/행복하다'는 일상적인 소소한 즐거움을 말하는 경우가 많고, '기쁨/기쁘다'는 특별한 사건을 의미하는 경우가 많은데

> (5) 세월호 침사로 귀한 자식을 잃은 부모들은 자식이 살아만 있어도 행복이었음을 깨달았다고 합니다.
> (6) 우리 아들이 이번 시험에 전교 1등을 했다니 너무나 기쁘구나.

'행복하다'는 꼭 집어서 이것 하나 때문이라고 이야기할 수 없는, 지금까지 계속 누적된 원인들로 인한 좋은 감정을 주로 표현하는 반면, '기쁘다'는 특별히 지금 막 일어난 사건 때문에 느끼는 매우 긍정적인 감정을 말하는 데 쓰인다.

joy의 인지적 시나리오를 구성하는 두 가지 중요한 요소는 1)평가('매우 좋은 일이 생길 것이다(something very good is happening')와 2)의

지('나는 이것이 일어나길 원한다 (I want this to be happening)')이다. joy와 happy 모두 좋은 일에 대한 긍정적인 감정을 나타낸다. 그러나 joy는 이 말을 하는 '나'뿐만이 아닌 다른 사람들과 공유할 수 있는 즐거움에 대한 감정이며, happy와는 달리 그 일이 일어나는 순간이나 과정에서 나타나는 짧은 상태(short-term state)를 나타낸다. joy는 순간의 감정이기 때문에 happy보다 그 강렬함이 커서 '매우 좋은 것'이 일어나는 것에 대한 기쁨을 가리킨다. 반면에 happy는 '나'에게 일어난 일로 한정되어 다른 사람과는 무관하게 개인적인 '나'에게 일어나는 좋은 일에 대한 긍정적 감정이고 그러한 일이 과거에 일어나서 그 상태가 지속되는 긴 상태(long-term state)를 나타낸다. joy보다는 그 강렬함이 덜 하지만 더 오래 지속되는 감정이라 할 수 있다. 또한, joy와 happy의 가장 눈에 띄는 차이점은 happy의 경우 일단 만족스러운 감정이 더해져 다른 어떤 것도 원하지 않는 상태를 가리킨다.

예를 들면 다음 (7)에서는 1982년 뉴델리 아시안 게임의 수영 100 미터 자유형에서 금메달을 따서 'Flying Fish'라는 애칭을 얻고 싱가포르의 국민 영웅이 된 앙 펭 시옹에 대해 이야기하면서 그가 우승하고 시상대에서 싱가포르 국가가 연주되는 순간 모든 싱가포르인들이 기쁨을 느꼈다고 할 때 joy를 사용하고 있다.

(7) Sir, when Ang Peng Siong wins a gold medal, it brings **joy** and pride to all Singaporeans especially when the Majulah Singapura is played. 〈ICE-SIN:S1B-056#48:1:C〉

마찬가지로 다음 예문에서도 모두가 바라는 일들이 잘 이루어져서 기쁨을 느끼는 것이 공동체를 유지하는 데 있어 중요하다는 취지로 말할 때 joy라는 행복 어휘를 사용하고 있다.

(8) How do they feel in terms of uh the kind of celebrations
that they have and what's the **joy** they get in these places?
〈ICE-SIN:S2A-033#31:1:A〉

영어의 happy와 joy의 의미적 역할 분담과 유사한 현상을 중국어에서도 찾아 볼 수 있다. 앞서 보았듯이 Ye(2016)는 joy가 일시적인 흥겨움을 나타내기 때문에 중국어의 xĭ(喜, 희)에 가깝고 happy는 지속적인 흡족함을 나타낸다는 점에서, 완전히 의미가 같지는 않지만, 중국어의 lè(樂, 락)에 가깝다고 했다. 중국어의 행복 어휘에 대해 조사한 Ye(2016)는 다섯 개의 중국어 코퍼스 the Leiden Weibo Corpus(LWC), the Center for Chinese Linguistics(CCL), Chinese Text Computing(CTC), the UCLA Written Chinese Corpus(UCLAv2), the Lancaster Corpus of Mandarin Chinese(LCMC2)에서 자료를 수집했다. 그 결과 가장 빈도가 높게 사용된 행복 어휘는 xìngfú(幸福, 행복)이었다. 그런데 중국어의 xìngfú는 대개의 경우 영어로 happiness로 번역되는데 이 번역은 완전치 않아서 원래 중국어의 행복 개념을 온전히 전하지 못하는 문제점이 있다고 한다. 중국어의 xìngfú의 의미가 영어의 happiness의 의미와 가장 큰 차이점은 xìngfú의 개념이 단순히 어떤 사건으로 인한 개인적 수준의 '행복'이라기보다, 대인관계에 의한 사회적 차원의 '행복'이라는 점이다. 특히, 누군가에게 사랑 받고 보살핌을 받는다는 믿음으로부터 오는 포괄적이고 기쁜 감정의 마음 상태가 지속되는 것을 말한다. 즉, 가족이나 사랑하는 사람, 친밀한 사람들과 연결되어 있음을 느끼는 깊은 감각과 관련 있는 감정이다. 또한, 나와 '관계'를 가진 다른 사람이 나를 위해 내가 기대하는 무엇인가를 해주었을 때 나타나는 감정으로 볼 수 있다. Ye(2016)는 중국어의 대표적인 행복 감정 어휘인 xìngfú의 의미를 NSM의 의미기본소를 이용하여 다음과 같이 설명한다.

[C] xìngfú의 의미 해설 (Ye, 2016: 74)

xìngfú

(a) it can be like this:

someone feels something very good for some time

because this someone thinks like this at this time:

(b)   "I know that I can be with someone at many times

I feel something very good when I am with this someone

I feel something very good when I think about this someone

(c)   at the same time, I know that it is like this:

this someone feels something very good towards me

this someone wants to do good things for me

(d)   I want it to be like this"

(e) when this someone thinks like this, this someone feels something very good for some time

like people feel at many times when they think like this

(f) it is very good for this someone if it is like this

영어의 happiness와 비교할 때 중국어의 행복을 뜻하는 xìngfú의 차이점은 애착이 있는 사람들로부터 돌봄이나 사랑을 받고 있다는 생각을 갖고 있어 내적으로 안도하는 상태를 나타낸다는 점이다. 중국에서는 '제도'보다 '관계'가 일을 한다고 할 정도로 중국인들은 인간 사이의 관계를 중시한다. 따라서 개인의 행복도 이러한 관계에서 자연스럽게 찾기를 원한다. 위의 의미 해설 중 (a)와 (e)는 일반적인 인지 시나리오에서 기초되는 외부 틀을 구성한다. 우선 (a)는 xìngfú가 특정 마음의 상태를 나타내는 주관적인 감정을 묘사한다는 것을 나타내고 (e)는 감정을 경험하는 사람이 결과적으로 느끼는 매우 좋은 감정을 나타내는데 이런 감정은 모든 중국인에게 공통적으로 적용되는 전형적인 것이다. xìngfú의 사고의 흐름은 (b)~(d)에서 볼 수 있는데, 이는 xìngfú를 다른 감정과 구별할 수 있게 하는 요소로 세 가지 조건의 묶음들로 구성되어 있다. (b)의 첫 번째 묶음에서는, 다른 사람들에 대한 '나'의 좋은 감정을 나타낸다. 이것은 '나'의 믿음과 다른 사람들의 기대에서 비롯된 신뢰와 깊은 애착의 감각을 나타내기 위해 필수적인 것이다. 이어서 (c)에서는 '나'의 믿음과 기대'가 나타난다. 이 요소들은 '다른 사람들이 나에게 좋은 일을 하길 원할 거라는 '나'의 믿음'을 나타내는 (c)의 마지막 부분을 제외하고 대칭적으로 나타나는데, 이는 xìngfú에 부호화 되어 있는 관계적, 상호적 관점의 의미를 반영한다. 이처럼 xìngfú는 그 관계적인 특징이 있고 이러한 감정이 나타나기 위해서는 개인의 자유로운 의지뿐만 아니라 다른 사람들의 행동도 중요한 역할을 한다. 마지막으로 세 번째 조건은 (d)에 있는 "I want it to be like this."로, 이러한 일이 일어나길 원했던 '나'의 기대감을 보여준다.

결국 xìngfú는 영어의 happy/happiness와 그 의미에서 차이를 보이는데, 가장 큰 차이는 xìngfú가 상호 의존적 관계에서 나올 수 있는 happy/happiness라고 중국인 화자들에게 인식된다는 것이다. 중국의 감정 어휘에 대한 예문을 보자. 다음 예문은 원문은 중국어로 된 것을 영어로 번역한 것이다.

(9) I thought to myself: he is also **happier (xìngfú)** than me because his mother is still alive. (Shi 2000: 13)

(10) At this moment, how **happy (xìngfú)** you are. You are with the person you love, running in the open field under that blue sky and frolicking in the green sea and white waves. What **happiness (xìngfú)** you have! (Shi 2000: 13)

(11) It is getting dark. I don't know why I feel so lost right at this moment.

Being at home makes me feel really **happy (xìngfú)** and very content.

I didn't realize that working at home could make one feel such **happiness (xìngfú)**. I was taken back to my school years when mum and dad prepared every meal for me. (Ye 2016: 73)

위의 예문에서 보면 어떤 사람은 나보다 더 행복한데 그 이유는 그의 어머니가 살아계시거나 사랑하는 사람들과 같이 있기 때문이라고 한다. 이런 행복관은 싱가포르에 이주한 중국인들 중에서도 전통적 생각을 하는 사람과 비교적 자유로운 생각을 하는 사람 사이에서 차이가 있을 수 있다. ICE 싱가포르 코퍼스에 나온 다음 예를 보면 A는 혼자 생활하고 있는 B가 가족도 없이 외로워서 매우 불행할 거라고 생각하지만 B는 혼자 사는 게 나쁘지 않고 오히려 즐긴다고 답하고 있어서 행복에 대한 차이점을 보여주고 있다.

(12) A: I thought you were **miserable** that you had nobody to greet you.

B: No, I love to be alone at home.

A: Do you have a pet at home?

B: No, but I guess after three weeks I will miss my parents lah but now I'm quite **happy**. 〈ICE-SIN:S1A-059# 208:1:B〉

이 점은 중국과 비슷한 가족 개념과 집단주의적 문화가 발달한 한국 사회에서도 엿볼 수 있는 장면이라고 생각한다. 나이든 부모는 가족들이 다 모여서 사는 것이 행복이라고 생각하는 반면, 젊은 층에서는 독립해서 혼자 자유롭게 사는 것이 행복이라고 생각하는 경향이 갈수록 늘어가고 있다.[55] 문화는 고정된 것이 아니어서 시간이 지나면서 얼마든지 바뀔 수 있고, 같은 시대를 사는 사람들도 자기가 중요시하는 가치에 따라 소집단별로 다른 특성을 보일 수 있다. 그런 점에서 Schwartz(1992)는 문화 현상에 대한 연구에서는 집단주의/개인주의의 이분법 외에 1)'변화에 대한 개방성(Openness to Change)'과 2)자신만을 생각하는 편협함에서 벗어나는 것을 의미하는 '자기 초월(Self-Transcendence)', 그리고 3)자기의 가치를 높이고 능력을 최대한 발휘해서 세상으로부터 인정을 받는 '자기 고양(Self-Enhancement)' 및 기존의 질서를 유지하고 전통을 존중하며 자신의 안위를 침해받지 않으려 하는 4)'보존(Conservation)'의 네 가지 상위 가치와 이 상위 가치에 속하는 개인적 수준의 가치로서 '힘(power)', '성취(achievement)', '쾌락주의(hedonism)', '자기 주도성(self-direction)', '자비(benevolence)', '순응(conformity)' 등을 고려해야 한다고 주장하였다. 그에 의하면 이런 여러 가치들 중에 특정 가치를 상대적으로 더 많이 지지하는 문화의 사람들은 그 가치의 위반과 관련된 감정의 표현을 상대적으로 더 빈번하

55　이와 관련한 구체적인 통계 및 의식 조사에 대해서는 https://sgis.kostat.go.kr/view/thematicMap/categoryListHuman을 참고할 것.

게 한다고 한다. 예를 들어, '순응'이란 가치를 높이 생각하는 문화에서는 이것을 위반한 사람에 대해 경멸을 많이 표현하는 반면, '자비'라는 가치를 더 중시하는 문화에서는 비난과 혐오 대신 동정과 공감을 더 많이 표현할 것이다. 이러한 차이는 단순히 언어 사용과 소통에서만 볼 수 있는 것이 아니라 정책 집행이나 사법적 판단 등에서도 볼 수 있다. 그 일례로 고의적인 분식 회계를 한 것으로 들어난 미국의 Enron사와 한국의 삼성바이오로직스사에 대한 사회적 처리 과정을 보면 미국은 Enron사를 과감히 파산시키는 결정을 내린 반면 한국은 Enron사보다 거의 네 배나 더 큰 회계 부정을 저질렀다고 법원이 판시한 삼성바이오로직스사에 대해 증권시장 상장 폐지라는 일벌백계의 처분 대신 주주들이 받을 피해들을 고려하여 상장유지라는 자비로운 결정을 내린 것은 두 나라 사이에서 우선시하는 사회적 가치의 차이를 잘 보여주는 사례이다.

같은 유교문화권이고 동아시아의 집단주의적 색채가 강한 한국과 일본이지만, Schwartz가 제안하는 세부 가치들까지 고려하면, 일본이 '순응'을 보다 더 중시하는 전자에 해당하는 문화라면, 한국은 '자비'를 중시하는 후자에 해당한다고 생각된다. 또한 자기의 가치나 의미를 높이려고 하는 '자기 고양' 의식이 강한 문화는 자기보다 열등한 대상에 대해 경멸을 표현하는 감정 표출 규칙이 널리 사용될 것으로 보인다. 아울러 '보존'이란 가치를 높게 평가하는 것은 기존 질서에 대한 이탈이나 안전 보장에 위해가 되는 것이나 사람에 대한 혐오를 표현하는 감정 표출 규칙과 관련이 있다. 예를 들어 트럼프 대통령은 사업가로서 엄청난 성공을 거둔 인물이기 때문에 '자기 고양' 의식이 강하고 기업가로서 현상 유지를 지지하는 '보존'이라는 가치를 신봉하기 때문에 그만큼 경멸과 혐오의 감정 표출이 심한 것으로 생각된다.

역대 미국 대통령들과는 달리 공식 기자회견이나 메이저 방송과의 인터뷰 등의 소통 방식보다는 SNS를 주된 소통 방식으로 여기는 트럼프는 트위터에서 "As long as we have faith in each other and confidence in our values, then there is no challenge too great for us to conquer!"라고 할 정도로 가치에 매우 집착하는 모습을 보이고 있다. 그가 대선 캠페인 내내 내건 "Make America great again"이란 슬로건은 미국이란 나라에 대한 원천적인 자부심과 그것이 일부 기성정치인들의 잘못으로 훼손되었다고 생각하는 분노와 좌절감이 밑바탕에 깔린 말이다. 미국을 위협하는 테러리스트나 불법입국자뿐 아니라 이들에 대해 유화적인 언론과 정치인들에 대한 경멸과 혐오의 표현은 트럼프가 개인적으로 최고의 가치로 여기는 것들의 조합에서 나오는 것이다. 예를 들어 트럼프는 2016년 9월 4일 애리조나에서 있었던 집회 후 "Phoenix crowd last night was amazing – a packed house. I love the Great State of Arizona. Not a fan of Jeff Flake, weak on crime & border!"이라고 한 번 공격을 하더니 곧 이어 "The Great State of Arizona, where I just had a massive rally (amazing people), has a very weak and ineffective Senator, Jeff Flake. Sad!"라고 연거푸 비난의 회살을 쏘이댔디.

수많은 사람들이 보는 트위터에서 자신과 정책 방향이 다른 공화당 상원의원인 Jeff Flake를 공개적으로 폄하하는 이런 발언은 역대 대통령들에게서는 볼 수 없었던 점이다. 경멸과 혐오라는 두 감정은 매우 부정적인 감정이지만 또 한편으로는 개인의 카타르시스나 사회 질서와 위계를 유지하는 순기능 면에서 밀접하게 관련이 있는 일종의 필요악이라고 할 수 있다. 그리고 '변화에 대한 개방성'과 '자기 초월'은 분노와 슬픔을 표현하는 감정 표출 규칙과 관련이 있는데 '변화에 대한 개방성'과 '자기 초월'은 상실, 불평등, 불만, 피해 등에 의해 유발되기 때문에 분노뿐만 아니라 슬픔의 감정까지 느끼게 하는 것이다.

Schwartz & Ros(1995)는 같은 서구문화권에 속하지만 미국인이 독일인에 비해 '보존'과 '자기 고양'을 더 중요하게 여기기 때문에, 미국인이 독일인보다 경멸과 혐오를 더 표현하며, 독일인은 미국인에 비해 '개방성'과 '자기 초월'에 중점을 두기 때문에, 독일인은 미국인보다 분노와 슬픔을 더 표현한다는 것을 실험을 통해 밝혀냈다. 이에 대해서는 5장에서 다시 보기로 한다.

본 연구에서 초점을 맞추고 있는 행복감은 Schwartz의 문화 가치 체계에서는 '성취'와 주로 관련이 있을 것으로 보이지만 이는 영어의 단어 happy의 쓰임에서 볼 수 있는 서양적 가치의 반영이다. 반면에 중국어의 xìngfú나 한국어의 '행복', 일본어의 幸せ 등은 영어의 happy처럼 '성취'도 관련이 있지만 happy에서는 잘 드러나지 않는 '보존'이나 '순응', '자비' 등의 요인과도 관련이 있다. 즉 위의 의미 해설 [C]에서 본 것처럼 xìngfú의 전반적인 의미 개념에는, 영어의 happiness나 joy에서와는 달리, "돌봄(또는 사랑)"에 관한 요소가 중요하다. 그리고 중국어의 xìngfú는 의미 해설 [C]-(a)에서 볼 수 있듯이 매우 좋은 무언가(something very good)를 느낄 때 이 감정을 느끼는 데 반해, 한국어의 '행복'은 반드시 'good' 앞에 'very'라는 강조의 의미기본소를 필요로 하지 않으며, 이는 한국어 담화에서 나타나는 '소소한 행복', '작은 행복' 등의 표현을 통해 알 수 있다. 또한 xìngfú의 의미 해설에서는 상호 관계적인 측면에서만 이 감정이 발생하는 데 반해, 한국어의 '행복'은 영어의 happy나 happiness와 유사하게 어떤 사건이 발생해서 (something happened) 그 사건이 감정을 느끼는 '나'의 좋은 기분을 유발하는 인지 시나리오를 갖는다. 즉, 중국어의 xìngfú와 달리 한국어의 '행복'은 반드시 다른 사람과의 관계에서만 발생하지 않고 여러 종류의 다른 사건의 발생을 통해서도 나타날 수 있다.

이처럼 다른 사람들의 행동이나 그들과의 관계로 '행복'해질 수 있다는 xìngfú의 개념을 고려하면 이는 수동적이고 운명적인 개념으로 볼 수 있다. 개인 스스로가 행복을 원하고 찾으려고 할 수는 있지만, 이를 찾는 것은 종종 능동적인 개인의 의지 너머에 있고, 외부적인 요인들에 달려 있다. 즉, 이러한 운명적인 관점의 xìngfú는 개인의 자유를 함축하는 행복의 추구라는 능동적인 개념의 영어 단어 happiness와는 대조를 이룬다. xìngfú가 결혼이나 가족과 같은 개념과 밀접하게 연관되기 때문에, 많은 사람들에게는 àiqíng('사랑')이 xìngfú를 위한 수단이 된다.

Ye(2016)는 중국어의 xìngfú의 의미가 중국인들이 생각하는 사랑과 이상적인 인간 관계에 맞닿아 있음을 밝혔는데 이는 가족 중심적이고 관계 중심적인 중국의 문화와 관련이 있고 그런 전통적인 문화가 변화한다면 이 행복을 의미하는 단어의 쓰임도 바뀔 수 있을 것이다.[56] Ye(2016)는 중국어에서 '행복'을 의미하는 개념 중 하나인 xìngfú의 개념은 영어의 happiness의 개념과는 다르게 '행복'이 개인의 자유나 노력을 통해 얻어지는 것은 아니라고 여긴다. 오히려, 이러한 행복은 중국 문화에서 갖고 있는 사랑에 대한 생각을 담고 있고, 사람들 사이의 상호작용을 중요하게 생각한다. 이는 가족이나 관계를 중시하는 중국 문화 정신에 기반하는 것으로 볼 수 있다. 이처럼 횡단언어적, 횡단문화적 감정에 관한 연구를 위해서는, 이러한 감정 어휘와 이를 중립적으로 표현할 수 있는 상위언어뿐만 아니라, 그 해당 문화가 감정의 개념을 정의하는 데 어떻게 영향을 주는지에 대한 고려도 필요하다.

영어에서 happy 다음으로 자주 쓰이는 행복 어휘는 pleased이다. pleased는 happy와 의미 면에서 매우 유사해서 흔히 혼동할 수 있는데 우선 pleased에 대한 Wierzbicka(1999)의 의미 해설부터 살펴보자.

56　Wierzbicka(1999)는 영어의 happy가 역사적 변천 과정에서 원래의 매우 강력한 뜻에서 훨씬 약한 뜻으로 변화하는 모습을 설명하고 있다.

[D] pleased의 의미 해설 (Wierzbicka, 1999: 56)

> pleased (x was pleased)
>
> (a) X felt something because X thought something
>
> (b)   sometimes a person thinks:
>
> (c)   "something good happened
>
> (d)   I wanted this to happen"
>
> (e)   When this person thinks this this person feels some-
>   thing good
>
> (f) X felt something like this
>
> (g) because X thought something like this

영어의 pleased는 어떤 문제나 상황이 내가 바라는 대로 잘 이루어질 때 사용된다. 이때 중요한 점은 의미 해설 [D]-(a)에 나와 있듯이 "I'm pleased"는 특정한 사안에 대한 '나'의 의식적인 생각의 결과라는 점에서 그런 감정에 도달하기 위해 사전에 특별한 사유 작용이 필요하지 않은 happy와 구별된다. 즉 Wierzbicka(1999: 55)의 예를 보면 "I feel **happy**; I don't know why"는 가능하지만, "I feel **pleased**; I don't know why"는 어색하다. 다음 싱가포르 코퍼스의 예를 보면 특정 인물이 자신의 능력이 점점 더 확실해지고 또한 이 능력을 충분히 펼칠 수 있어서 기쁘다는 뜻으로 pleased를 사용하고 있다.

> (13) I'm extremely **pleased** that this talent is increasingly be-
>   coming evident, having the space to flower and bloom.
>   (ICE-SIN:S1B-058#12:1B)

또한 아래 예문 (14)는 싱가포르의 국회에서 Singapore Telecom이란 회사의 휴대폰 공장에서 일하는 직원들이 개인 휴대폰을 사용하지 못

하는 데에서 비롯된 불만을 해결하기 위한 국회의원의 질의에 대해 해
당 장관이 답하는 내용이다.

> (14) On the point about unhappiness of private factory em-
> ployees not being allowed to use the phones, uh I'm sure
> [Singapore] Telecom will be **pleased** to install uh addi-
> tional coin uh phones for them if they wish to do so. Uh I
> think I've addressed the points that have been raised Mr.
> Speaker. (ICE-SIN:S1B-060#X110:1:D)

여기서는 happy 대신 pleased가 사용되고 있는데 Wierzbicka의 지적
대로 pleased는 happy보다 특정한 사건이나 일에 초점을 맞출 때 쓰
이는 감정 어휘로서, 이 경우는 싱가포르 텔레콤 회사가 문제가 되고
있는 이 사안을 기꺼이 해결할 것이라는 뜻의 pleased가 적절한 것으
로 보인다.

pleased가 송곳처럼 하나의 원인을 특칭한다면 happy는 보자기
처럼 여러 원인들을 두루 감쌘다. Nana Mouskouri가 프랑스어로 부
른 '사랑의 기쁨(Plaisir d'amour)'이라는 노래는 특정 인물이나 사건에
의해 생기는 행복에 대해 노래한 것이기 때문에 영어로는 'Happiness
of Love'가 아니라 'Pleasure of Love'로 번역된다. Wierzbicka(1999)
는 다음 예를 들어 영어의 happy와 pleased의 차이를 설명하고 있다.

> (15) a. I am happy here.
>   b. ?I am pleased here.

happy는 꼭 집어서 무엇 때문에 행복한 것이 아니라 상당 기간 동안

본인이 원하던 방향으로 여러 일들이 일어나서 이것이 축적된 결과의 행복감이기 때문에 행복한 이유를 굳이 특정하지 않더라도 전반적인 감정을 말하는 것으로 충분하다. 그러나 같은 문장에서 happy 대신 pleased를 쓰면 이는 감정을 일으키는 특정 자극이 있음을 전제한 것이므로 "무엇 때문에, 또는 누구 때문에"라는 말이 필요한데 그런 것을 밝히지 않았으므로 지나치게 막연한 것으로 들릴 수 있다. 영어의 대표적인 행복 어휘 중 마지막으로 delighted에 대해 알아보자.

[E] delighted의 의미 해설 (Wierzbicka 1999: 57)

> delighted (x was delighted)
>   X felt something because X thought something
>   sometimes a person thinks:
>   "I know now: something very good happened
>   I didn't know that this would happen
>   When this person thinks this this person feels something
>   very good"
>   X felt something like this
> because X thought something like this

delighted는 다른 행복 어휘와 달리 기쁨의 감정 외에도 놀람이 섞여 있다. 누군가가 "I'm delighted"라고 말한다면 그는 물론 행복하면서도 그런 행복이 자신이 예상하지 못한 것이거나 아니면 예상한 것을 훨씬 뛰어넘는 것임을 함축한다. 따라서 "I'm delighted"는 'I'm pleased and I'm surprised'로 풀이할 수 있다. 예상치 못한 것이기는 하지만 delighted 역시 사태를 파악하고 내린 결과이며 그 판단은 지금 내게 벌어진 일이 단순히 좋은 일이 아니라 매우 좋은 일로서 나는 이 일이 일어날 줄은 몰랐다는 것을 의미한다. 예를 들어 영국의 국가대표 크리켓 감독인 Paul Nixon은 호주와의 경기 후 "I am delighted for Stuart Broad"라고 말했는데 이 말은 '(악동으로 유명한) 스튜어트 브로드의 경기하는 모습을 보고 매우 흡족한데 사실은 그가 그렇게 잘 할 줄은 예상하지 않았다'는 의미로 해석된다. delighted는 pleased에 비해 더 호들갑을 떨면서 큰 기쁨을 표현하는 것이기 때문에 상대방을 띄어주기 위한 어법에 적당할 수 있고 pleased보다 공손한 어법으로 간주된다. 예를 들어 자신의 집을 찾아온 사람에게 "I'm delighted that you came"이라고 하는 것이 "I'm pleased/happy that you came"이라고 하는 것보다 더 반가움의 정도가 높게 들린다. 싱가포르 영어코퍼스에서 검색한 다음 예문은 마케팅 담당자가 자사의 프린터 홍보를 위해 다소 과장된 언사로 기쁨을 나타내거나 부시가 대선에서 자신이 승리한 것이 엄청나게 기뻤다는 것을 나타내기 위해 delighted가 쓰인 것이다.

(16) I know most of you would have a busy schedule and I'm **delighted** to have the opportunity to present to you the latest Lexmark family of printers. ⟨ICE-SIN:S2A-037#6:1:A⟩

(17) Mr Bush said he's **delighted** with his victory but conceded that his margin was far closer than predicted. ⟨ICE-SIN:S2B-013#11:1:A⟩

이 경우 delighted가 아닌 happy나 pleased를 사용하면 그 느낌이 덜 생생하게 전달될 수 있는데 이는 delighted가 happy나 pleased보다 사람의 심리적 흥분 상태를 나타내는 각성도 면에서 훨씬 더 높은 행복 어휘이기 때문이다. 이런 높은 각성도의 delighted가 있는데도 이보

다 덜한 happy나 pleased를 사용하면 앞에서 보았던 척도 함축에 의해
그가 그만큼 흥분되지 않고 침착한 편이라는 것을 나타내기 때문에 이
경우 어색하게 들릴 수 있다. 또한 pleased는 목표의 성취적 측면과 상
황에 대한 통제 측면에 대한 감각 두 가지 모두 양립가능하다. 게다가
delighted는 발생한 일이 그저 좋은 것이 아니라 매우 좋은 것이고 이
를 표현하는 사람은 그 결과에 대해 매우 열광하고 있다는 것을 자연
스럽게 전달하게 된다. 이처럼 영어는 여러 의미 요인에 따라 행복 어
휘가 다양하게 구성되어 있어서 상황에 맞게 선택하는 것이 원활한 의
사 소통을 위해 매우 중요하다.

3.4. 한국어의 행복 어휘

한국어에서 행복의 감정을 니타내는 행복 어휘에는 '행복하다, 기쁘다,
즐겁다, 희열, 환희, 희희낙락하다, 흐뭇하다' 등이 있다. 다만 이 단어
들은 국립국어원 말뭉치 중에서 l현대 문어]에서는 그 용례가 꽤 있었
지만 [현대 구어]에서는 '기쁘다'와 '즐겁다'를 제외하고는 거의 찾아
보기 힘들 정도로 문어체에 속하는 말이다. 대신 구어체에서는 만능
표현이라고 할 수 있는 '좋다'가 행복한 감정을 간접적으로 전달하는
단어로 쓰이고 있다. 그러나 자신의 감정을 보다 분명하거나 세밀하게
전달할 필요가 있을 때에는 구어의 대화체에서도 위에 열거한 행복 어
휘들이 흔히 사용되고 있는데 이들의 쓰임은 각 단어의 의미 특성에
따라 약간씩 차이가 있다.

　　우선 한국어의 '행복하다'는 특별히 강렬한 자극은 아니더라도 심
리적인 기쁨이나 만족감을 느끼는 상태를 나타내는 말로서 다음 예문
(18a)-(18b)처럼 그 감정이 발생한 원인이 구체적으로 적시되지 않을

수도 있고 예문 (19)처럼 적시될 수도 있다.[57]

> (18) a. 어느 가을보다도 난 행복하다.
>
> b. 한강이 바라보이는 강변 아파트의 밤은 요즘 이런저런 정담으로 행복하다.
>
> c. 돈이면 언제든지 행복하리라 생각했던 그녀의 환상은 단지 환상이었음을...
>
> d. 아마도 행복하게 살 것 같다.
>
> (19) a. 내가 너한테 강요할 수 있다는 사실이 날 막 행복하게 하고 있다.
>
> b. 그게 날 행복하게 한다.
>
> c. 헝가리에서의 식사를 생각하면 아직도 행복하다.
>
> d. 나는 당신과 결혼해서 참 행복하다고 생각해요.

위 (18)의 예문들에 쓰인 '행복하다'는 그런 감정을 유발하는 특정한 사건을 명시하지 않고 있다는 점에서 영어의 happy와 유사하다. 여기에서 '행복하다'는 '기쁘다'나 '즐겁다'와 같은 다른 행복 어휘로 바꿔 쓰면 미묘한 의미의 차이가 발생한다. 예문 (19a)와 (19b)는 1995년 서울 소재 모대학교의 교양국어 작문 교재에 수록된 문장인데 표준적인 한국어 문장이라기보다는 영어 번역투의 문장으로 들린다. 이 예문에는 나를 행복하게 하는 이유가 '... 사실이'라든지 '그게' 등으로 명시되어 있다는 점에서 영어에서 특정한 사건에 의한 행복을 나타내는 pleased나 delighted에 가깝다고 볼 수 있다. 즉 '행복하다'는 한편

---

57 이 장에 나온 한국어 예문은 별도 표시가 없는 한 모두 국립국어원 말뭉치에서 검색한 예문임.

으로는 happy의 의미로도 해석될 수 있고, 또 한편으로는 pleased나 delighted의 의미도 포함되어 있음을 알 수 있다.

반면에 한국어의 '행복하다'는 다음 예문 (20)-(23)에서 보듯 특별한 사건이 아니더라도 중국어의 xìngfú처럼 원만한 대인관계라든지 사랑이나 보살핌을 받는 것에서 비롯된 좋은 감정을 가리킬 때가 많다.

(20) 나는 주인 어른을 잘 만나 무척 행복하다네.

(21) 사랑받는 아내가 여자로서 가장 행복하다 등등 갖가지 사회적 고정 관념을 떠올리며 불안해 한다.

(22) 니들이 와서 기쁘고 오늘 이렇게 다들 모여서 행복하다.

(23) 고향에 있을 때보다 더 많은 고향사람들을 만나는 게 돈벌이보다 더 행복하다는 것이다.

예문 (20)의 저지는 자신이 주인 어른을 잘 만났다는 것이 구체적으로 어떤 것들을 의미하는지에 대한 나열이 없이도 충분히 행복의 인과 관계가 전달되었다고 생각하는 것이다. 그러나 한국어에서 '행복'의 개념은 중국어의 xìngfú처럼 사람과 사람 사이의 관계적 요소가 필수적인 것은 아니다. 예를 들어 한국어에서 '행복'이란 사람과 사람 사이의 관계에서 바람직하다고 생각되는 일이나 상황에서 비롯된 좋은 감정을 가리킬 뿐 아니라, 한 특정 개인에게만 일어난 좋은 일도 '행복'으로 표현한다. 예를 들어 단돈 만원으로 하루를 알뜰하게 지내면서 돈의 소중함을 느끼게 하는 텔레비전 프로그램 제목이었던 '만원의 행복'이라든지, 신용카드 회원에게 파격적인 할인가인 만원으로 워터파크 등의 시설을 이용하게 하는 '하나카드 만원의 행복 이벤트', 장기 연체된 금융채무를 매입하여 해당 개인의 신용회복을 도와주는 기관명인 '국민행복기금'처럼 특정인에게 일어나는 반가운 일에서 유래된 좋은 느낌을 뜻하기도 한다. 이 점에서 한국어의 '행복' 개념은 영어의 happy/happiness의 개념과 유사하다. 다만, 사람과의 관계적 요소로 인한 행복이, 개인적인 좋은 일로 인한 행복보다 더 자주 사용되는 것으로 보인다. 이는 행복을 느낄 때의 '기쁨'의 정도가 두 요소에서 다르게 나타나기 때문으로 생각된다. 예를 들면 관계적 요소에서는 상대적으로 기쁨의 정도가 낮아도 행복할 수 있지만, 어떤 좋은 일의 경우에는 그 기쁨의 정도가 클 때 행복한 감정을 느낀다. '행복하다'는 가장 기본적인 수준에서의 기쁘고 흡족한 마음을 나타내기 때문에 때에 따라서는 충분하지 않다고 생각될 수 있어서 다른 행복 어휘를 중첩하거나 비유적인 표현을 추가함으로써 보다 강화해서 표현할 수 있다.

(24) 아니 행복하다 못해 공중에 둥실둥실 떠 있는 기분이었다.
(25) 동무들의 부러움을 사고 주변 사람들의 귀여움을 받는다는 일이 행복하고 즐거웠었다.

이상의 논의에서 '행복하다'의 의미 해설을 NSM으로 표시하면 다음과 같다.

[F] '행복하다'의 의미 해설

행복하다 (x는 행복하다)[58]

(a) X felt something (because X thought something)

(b)　　sometimes a person thinks:

(c)　　"some good things or something good happened to me

58　한국어 행복 어휘의 의미 해설에서 x는 주어로서 문장에서 종종 생략되기도 함.

(d)   I wanted things like this to happen

(e)   I don't want anything else now"

(f)   or this someone thinks like this:

"I know that I can be with someone at many times

I feel something good when I am with this some-
one

I feel something good when I think about this
someone

(g)   at the same time, I know that it is like this:

this someone feels something good towards
me

this someone wants to do good things for me

(h)   I want it to be like this"

(i)   When this someone thinks like this this person feels
something good

(j) X felt something like this

의미 해설 [F]-(a)에 보면 '행복하다'는 생각의 결과일 수도 있고 또는 사유의 과정 없이 발생한 감정일 수도 있는데 이 점은 3.3절의 [A]에서 본 영어의 happy와 동일하다. 다만 happy는 X라는 사람에게 오래 동안 일어난 좋은 일들이 축적된 결과로 얻는 감정인 반면, '행복하다'는 [F]-(c)에서 보듯 여러 사건이 축적된 결과일 수도 있고 또는 하나의 특정한 일로부터 유발된 감정일 수도 있다. '행복하다'는 happy와 마찬가지로 X가 원했던 일들이 그에게 일어난 것으로서 개인적인 동기에서 비롯된 것일 수도 있고 [F]-(f)~(g)에서 보듯 다른 사람들과의 관계에서 얻어지는 좋은 감정일 수도 있다. 대인 관계에 초점이 놓이는

xìngfú에 비해 한국인의 '행복' 개념은 대인 관계도 중요하지만 개인적으로 추구하는 크고 작은 목표를 달성하는 데에서 얻는 성취감도 포함되므로 영어의 happy와 중국어의 xìngfú 개념이 모두 포함되어 있다고 볼 수 있다. 중국인들이 대인 관계에서 매우 좋은 것이 일어났을 때 행복하다고 생각하지만, 한국인들은 대인 관계에서도 아주 작은 일에 대해 행복을 느낄 수 있다고 생각한다는 점에서 '행복하다'의 의미 해설 (f)와 (g)에는 something very good 대신에 something good으로 완화된 표현으로 기술되었다.

한국어의 행복 어휘 중 '행복하다'는 또 다른 행복 어휘인 '기쁘다'나 '즐겁다', '반갑다' 등과 의미상으로는 비슷하지만 세부적인 면에서 차이가 있고 또한 한자어의 어근을 지닌 비교적 격식체 표현이란 점에서 구별된다. 물론 '희열'이라든지 '환희', '열락' 등의 한자 어휘에 비하면 '행복'은 사용 빈도가 높고, '-하다'라는 한국어 고유 어미와 결합하여 활용형까지 두루 쓰이게 된 점에서 순수 고유어휘에 가깝게 느껴지지만, 그래도 '즐거움'이나 '기쁨', '반가움' 등과 비교할 때 사용 면에서 몇 가지 차이점을 보인다. 예를 들어 '행복의 조건'이란 표현은 어색하지 않은 반면, '즐거움의 조건'이나 '기쁨의 조건', '반가움의 조건'은 왠지 지어낸 말처럼 낯설게 들린다. 또한 이른바 유식한 표현으로서 '행복 추구권', '행복주의', '행복학 사전' 등 뒤따라오는 한자 어휘와의 결합이 가능하지만, '기쁨 추구권'이나 '즐거움주의', '반가움학 사전'이란 연어는 불가능하다. 한자어 외에도 고유 한국어 술어와결합하여 '행복을 빌다', '행복을 바라다', '행복을 키우다'는 가능하지만, '즐거움을 빌다'나 '기쁨을 바라다', '반가움을 키우다'는 쓰이지 않는다. 다만 '행복한'이나 '즐거운', '기쁜', '반가운'과 같은 형용사형은 상호 중첩되어 쓰이기도 하지만 그럴 경우라도 의미가 완전히 같지는 않

다. 그렇다면 '행복하다'와 다른 '즐겁다'와 '기쁘다', '반갑다'의 의미
는 무엇일까?

먼저 '즐겁다'는 다음 예문 (26)-(31)에서 보듯 어떤 감정 자극이
마음에 거슬리지 않고 흐뭇한 느낌을 말한다.

> (26) 이 생각을 하면 참으로 즐겁다.
> (27) 한 개의 아이스크림을 나누어 먹는 연인들의 모습은 보기만
>   해도 즐겁다.
> (28) 프로그램의 진행자 전무송씨가 "녹화가 있는 수요일만 되면
>   즐겁다"고…
> (29) 손님들과 함께 하는 게 저도 즐거우니까요.
> (30) 나무와 새들과 여러 동물들을 상상만 해도 즐거워요.
> (31) 매일 일어나 벽에 붙어 있는 크리스마스 카드를 바라보는 기
>   분은 퍽 즐겁죠.

'즐겁다'는 '행복하다'보다 비격식체의 말로 구어에서 더 자주 나타나
며 개인의 노력과 무관할 때가 많다. 또한 '즐겁다'는 '기쁘다'와 마찬
가지로 비격식체의 말로 이 둘은 유의어로 볼 수 있지만, '기쁘다'는 자
신의 바라던 바가 전제되는 것이 보통인 반면, '즐겁다'는 그런 감정을
얻기 위해 전제로 되는 욕구가 없다. 즉 '기쁘다'는 욕구가 충족되어 마
음이 흐뭇하고 흡족한 것이지만 '즐겁다'는 자신의 특별한 노력이나
의도가 없어도 상황이 그렇게 된 것을 말할 때 주로 쓰인다. 아울러 '즐
겁다'는 '기쁘다'에 비해 흥분된 정도가 낮은 저각성도(low arousal) 어
휘로서 "나는 그 작가와의 대화 시간이 정말 즐거웠는데, 조금 지루했
다는 사람들도 있는 것 같았다"처럼 반드시 주위 사람과 공유할 필요
가 없는 사적인 만족감을 나타내는 것이다. 반면에 '기쁘다'는 상대적

으로 각성도가 높은 어휘이며 "월드컵 16강 진출이 확정되는 순간 우리 모두는 얼싸안고 기쁨의 환호성을 질렀다"처럼 그런 상황에 있으면 누구나 공감할 수 있는 종류의 감정을 의미한다.

또한 '즐겁다'는 자극에 노출된 시간이 '기쁘다'에 비해 길어서 그 감정이 생기기까지 지속적이거나 반복적인 평가의 과정이 있었음을 의미하는 반면, '기쁘다'는 그런 좋은 감정이 단시간 내에 또는 아주 순간적으로 발생했다는 것을 말한다. 따라서 '즐거운 나날들'은 '?기쁜 나날들'보다 자연스럽게 들리는 반면, '?즐거운 순간'은 '기쁜 순간'만큼 자연스럽지 못하다. 일반적으로 사건의 상적(aspectual)인 속성을 이야기할 때 어떤 사건은 순간적으로 일어나서 바로 끝나는 사건이 있는 반면, 어떤 사건은 상당히 시간이 소요되는 사건이 있다. 전자의 경우를 정시상(punctual)이라 하고 후자의 경우를 지속상(durative)이라고 하는데, 다음 예문에서 보듯 '기쁘다'는 '펄쩍 뛰다', '눈물이 핑 돌다', '꽥 소리를 지르다'와 같은 정시상의 표현과 함께 쓰이며, '즐겁다'는 '영화를 끝까지 보다', '오래 앉아 있다', '한 시간 내내 바라보다'와 같은 지속상의 표현과 함께 쓰인다.

(32) 기뻐서 나도 모르게 펄쩍 뛰었다/눈물이 핑 돌았다/꽥 소리를 질렀다

(33) 즐거워서 그 영화를 끝까지 보았다/오래 앉아 있었다/한 시간 내내 바라보았다

또한 다음 예문을 보면 '즐겁다'와 '기쁘다'의 시간적 속성에서의 차이를 확인할 수 있다.

(34) a. 오래 전부터 원했던 파리 연수가 드디어 오늘 확정이 되어 정말 기뻤다.

　　 b. ?오래 전부터 원했던 파리 연수가 드디어 오늘 확정이 되어 정말 즐거웠다.

(35) a. 이 기쁜 소식을 제일 먼저 엄마에게 알려드렸더니 엄마도 기뻐하셨다.

　　 b. ?이 즐거운 소식을 제일 먼저 엄마에게 알려드렸더니 엄마도 즐거워하셨다.

(36) a. 아쉽게도 1년이라는 짧은 기간이지만 그래도 멋진 곳에서의 생활이 너무나 즐거울 것 같다.

　　 b. ?아쉽게도 1년이라는 짧은 기간이지만 그래도 멋진 곳에서의 생활이 너무나 기쁠 것 같다.

위와 같은 내용을 고려할 때 '즐겁다'의 의미 해설은 다음처럼 설정할 수 있다.

[G] '즐겁다'의 의미 해설

즐겁다 (x는 즐겁다)

X felt something because X thought something

sometimes a person thinks:

"something good happened or is happening to me for some time

I feel something good because of this

I don't want other things now"

When this person thinks this this person feels something good

X felt something like this

because X thought something like this

요약해서 말하면, '즐겁다'는 지속적이거나 반복적인 자극의 결과로 얻게 된 긍정적인 감정으로서 개인의 노력과 무관하게 일어날 수 있지만, 타인과 반드시 공유하지 않을 수도 있는 흥분의 정도는 높지 않은 행복 감정이라고 할 수 있다. 반면에 '기쁘다'는 자극 자체가 예상이 되었던 것이나 개인이나 집단의 관심 대상으로서 초점이 있는 것이고 그 감정의 발생은 순간적으로 일어나며 지속성이 약하지만 매우 강렬한 행복의 감정을 표현하는 것이다.

국립국어원 코퍼스의 [현대 구어]에 나온 '기쁘다'의 다음 (37)-(40) 예문들을 보면 '아주, 너무, 크게, 가장, 뛸 듯이'와 같은 부사적 표현의 수식이 앞에 오는 경우가 대부분이다. 또한 '기뻐 날뛰다, 기뻐 숨도 못 쉬다, 기뻐 죽을 것 같다' 등의 극한 표현이나 과장 표현이 따라오는 경우도 많다. 반면에 '즐겁다'는 평온하고 안락한 흐뭇함을 나타내기 때문에 그런 표현과 잘 어울리지 않는다. '?즐거워 날뛰다, ?즐거워 숨도 못 쉬다, ?즐거워 죽을 것 같다'는 모두 어색하다.

(37) 어머 어머 너무 반가워요 그러면서 뛸 듯이 기뻐하는데

(38) 한국이 월드컵에서 첫 승을 거둔 역사적인 경기인 만큼 너무 기쁘다

(39) 감독으로는 첫 우승이라 이루 말할 수 없이 기쁘다

(40) 뒤늦게나마 그의 비를 세우게 돼 마산인의 한 사람으로서 무척 기쁘다고...

이 점에서 '기쁘다'는 영어에서 very나 extremely, rather, quite 등과

같은 정도 부사의 수식을 많이 받는 happy와 비슷한 반면, 이런 부사의 수식을 거의 받지 않는 contented와는 거리가 있다. 찬송가인 "Joy to the world. The Lord is come"을 "즐겁다 구주 오셨네"가 아닌 "기쁘다 구주 오셨네"로 번역하는 것처럼 '기쁘다'는 영어의 joy와 의미적으로 가장 유사한 관계에 있다.

[H] '기쁘다'의 의미 해설

기쁘다 (x는 기쁘다)

X felt something because X thought something

　　sometimes a person thinks:

　　"something very good happened or is happening now

　　I want this to be happening

　　I think there exist people like me and these people can

　　want this to happen"

　　When this person thinks this this person feels something

　　very good

X felt something like this

because X thought something like this

이상에서 살펴본 '기쁘다', '즐겁다'와 또 다른 긍정적 감정의 어휘 '반갑다'가 모두 가능한 다음 예문을 보자.

(41) A: 동창회 어땠어?

　　　　B: 오랜만에 친구들을 만나서 정말 기뻤어/즐거웠어/반가웠어.

이들 세 단어는 어떤 사건의 발생이나 상태의 변화에 대해 느끼는 긍

정적인 마음이라는 점에서 공통점을 찾을 수 있다. 즉 위의 대화에서 B
는 그 동안 만나지 못했던 동창들을 만난 사건을 긍정적으로 평가하는
의미로 '기쁘다', '즐겁다', '반갑다'를 모두 사용할 수 있다. 그러나 이
세 단어는 서로 조금씩 다른 맥락에서 쓰이며 한 단어가 다른 단어를
완전히 대체할 수 없다. 먼저 '기쁘다'는 만남을 고대했는데 그것이 이
루어진 순간 희열을 느꼈다는 뜻이 강하고, '즐겁다'는 그 만남의 시간
속에서 꾸준히 좋은 감정을 유지했다는 뜻이며, '반갑다'는 친구들과
그 동안 오래 만나지 못했는데 이를 마침내 해소한 것에 대한 만족감
을 의미한다. '반갑다'는 어떤 사람을 처음 또는 오랜만에 만나는 상황
에서 주로 쓰이기 때문에 다음 (42)에서 '반갑다'는 어색하다. 반면에
길을 가다가 아는 사람을 마주친 찰나의 순간에 느끼는 긍정적 감정을
표현하는 (43)에서는 '반갑다'와 '기쁘다'가 자연스럽게 쓰일 수 있고,
'즐겁다'는 다소 어색한데 이는 '즐겁다'가 감정의 지속성을 전제하기
때문에 순간성 동사인 '마주치다'와는 어울리지 않기 때문이다.

    (42) 가족들과 함께 여행을 가게 되어 정말 ?반가웠다/기뻤다/즐
        거웠다.
    (43) 길을 가다 오래 못 보던 중학교 동창과 마주쳐 반가웠다/?즐
        거웠다/기뻤다.

즉 '기뻤다'는 언젠가는 마주치기를 기대하고 있었는데 그게 실현되어
좋았다는 의미가 강한 반면, '반가웠다'는 그런 예상이나 기대감 없이
오랜만에 우연히 좋은 사람을 보게 되었다는 의미로 해석되는데 한국
어 행복 어휘 '반갑다'의 NSM 의미 해설은 다음과 같다.

[I] '반갑다'의 의미 해설

위에서 보듯 행복 개념의 어휘는 다른 어떤 영역의 어휘 못지않게 의미적으로 세분화되어 다양한 표현들로 어휘화가 발달했는데 이런 어휘의 발달을 촉진하게 되는 원인은 행복한 감정을 불러일으키는 자극의 종류나 발생 과정, 강도 등과 이런 자극을 감정의 경험주가 예상하고 있었는지 아니면 우연히 찾아온 것인지에 따라 다르게 표현되며 그런 상황에 대한 경험주 자신의 평가나 태도 등을 세밀하게 가려서 밝힐 필요가 있기 때문으로 생각된다. 이처럼 감정은 매우 복잡하고 미묘한 것이어서 그 미세한 차이라도 언어상으로 표현할 때 주의를 기울여야 오해를 막고 소통을 원활하게 할 수 있기 때문에 모든 언어에서는 다양한 감정 어휘의 목록을 보유하게 된 것이다. 지금까지 우리는 NSM이론에 입각하여 영어와 한국어의 대표적인 행복 어휘의 의미 해설을 보았는데 마지막으로 일본어의 경우는 어떠한지 살펴 보자.

3.5. 일본어의 행복 어휘

일본어에서 행복 감정을 직접적으로 나타내는 행복 어휘는 영어에 비해 숫자는 많지 않지만 일본인들이 생각하는 행복의 유형에 따라 세분화되어 있다. 우리는 일본어 행복 어휘 중 대표적인 幸せ(행복함), 楽しみ(즐거움), 喜び(기쁨), 嬉しい(반갑다)에 대해 알아보기로 한다. 첫 번째로 일본어의 대표적인 행복 어휘인 幸せ(しあわせ)와 이것과 같은 계열의 幸い(さいわい)와 활용형 幸せだ는 다음 예에서 보듯 한국어의 '행복하다'나 영어의 '(be) happy'와 비슷한 뜻으로 쓰인다.[59]

(42) 私は幸せだ。

(나는 행복하다; I feel happy.)

(43) 貧しいといえども彼女は幸せだ。

(가난하지만 그녀는 행복하다; Though she is poor, she is happy.)

(44) 他の誰かが彼女を幸せにしたとしても彼女が幸せなら、それで良い。

(다른 누군가가 그녀를 행복하게 했다고 할지라도 그녀가 행복하면 그걸로 됐다; Even if it was somebody else who made her happy, as long as she is happy, that's fine.)

(45) 私達の平和で幸せに満ちた日々を、一瞬で奪い去るこのテロリズムという行為は、まさに全人類にとっての敵と言え

59　이 장에서 사용된 일본어 예문은 일본 국립국어연구소와 문부과학성에서 개발한 『現代日本語書き言葉均衡コーパス』(Balanced Corpus of Contemporary Written Japanese와 『中納言 コーパス』 및 온라인 일어-영어사전인 jisho.org에서 인용한 것임

るでしょう。

> (우리들의 평화롭고 행복에 찬 날들을 일순간에 앗아버리는 테러리즘이라는 행위는 모든 인류의 적이라고 불러도 된다; The act known as terrorism, that rips away from us in an instant our peaceful days of happiness, is certainly worthy of being called an enemy to all mankind.)

2011년 일본 후지TV는 "幸せになろうよ(행복해지자)"라는 제목의 드라마를 방영한 적이 있고 長渕剛이 부른 같은 제목의 노래가 유행한 적이 있는데 이는 일본 사람이 생각하는 행복은 얼마든지 노력에 의해 도달할 수 있는 것임을 의미한다. 이처럼 일본어의 幸せ는 자신이 노력하여 개인적인 목표를 달성함으로써 느끼는 좋은 감정을 말하는데 이는 다음 예문 (46)~(47)에서도 볼 수 있다. 이 점은 영어의 happy가 갖는 가장 기본적인 개념과 같지만 앞서 본 Russell의 환형 모델에서 설정하고 있는 감정의 기본적인 두 차원인 감정가(VALENCE)나 각성도(AROUSAL)에서는 happy보다 훨씬 낮은 수준으로 happy보다는 유쾌함의 정도가 낮고 흥분의 정도도 낮다. 무라카미 하루키는 정갈한 면 냄새를 맡으며 새로 산 흰 셔츠를 입는 것이라든지 갓 구운 빵을 손으로 떼어 먹는 것 등에서 느끼는 소소한 행복감을 가리키어 작지만 확실한 행복이란 뜻의 "소확행(小確幸)"이라는 용어를 만들어내었는데 이는 1980년대 이후 일본의 버블 경제가 붕괴하면서 이룰 수 없는 허황된 꿈을 키우기보다는 실현 가능한 작은 일에서 행복감을 찾으려는 소시민적 발상이 대세가 되었음을 의미한다. 이 말은 1986년에 처음 나온 것인데 한국에서는 2018년에 소비트렌드로 선정될 만큼 시차가 있다. 이는 그 동안 한국은 '소확행'이 아닌 '대박 한 방'을 꿈꾸었다가 경기가 후퇴하면서 자연히 일본의 흐름을 따라가는 것으로 보인다.

(46) 彼は走り終えた時、幸せだった。

    (그는 달리기를 끝냈을 때 행복했다; When he finished running, he was happy.)

(47) 私達は一丸となってその時期を一生懸命過ごし、三波自身も「悔いのない人生だった。幸せだったよ」と申しました。

    (우리는 한마음으로 그 시기를 열심히 보내고 미나미 자신도 "후회 없는 삶이었다. 행복했어"라고 말했습니다; We worked hard together at that time, and Minami himself said, "It was a life without regret, and I was happy.".)

그런데 일본어의 행복은 개인적인 성취감뿐 아니라 중국어의 xìngfú 처럼 대인 관계에서 느끼는 좋은 감정을 나타내기도 한다. Ishii(2013)는 미국인들의 행복은 주로 개인적 목표 달성에 있는 반면 일본인들의 행복은 사회적 조화와 타인과의 조정에 있다고 하였다.

(48) 友達が多いという点で、ナンシーは幸せだ。

    (친구들이 많다는 점에서 낸시는 행복하다; Nancy is happy in that she has many friends.)

Wierzbicka(1999)는 영어의 happy가 지금까지 나에게 일어난 여러 가지 좋은 일들 때문에 발화시점인 현재 느끼게 된 좋은 감정이라고 정의하여 원인 발생과 감정의 느낌 사이에 시간적 간격이 있다고 하였다. 반면에 영어의 joy는 지금 막 벌어지고 있거나 곧 일어날 일에 대해 갖는 기쁨을 가리킨다고 해서 happy와 시간적 차원 면에서 다르다고 하였다. 그러나 일본어의 幸せ는 영어의 happy처럼 지나간 사건에 대해 현재 느끼는 감정도 되지만, 영어의 joy처럼 현재 막 벌어지고 있는 사

건에 대해서 느끼는 감정도 될 수 있다. 다만 각성도가 높은 영어의 joy
에 비해 일본어의 幸せ는 각성도가 비교적 낮다.

뿐만 아니라 幸せ는 다음 예문 (49)에서처럼 외부 자극에 의해 이
완된 상태의 기분 좋음을 나타내기도 하는데 이는 흔히 자신도 미처 의
식하지 못하는 낮은 각성도에서의 안온한 웰빙(well-being)을 말한다.
이럴 때의 幸せ는 의미상 영어의 content나 contentment에 가깝다.

(49) 良書を読むといつも幸せだと感じる。

（좋은 책을 읽으면 언제나 행복감을 느낀다; I always find contentment
in a good book.）

마지막으로 幸せだ는 경험자의 노력 밖에 있는 요인들에 의해 얻어지
는 좋은 결과를 나타내기도 하는데 이런 개념은 영어의 fortune이나
luck, 또는 한국어의 '행운'이나 '다행'에 가깝다.

(50) 天気がこんなによいなんて幸せだ。

（날씨가 이렇게 좋아서 다행이다; It is fortunate that the weather is so
nice.）

(51) 心配してくれる人がいて幸せだ。

（걱정해 주는 사람이 있어서 행복하다; I'm so lucky to have someone
who cares.）

(52) 私はこんな献身的な妻を持って幸せだと思う。

（나는 이렇게 헌신적인 아내가 있어 다행이라고 생각한다; I count my-
self lucky to have such a devoted wife.）

(53) そんな両親をもって君は幸せだ。

（그런 부모를 가져서 너는 다행이다; It is fortunate that you have such
parents.）

이상에서 본 일본어 행복 어휘 幸せ을 NSM이론에 따라 그 의미를 해설하면 다음과 같다.

[J] 幸せ의 의미 해설

幸せ (x-は幸せだ)

X felt something (because X thought something)

    sometimes a person thinks:

      "some good things or something good happened to me or is happening

      I wanted this to happen or I want this to be happening

      I don't want anything else now"

    this someone maybe thinks like this:

      "I know that I can be with someone at many times

      I feel something good when I am with this someone

      I feel something good when I think about this someone

      I don't want other things now"

When this someone thinks like this this person feels something good

X felt something like this

위 의미 해설에서 보듯 일본어의 행복 어휘 幸せ는 영어나 한국어의 대응 표현과 비교해 볼 때 보다 광범위한 의미 영역을 가지고 있음을 알 수 있다. 반면에 일본어의 두 번째 행복 어휘로 よろこぶ(喜ぶ, 欣ぶ, 歡ぶ, 悦ぶ, 慶ぶ)와 그 명사형 よろこび(喜び, 欣び, 歡び, 悦び, 慶び)는 '기뻐하다' 또는 '기쁨'이라는 공통 분모 속에 환희, 희열, 경사스러움 등의 내용이 섞여 있지만, 그 어느 경우든 기본적 의미는 영어의 joy나

rejoice와 동일하다. 먼저 동사형인 よろこぶ의 활용형이 쓰인 예문을 보면 다음과 같다.

(54) 彼らはとても喜ぶでしょ。

(그들은 매우 기뻐할 거예요; They will be very glad.)

(55) 彼は彼女の成功を喜んだ。

(그는 그녀의 성공을 기뻐했다; He rejoiced at her success.)

(56) 父は喜んでいるどころか、とても怒っている。

(아버지께서는 기뻐하시기는커녕, 매우 화가 나셨다; Far from being delighted, my father is very angry.)

よろこぶ는 앞서 본 더 幸せ보다 각성도 면에서 더 강렬한 느낌의 기쁨을 나타내기 때문에 미세하지만 영어의 happy보다 joy나 rejoice에 가깝고 한국어의 '행복하다'보다는 '기쁘다'에 가깝다. 또한 幸せ와는 달리 오랜 시간을 두고 축적된 것이 아닌 순간적으로 일어난 단발성 사건에 대해 기뻐하는 것을 말한다.

또한 명사형 喜び는 生の喜び(삶의 기쁨, joy of life)라든지, 回春の喜び(회춘의 기쁨; joy of returning spring) 등과 같이 특정 개인에게 국한되지 않는 경우의 행복감도 나타낼 수 있고 판단이나 생각의 결과로 얻어지는 매우 큰 기쁨이라는 점에서 영어의 joy와 매우 유사하며 그 결과 영어 joy와 의미 해설을 공유한다.

(57) 母が怒っていないのを知って彼女の目は喜びで輝いた。

(어머니께서 화나지 않은 것을 알고 그녀의 눈은 기쁨으로 빛났다; Her eyes shone with joy when she knew that her mother was not mad at her.)

(58) 私の心は喜びではずんだ。

　　　(내 마음은 기쁨으로 뛰었다; My heart bounded with joy.)

(59) 誰もが喜びの歓声を上げました。

　　　(누구나 기쁨의 환성을 질렀다; Everybody shouted for joy.)

(60) 大喜びでそういたします。

　　　(기쁜 마음으로 그렇게 하겠습니다; I am only too glad to do so.)

이렇듯 よろこび나 喜ぶ는 영어의 joy나 rejoice, be glad와 유사하지만 영어에서 그 사용 빈도가 happy보다도 현저히 낮은 joy나 rejoice, be glad에 비해 일본어에서 よろこび는 사용 빈도가 매우 높은 감정 어휘이다. '행복'인 幸せ의 반의어는 '불행'을 뜻하는 不幸せ인 반면, '기쁨'을 뜻하는 喜び의 반의어는 '슬픔'이라는 뜻의 憂い 또는 愁い이다.

[K] 喜ぶ의 의미 해설

喜ぶ (x-は 喜んだ)

(a) X felt something because X thought something

(b) 　sometimes a person thinks:

(c) 　"something very good is happening

(d) 　I want this to be happening"

(e) 　When this person thinks this this person feels something very good

(f) X felt something like this

(h) because X thought something like this

일본어에서 가장 빈번하게 쓰이는 행복 어휘로 楽しみ(たのしみ)는 '즐거움'과 '즐겁게 기다려짐'이라는 뜻이 있는데 첫 번째 의미로 쓰일 때

는 종종 개인적인 목표 달성에 의한 행복뿐 아니라 여러 사람이 공감할 수 있는 즐거움도 가리킨다는 점에서 영어의 happy보다는 joy나 pleasure에 더 가깝다.[60]

> (61) 読書の楽しみ (독서의 즐거움; joy of reading books.)
>
> 晩学の楽しみ (만학의 즐거움; joy of learning at an old age.)
>
> 橘中の楽しみ (바둑을 두는 즐거움; joy of playing baduk.)
>
> 曲肱の楽しみ (가난하지만 바르게 사는 즐거움; joy of living poor but right.)

예문 (61)의 '즐거움'을 뜻하는 楽しみ는 그 즐거움을 느낄 수 있는 사람이 특별히 정해져 있지 않고 불특정 다수를 대상으로 그런 즐거움이 가능하다는 것을 말하는 것이다. 그런데 Wierzbicka(1999: 56)는 영어에서 pleased는 감정 어휘이지만 이것의 명사형인 pleasure는 감정 어휘가 아니라고 주장한다. 반면에 happy의 명사형인 happiness나 delighted의 명사형인 delight 및 contented의 명사형인 contentedness는 모두 감정 어휘로 보는데, 그 이유로 "When one is ADJECTIVE, one feels NOUN"과 같은 문장의 형식의 형용사 자리(ADJECTIVE)와 명사 자리(NOUN)에 해당 짝의 어휘를 각각 대입할 경우, 다른 모든 짝은 의미가 성립하지만 pleased-pleasure만 다음 (62d)처럼 반드시 성립하지는 않는다는 것이다.

---

60 Tono et al.(2013)에서 조사한 일본어 행복 어휘의 빈도는 품사를 구별하여 가장 빈번한 것부터 나열하면 다음과 같다: 楽しい(277위) 〉嬉しい(394위) 〉楽しむ(435위) 〉楽しみ(716위) 〉喜ぶ(762위) 〉幸せ(897위) 〉喜び(1428위) 〉幸い(1832위) 〉幸福(3343위).

(62) a. When one is happy, one feels happiness.

b. When one is contented, one feels contentedness.

c. When one is delighted, one feels delight.

d. ?When one is pleased, one feels pleasure.

그런데 한국어나 일본어의 경우는 같은 문장 형식에 대입할 경우 "(X가) 행복하면 (X는) 행복을 느낀다", "(X가) 만족하면 (X는) 만족을 느낀다", "(X가) 기쁘면 (X는) 기쁨을 느낀다" 뿐 아니라 "(X가) 즐거우면 (X는) 즐거움을 느낀다" 역시 성립한다는 점에서 영어의 경우와 다르다. 따라서 우리는 "旅行ほど楽しいものはない(여행보다 즐거운 것은 없다; Nothing is more pleasant than traveling)"에서와 같은 형용사 楽しい(enjoyable, pleasant)뿐 아니라 그 명사형인 楽しみ(pleasure)도 감정 어휘로 간주한다. 楽しみ는 '즐거움'이란 뜻 외에도 '좋은 마음으로 기다림'이라는 뜻이 추가되어 다음 예문에서처럼 '즐겁게 기다림'이란 뜻도 갖고 있다. '즐거움'을 뜻하는 楽しみ의 반의어는 '고통'이라는 뜻의 苦しみ로 생각하는 게 보통이다.

(63) 今年の多は、久しぶりに本場のそばが食べられます。今から楽しみです。

(금년 겨울에는 오랜만에 진정한 국수를 맛볼 수 있을 것 같습니다. 지금부터 기다려집니다; This winter I will be able to enjoy real soba for the first time in many years. I am looking forward to it already.)

(64) パーティーが楽しみだ。

(파티가 즐겁게 기다려진다; I'm looking forward to the party.)

(65) 彼と会うのが楽しみだなあ。

(그와 만나는 걸 즐겁게 기다린다; I'm looking forward to seeing

him.)

[L] 楽しみ의 의미 해설

楽しみ (x-は Y-が 楽しみだ)

(a) X felt something about Y because X thought something

(b)　　sometimes a person thinks:

(c)　　"something very good is happening now or

(d)　　something very good is happening to me after for some time

(e)　　I want this to be happening"

(f)　　When this person thinks this this person feels something very good

(g) X felt something like this

(h) because X thought something like this

의미 해설 [L]-(a)에 보면 楽しみ는 '내'가 생각한 결과 Y라는 것에 대해 느끼는 감정인데, 이 감정 자극 Y는 幸せ와는 달리 (c)에서 보듯 지금 일어나고 있는 매우 좋은 것이거나 아니면 (d)에서 보듯 앞으로 조금 시간이 지난 후 특별히 내가 일어나길 원하는 매우 좋은 일로서 이것을 생각하면 나는 즐거운 마음이 든다는 것을 의미한다. 이 의미 해설은 楽しみ가 갖는 큰 두 가지 의미, 즉 '즐거움'과 '즐겁게 기다려짐'을 함께 설명하고 있다. 영어의 pleased/pleasure가 감정가는 높지만 각성도는 매우 낮은 어휘임에 비해, Honma(2014)의 조사 결과를 보면 일본어의 楽しい/楽しみ는 감정가는 pleased/pleasure만큼이나 높은, 매우 유쾌한 느낌을 주는 행복 어휘인 반면, 각성도 역시 매우 높은 수준의 어휘라는 점에서 주목할 만하다. 일본어의 감정 어휘는 평균적으로 영어나 한국어의 감정 어휘에 비해 각성도 면에서 낮지만 예외적으로 행복 어휘에서 楽しい/楽しみ는 감정가도 높고 각성도도 높은데 이에 대해서는 4장에서 행복 어휘의 차원 분석을 이야기할 때 자세히 살펴보기로 한다.

마지막으로 살펴볼 일본어의 대표적인 행복 어휘는 嬉しい이다. 이 단어는 다음과 같은 예문에 등장한다.

(66) 勉強をよくするとはうれしいね。

　　(공부를 잘한다니 반갑구나; I am glad to learn that you are good at studying.)

(67) どれだけの情報でもうれしい。

　　(아무 정보라도 고맙습니다; Any amount of information is pleasing.)

(68) そのしらせでとてもうれしい。

　　(그 소식에 매우 기쁘다; I am very happy with that news.)

(69) あなたのご招待はほんとにうれしいのですが・・・

　　(당신의 초대는 정말 기쁩니다만...; I appreciate your invitation, but...)

(70) 生産が注文に間に合ず嬉しい悲鳴をあげる。

　　(생산이 주문을 맞추지 못해 즐거운 비명을 올리다; Production doesn't meet the order and so they make a pleasant scream.)

이 예문들에서 보듯 嬉しい는 기쁨과 고마움 또는 반가움이 섞인 감정으로서 '내'가 바라거나 좋다고 생각하는 사건이나 상황에 대한 감사의 마음과 행복한 마음을 동시에 전할 수 있다. 다만 嬉しい는 楽しい와 달리 감정의 발생 과정이 상당 시간을 요하는 지속적인 사건이 아니라 한국어의 '기쁘다'처럼 순간적으로 생겨나는 강렬한 좋은 느낌을 말한다. 예를 들어 누군가를 오랜만에 만났을 때 "君に会えて嬉しい(자네를 만날 수 있어 기쁘다)"라고 말하는 게 보통이며 "君に会えて楽しい(자네를 만날 수 있어 즐겁다)"라고 말하는 것은 어색하다. 또한 嬉しい는 '진가를 인정한다'는 뜻이 내포되어 있어서 "涙が出るほど嬉しい"란 말은 '눈물이 날 정도로 기쁘고 고맙다'는 복합적인 마음을 표현한다. 따라서 嬉しい의 인지 시나리오는 다음과 같다.

[M] 嬉しい의 의미 해설

嬉しい (x-は 嬉しい)

(a) X felt something (because X thought something)

(b)　　sometimes a person thinks:

(c)　　"some good things happened to me

(d)　　I wanted things like this to happen

(e)　　I don't want anything else now"

(f)　　When this person thinks this this person feels something good

(g) X felt something like this

이상에서 우리는 공통된 하나의 도구인 자연언어의미 상위언어(NSM)를 통해서, 서로 다른 언어에서의 행복 표현 의미를 조사할 때, 의미의 왜곡없이 원어 그대로 문화-내부자의 관점에서 의미들을 비교할 수 있었다. 즉, 의미 해설이라는 형식으로 특정 감정의 인지 시나리오를 밝힘으로써 행복 어휘를 둘러싼 각 언어 사용자들의 원형적인 생각과 인지 과정들에 대해서 알 수 있었다.[61] 이러한 NSM의 인지 시

61　　이런 모어 사용자의 관점에서 언어 자료를 수집하고 분석하는 것을

나리오는 실제 그 언어의 모국어 화자들이 사용한 언어 증거(linguistic evidence)에 의해 설정되므로 그 언어와 문화에 속한 실제 언어 사용자들에 의해 말해지거나 글로 쓰인 정확한 자료의 수집이 중요하다. 이처럼 NSM은 한 언어 내에서 개별 감정 표현의 의미를 기본소와 기본소의 결합으로써 설명할 수 있으며, 여러 언어에서 유사한 감정 어휘들의 미묘한 차이를 보여줄 수 있기 때문에 감정 표현의 횡단언어학적 연구에 매우 유용한 도구이다.

Goddard(2006)는 "내부자의 관점(insider perspectives)"이라고 부르고 민족화용론의 중요한 연구 방법 중의 하나라고 말하고 있다.

4. 행복 어휘의 차원 분석

4.1. 감정의 범주와 행복 어휘

감정의 범주와 이에 대응하는 언어 표현의 분류에 대해서는 여러 연구와 제안이 있다. 우선 Russell(1980: 1165)은 감정은 그 특성에 따라 몇 가지 범주로 나눌 수 있지만 이 범주들은 경계가 분명하지 않은 "모호 집합(fuzzy set)"이라고 한 바 있다. 분류의 정확한 기준에는 아직 논란이 있지만 일단 영어의 경우 Shaver et al.(1987)은 가장 높은 수준에서의 감정 범주를 love, joy, surprise, anger, sadness, fear의 여섯으로 나누고 있다. 앞서 우리는 Ekman(1993)이 기본 감정으로서 "big six", 즉 happiness, sadness, fear, anger, surprise, disgust를 꼽은 것을 보았는데 Shaver et al.(1987)은 happiness 대신에 joy를 기본 범주의 label로 사용하고 있고 disgust 대신에 love를 기본 범주로 보고 있다. love에는 liking, fondness, caring, attraction 등의 하위 범주가 있다고 하는데 얼핏 보면 love 및 이 하위 범주들은 모두가 좋아하고 원하는 긍정적 감정으로 이를 기술하는 단어들도 행복 어휘로 생각하기 쉽다.

그러나 우리가 '행복 어휘'라고 부르는 것은 Shaver et al.의 joy라는 범주, 또는 Ekman의 happiness라는 범주에 속한 감정 개념을 언어적으로 표현하는 단어들을 말한다. love는 어떤 사람이나 사물을 특별한 감상(感想, sentiment)을 갖고 좋게 평가하는 것을 의미하기 때문에 그 자체가 감정이라기보다는 감정에 바탕을 둔 행위나 관계로 보아야 한다. Sternberg(1986)의 '사랑의 삼각형 이론(triangular theory of love)'에서는 사랑이 친밀감(intimacy)과 열정(passion), 약속(commitment)의 세 가지 컴포넌트로 이루어진 혼합물(mixture)인데 이 세 요소가 완전히 결합해야 완벽한 사랑(consummate love)이 가능하고 그렇지 않고 어느 하나 또 는 두 요소라도 부족하면 단순히 공허한 사랑(empty love)이나 어리석은 사랑(fatuous love), 낭만적인 사랑(romantic love)에 머문다고 하였다. 감정과 결합된 다양한 종류의 사랑이 가능하다는 점에서 사랑은 단순한 감정과는 거리가 있다. 누군가가 "Kevin is in love with a woman"이라고 말한다면 분명하게 알 수 있는 것은 Kevin이 한 여자를 사랑한다는 것이고 이로부터 추론할 수 있는 것은 아마도 Kevin은 행복할 것이라는 점이다. 이 추론은 남자가 어떤 여자를 사랑하면 그는 행복 감정을 느낄 것이라는 세상 지식에 근거한 것인데 보통의 경우는 타당한 추론이라고 볼 수 있다. 그러나 누군가를 사랑한다고 해서 반드시 행복할 것이라고 단정할 수는 없고, 또 사랑이란 것을 하면 행복 이외의 다른 감정도 느낄 수 있다. 예를 들어 양희은 씨가 작사한 '사랑, 그 쓸쓸함에 대하여'가 공감을 얻는 것이라든지 패티김 씨가 '사랑이란 두 글자'에서 사랑은 거의 모든 종류의 감정이라고 노래하는 것에 대해 사람들이 고개를 끄덕이는 것도 '사랑 = 행복의 감정'이 아닐 수도 있다는 점을 시사한다. 이는 마치 "나는 오늘 점심에 좋은 음식을 먹었다"라고 말했을 때 '그러므로 나는 행복하다'는 의미까지 함의하지는 않는 것과 마찬가지이다.

이런 점 때문에 Frijda et al.(1991)도 love는 결과물로만 보면 감정처럼 보이지만 중심 의미는 그 과정에 있으므로 감상(sentiment)으로 분류하고 있다. 성경 고린도전서 13장에 보면 "사랑은 무례히 행치 아니하며, 자기의 유익을 구하지 아니하며 성내지 아니하며..."로 나와 있는데 이는 사랑이 단순한 감정 이상의 것을 의미하는 것으로 해석된다. Rainer Maria Rilke는 "사람이 다른 사람을 사랑한다는 것은 우리의 모든 일 중에 가장 어려운 것이고, 궁극적인 최후의 시험이자 증명이며, 다른 모든 일은 이것을 위한 준비일 뿐이다"라고 하였는데[62] 여기에는 행복의 감정이 전혀 느껴지지 않는다. 셀 수도 없이 많은 철학자, 문인, 종교인, 예술가 등이 사랑에 대해 논하면서 '사랑의 기쁨' 외에도 '사랑의 슬픔', '사랑의 외로움', '사랑의 고통' 등에 대해 설파한 것을 보면 사랑 자체는 감정이라기보다는 좋아함을 바탕으로 한 최고의 관계 설정 행위라고 보는 것이 타당할 것이다. 사랑이라는 "감정 범주" 외에도 Shaver et al.(1987)은 joy라는 대범주 밑에 amusement라는 중간 범주를 설정하는데 여기에 bliss, cheerfulness, gaiety, glee, jolliness, joviality, joy, delight, enjoyment, gladness, happiness, jubilation, elation, satisfaction, ecstasy, euphoria를 포함시키고 있다. 우리는 이 범주에 속하는 표현들과 그 표현들의 의미적 동의어를 '행복 어휘'라고 부르기로 한다.

한국어의 경우 이준웅 외(2008)에서는 정서를 크게 긍정적 정서와 부정적 정서의 2가지 대범주로 나누고 긍정적 정서의 하위 범주로는 '기쁨', '긍지', '사랑'의 3개 중범주를 설정하며, 부정적 정서의 하위 범주로는 '공포', '분노', '연민', '수치', '좌절', '슬픔'의 6개 중범주를 설정하고 있는데 이 9가지 중범주를 이준웅 외(2008)에서는 "기본 정서 범주"라고 부르고 있다. '기쁨'이라는 기본 범주에는 또한 '기쁨', '통쾌', '행복', '긍지', '흥분' 등의 소범주가 있는데 우리는 이 '기쁨'이란 기본 범주에 속한 표현들을 '기쁨 어휘'라는 용어 대신 논의의 일관성을 위해서 '행복 어휘'라고 부르도록 한다. 마지막으로 서은국 외(2010)

62　릴케의 1904년에 Kappus라는 '젊은 시인에게 보내는 편지, #7' 중의 일부

는 감정을 '즐거움', '행복함', '편안함', '짜증', '부정적인', '무기력한'
의 여섯 가지 특질로 분류하고 있는데 Bradley & Lang(1999)의 감정
어휘 55개 중에서 '즐거움'의 정서를 나타내는 단어는 delight, enjoy-
ment, joy, joyful, pleasure이며, '행복함'의 정서를 나타내는 단어는
happy이고, '편안함'을 나타내는 단어는 comfort이고, '짜증'과 관련된
단어는 anger, angry, enraged, outrage, rage이다. 또한 '부정적인'을
나타내는 단어는 afraid, anguished, anxious, confused, depressed,
depression, despairing, discouraged, disgusted, displeased, dis-
tressed, fear, fearful, frustrated, grief, hate, hatred, horror, loneli-
ness, lonely, nervous. obnoxious, offend, scared, shamed, terrified,
unhappy, upset이며, '무기력한'을 나타내는 단어는 bored, ennui로
볼 수 있다. 본 연구에서는 이 중 '즐거움'과 '행복함'을 구별하지 않고
이 범주에 속한 표현들은 모두 행복 어휘로 부르기로 한다.

4.2. 영어 어휘의 정동적 규준

미국 플로리다 대학교의 '감정과 주의력 연구 센터(The Center for the
Study of Emotion and Attention)'에서는 정서 불안과 주의 집중 장애를 중
심으로 이 분야의 표준화된 연구가 가능하도록 각종 자극이 주는 정동
적 느낌을 숫자로 표시하여 체계화하는 작업을 하였다. 먼저 컬러 사
진이 주는 정동적 느낌에 대한 '국제 정동적 사진 시스템(International
Affective Picture System, 줄여서 IAPS)'을 구축하였는데 사람이나 사물에
대한 여러 유형의 그림을 보여주고 피험자가 얼마나 흥분되었는지 그
리고 얼마나 유쾌하게 또는 불쾌하게 생각되었는지를 평가하도록 하
였다. 여기에 제시된 사진들은 피험자들에게 물어본 결과 각기 서로

다른 정도의 유쾌한 느낌을 주는 것과 그 반대의 느낌을 주는 것이 있는데 유쾌한 느낌의 사진은 감정가를 나타내는 x축의 Pleasant쪽에 배열되고 그렇지 못한 것은 Unpleasant쪽에 배열된다. 또한 사진이 얼마나 사람을 심리적으로 흥분시키는지에 따라 각성도를 나타내는 y축에 순서대로 배열된다. 이렇게 하여 수많은 다양한 이미지에 대한 사람들의 감정적 평가를 확인할 수 있다.

이 연구소에서는 시각적 이미지의 정동적 차원에 대한 연구뿐 아니라 청각적으로도 전자 음향의 정동적 느낌을 조사한 '국제 정동적 전자 음향(International Affective Digitized Sounds, 줄여서 IADS)'을 개발하였고, 마지막으로 영어 단어들이 주는 정동적 느낌을 숫자화한 '영어 어휘의 정동적 규준(Affective Norms for English Words, 줄여서 ANEW)'을 조사하였다. 이 중 ANEW는 영어 단어를 접할 때 떠올리게 되는 느낌을 수치로 평가한 최초의 연구로서 Bradley & Lang(1999)은 심리학 개론 과목의 수강생을 대상으로 1,040개의 영어 단어를 제시하고 각 단어가 주는 정동적 느낌을 1)쾌감(pleasure), 2)각성(arousal) 및 3)지배력(dominance)의 세 차원에서 조사하였는데, 피험자의 응답 방법으로 '자기 평가 마네킹(Self-Assessment Manikin (SAM)'이란 방법을 사용했다.[63] 이 중 쾌감의 차원은 앞에서도 본 감정가(valence)와 같은 차원으로서 피험자가 어떤 단어를 보았을 때 행복감을 느끼거나. 마음에 들거나, 만족하거나, 흐뭇하거나, 희망적인 느낌이 들수록 그 느낌의 강도에 따라 최고점 또는 이에 가까운 높은 점수에 표시를 하고, 반대로 불행

63 　SAM은 점수가 표시된 마네킹처럼 생긴 그림 다섯 개와 그 그림들 중간 중간 4곳에 점수를 표시하여, 도합 9개의 점수 중 하나에 표시를 하게 하는 9점 척도 평가 방식이다. 피험자는 제시된 단어에 대해 자기가 생각하는 감정가와 각성도를 마네킹 그림을 보면서 표시하게 된다.

함을 느끼거나, 속상하거나, 만족스럽지 못하거나, 멜랑콜리해지거나 절
망을 느끼거나 하면 최하점 또는 그에 가까운 점수를 고르도록 하였다.

두 번째로 각성의 차원은 어떤 단어를 보고 흥분되거나, 열광하
게 되거나 신경이 곤두서거나 정신이 번쩍 드는 느낌이 들거나 할 때
와 반대로 평온해지거나 이완되거나 몸이 풀리거나 둔해지거나 졸립
거나 하는 등의 느낌에 따라 평가하는 것이다.[64] 마지막으로 지배의 차
원은 2장에서 본 힘(power)의 차원과 같은 것이라고 볼 수 있는데, 어
떤 단어를 보고 제압당하는 느낌이 들거나 구속감이 들거나 영향을 받
거나 경외심이 생기거나 복종하게 되는지 아니면 남을 제압하는 것 같
은 느낌이 들거나 영향력을 행사하고 지배자적인 느낌이 들거나 자
립적이거나 중요하다는 생각이 드는지에 따라 평가하는 것이다. 이처
럼 영어의 기본 단어를 제시하고 한 단어 당 세 개의 차원에서 각기 1
부터 9까지 중 하나의 점수를 택하도록 하였는데, 조사 대상 단어에는
감정을 직접적으로 묘사하는 감정 어휘 외에도 'accident, adventure,
dentist, eat, news, owl, sick, star, taxi' 등과 같은 비감정 어휘도 포함
되어 있다. 1,040개의 단어 중 우리가 관심을 갖는 직접적인 감정 어휘
는 총 55개었고, 그 중에서도 행복 감정 어휘는 'bliss, cheer, delight,
ecstasy, elated, enjoyment, happy, jolly, joy, joyful, merry, pleasure,

---

64 조사 대상 단어들에 대한 영어 사용자들의 심리적 감정가(psychologi-
cal valence)는 긍정적인 내용의 어휘와 부정적인 내용의 어휘 사이에 일정
한 대비를 보이고 있다. 예를 들어 긍정적인 triumphant(8.82), love(8.72),
glory(7.55), optimism(6.95) 등은 비교적 높은 평가치를 갖는 반면, 부정적
인 vanity(4.30), derelict(4.28), fault(3.43), corrupt(3.32), disgusted(2.45),
suicide(1.25) 등은 연령이나 성별, 인종 등에 상관없이 보편적으로 모두 낮은
평가치를 갖는 것으로 드러났다.

satisfied'의 13개만 조사되었는데 이는 아마도 이 연구가 행복보다는 공포와 불안 장애에 초점이 있었기 때문으로 보인다. 어쨌든 이들 단어의 감정가(valence)와 각성도(arousal) 차원에서의 평가 결과는 다음과 같다.[65]

표 3 Bradley & Lang(1999)의 행복 어휘의 차원별 평가

어휘	감정가	각성도
bliss	6.95	4.41
cheer	8.10	6.12
delight	8.26	5.44
ecstasy	7.98	7.38
elated	7.45	6.21
enjoyment	7.80	5.20
happy	8.21	6.49
jolly	7.41	5.57
joy	8.60	7.22
joyful	8.22	5.98
merry	7.90	5.90
pleasure	8.28	5.74
satisfied	7.94	4.94
평균	7.93	5.89

위의 표에서 13개 행복 어휘들과 평균값의 감정가와 각성도 차원에서의 평가치를 GRID로 나타내면 다음 〈그림 10〉과 같다. 그래프에서 보듯 13개의 행복 어휘의 감정가 평균은 7.93으로 매우 높은 수준인 반면, 각성도 평균은 5.89으로 다른 종류의 감정 어휘들과 비슷한 편이었

---

65 ANEW는 감정 어휘에 대한 성별, 연령상의 차이도 조사하고 있는데 여기에 제시된 값은 이런 하위 변수를 구별하지 않은 전체 응답자의 평균값임.

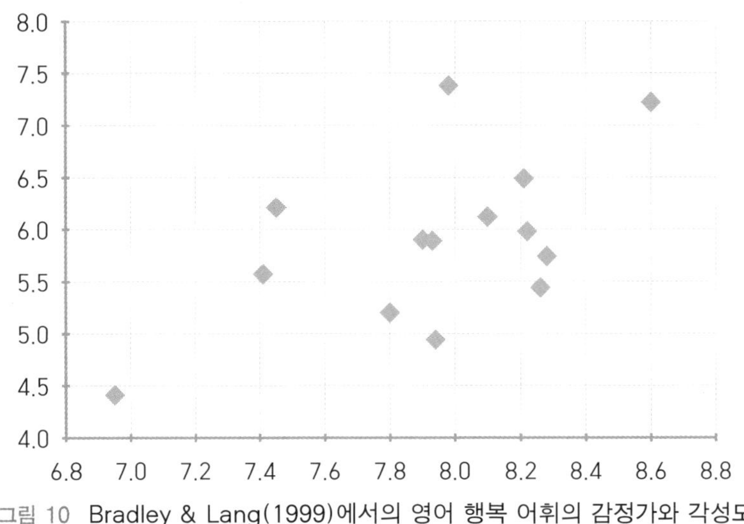

그림 10 Bradley & Lang(1999)에서의 영어 행복 어휘의 감정가와 각성도

다. 감정가와 각성도는 감정가가 높을수록 각성도도 높아지는 경향이 일부 있으나 둘 사이의 상관 관계는 통계적으로 유의미하지 않았다.

x축인 감정가 차원에서 영어에서 행복 어휘들은 매우 긍정적인 느낌의 단어로 인식되고 있는데 그 순서는 joy가 가장 긍정적인, 즉 유쾌한 느낌의 단어이었고 그 다음으로 다음과 같은 순서였다. (단어 다음의 숫자는 그 단어의 평가치임): joy 8.60 〉 pleasure 8.28 〉 delight 8.26 〉 happy 8.21 〉 cheer 8.10 〉 ecstasy 7.98 〉 satisfied 7.94 〉 평균 7.93 〉 merry 7.90 〉 enjoyment 7.8 〉 elated 7.45 〉 jolly 7.41 〉 bliss 6.95. 영어의 행복 어휘는 모두 감정가가 높은 단어들이지만 그 중에서도 행복 어휘 감정가의 평균값인 7.93을 상회하는 '상대적 고감정가 행복 어휘'로는 joy, pleasure, delight, happy, cheer, ecstatic이 있고 평균을 밑도는 '상대적 저감정가 행복 어휘'로는 merry, enjoyment, elated, jolly, bliss 등이 있었다. 또한 영어 행복 어휘들의 각성도 순위는 다음과 같다: ecstasy 7.38 〉 joy 7.22 〉 happy 6.49 〉 elated 6.21 〉 cheer 6.12 〉 joyful 5.98 〉 merry 5.90 〉 평균 5.89 〉 pleasure 5.74 〉 jolly 5.57

〉delight 5.44 〉enjoyment 5.20 〉satisfied 4.94 〉bliss 4.41. ecstatic 부터 merry까지는 각성도 평균값이 5.89를 웃도는 '고각성도 행복 어휘'라고 부를 수 있고 평균값 이하인 pleasure부터 bliss까지는 '저각성도 행복 어휘'라고 부를 수 있다.

이 중 대표적인 영어의 행복 어휘의 실제 쓰임을 살펴보자. 우선 elated와 다른 행복 어휘와의 관계는 다음 예문에서 보듯 elated가 happy나 satisfied보다 더 흥분되고 강렬한 기쁨을 나타내는 표현이다.

(71) Lara said when the entire family realized he won Pennsylvania, they were all **elated** and felt vindicated and **so happy**.

(72) **Satisfied** and **happy** that outcome of all the efforts was good...

(73) I'm not jumping up and down **elated** that he's the president, but I am jumping up and down **elated** that Hillary Clinton is not.

예문 (71)은 도널드 트럼프의 며느리인 라라(Lara Trump)가 대선 당일을 회고하면서 ABC News 20/20와의 인터뷰에서 말한 것으로 elated는 단순한 happy가 아닌 "extremely happy" 정도에 맞먹는 행복감의 표현이다. 이와 비교할 때 트럼프가 대통령이 된 것을 기뻐한다는 점에서는 같지만 (72)를 말한 인도계 미국인은 elated나 ecstatic, joy 같은 최고로 강렬한 감정 표현 대신 satisfied와 happy와 같은 일반적이고 다소 평범하게 들리는 행복 어휘를 사용해서 온도의 차이를 느끼게 한다. 또한 예문 (73)은 텍사스에 사는 이른바 "힐러리만 아니면 돼 (Never Hillary)" 계열의 유권자인 Laura Pradia라는 젊은 여성이 BBC

Newsbeat과의 인터뷰에서 "트럼프가 이긴 것보다 힐러리가 진 것이
더 기쁘다"며 한 말인데 여기서도 elated는 '길길이 날뛸 정도'의 행
복감으로서 happy나 pleased, contended보다 훨씬 더 고양된 감정
을 표현하고 있다. Cambridge English Dictionary에도 elated는 'ex-
tremely happy and excited'라고 풀이되어 있다. 그럼에도 불구하고
Bradley & Lang의 조사에서는 elated의 각성도가 happy보다 낮게 나
왔는데 이는 예상 밖의 결과이다. 반면에 elated는 유쾌-불쾌를 나타
내는 감정가 면에서 happy나 delight, cheer, joy, satisfied 보다는 덜
유쾌한 감정으로 평가되었는데, 이는 elated가 '의기양양하고 자랑스
러운(exultant or proud)'라는 의미 요소가 있어서 거부감을 느낄 수 있
기 때문으로 생각된다.

일반적으로 어떤 사건이나 상황에서 강렬한 행복의 감정을 느낀
사람은 그 감정을 상대적으로 감정가가 높은, 즉 보다 유쾌하게 들리
는 행복 어휘로 표현할 가능성이 높다. 또한 실제 행복감은 어떻든 간
에 자기가 행복하다는 것을 억지로 과시하려 하는 경우도 고감정가의
행복 어휘를 쓸 가능성이 높다. 행복 어휘뿐 아니라 일반적으로 감정
가나 각성도가 높은 어휘는 선동적인 스피치에 활용되는 경향이 있다.
대중을 자극하여 자신의 존재감을 부각하고 여론을 장악하려는 의도
가 있을 경우 감정 어휘는 좋은 도구가 된다. 다음은 그런 면에서 탁월
한 능력을 보여준 트럼프가 실제로 한 말들을 모은 것이다(http://www.
marieclaire.co.uk/entertainment/people/donald-trump-quotes-57213#dLAM-
mYmXOgihYRgC.99 에서 인용한 것으로서 강조는 추가된 것임):

(74) a. Thank you, the **very dishonest Fake** News Media is
out of control!

b. Jerry Falwell of Liberty University was **fantastic** on @

foxandfriends.

c. Heading back to Washington after working hard and watching some of the **worst and most dishonest** Fake News reporting I have ever seen!

d. Our **great** African-American President hasn't exactly had a positive impact on the **thugs** who are so happily and openly destroying Baltimore.

e. If I were running 'The View', I'd fire Rosie O'Donnell. I mean, I'd look at her right in that **fat**, **ugly** face of hers, I'd say 'Rosie, you're fired.'

트럼프는 대통령 후보 토론회에서 상대방 힐러리 클린턴을 면전에서 "a nasty woman"이라고 불렀는데 이런 표현은 대통령 후보 토론회에서 처음 나온 것으로서 모든 사람을 경악하게 했다. 그는 당선된 후에도 힐러리를 계속 "Crooked Hillary Clinton", "Hillary flunky"라고 불렀고, 자신을 반대하고 비판하는 언론을 "very dishonest fake news"라고 칭하며 강경한 태도를 고수하고 있다. 2015년 6월 16일에는 멕시코 국경에 장벽을 세우겠다면서 "When Mexico is sending its people, they're **not** sending their **best**... They're bringing **drugs**. They're bringing **crime**. They are **rapists**. (강조는 추가된 것)"이라는 매우 자극적인 말을 했는데 이때 동원된 not best, drugs, crime, rapists 등은 모두 고각성도, 저감정가의 표현들로 듣는 이로 하여금 놀라움과 역겨움, 공포감, 불안감 등을 함께 불러일으키도록 계산된 충격 어법으로 생각된다. 이 말은 즉각 큰 반향을 불러일으켰는데, 찬반을 떠나서 당시만 해도 힐러리에게 큰 차이로 뒤지고 있던 트럼프가 자신의 존재를 부각시키고 이전투구의 진흙탕 선거판으로 몰고 가는 데 성공하였다. 이처

럼 모든 어휘가 지닌 각성도나 감정가의 차이는 미묘한 의미의 차이를
불러일으키는데 이러한 감정적 의미는 단어의 이면에 숨어 있는 의미,
즉 이의(裏義, connotation)에 속하는 것이어서 그 단어가 세상의 사물을
지칭함으로써 얻게 되는 일반적인 사전적 정의인 표의(表義, denotation)
와는 구별된다.[66] 흔히 단어의 의미는 그것이 표현하는 대상을 가리키
는 것에서 얻어지는 표의가 전부일 것이라고 생각하지만, 실제 그 단
어가 통용되면서 사용자들끼리 그 단어에 부과한 사회적 의미인 이의
역시 중요하다. 예를 들어 영어의 lady는 곧잘 '숙녀'라고 번역되는데
이는 성인 여자를 지칭하는 woman이란 단어에는 없는 '세련됨(refine-
ment), 품위 있음'이라는 이의가 있다. 그러나 이 단어는 또한 지나치게
여성성(femininity)을 강조한 나머지 일부 사람들은 불편하게 생각하는
단어이므로 사용할 때 주의해야 한다. 이 절에서 살펴본 영어 행복 어
휘의 감정가와 각성도를 방사형 차트로 나타내면 〈그림 11〉과 같다.

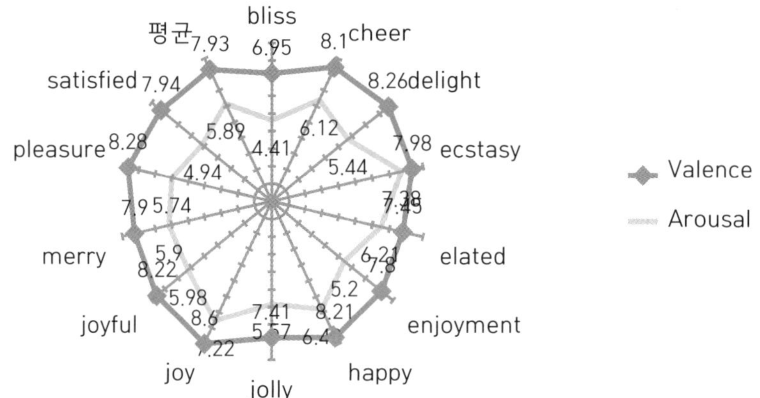

그림 11 영어 행복 어휘의 감정가와 각성도

4.3. 한국어 행복 어휘의 정동적 규준

한국어의 감정 어휘에 대한 대표적인 연구로는 안신호·이승혜·권오식(1993), 한덕웅(1994), 박인조·민경환(2005), 이준웅·송현주·나은경·김현석(2008), 김태용·안도현(2011), 이수상(2016) 등이 있다. 이들 대부분은 심리학이나 언론정보학의 관점에서 한국어의 감정 어휘들을 분석한 것이다. 이 중 박인조·민경환(2005)은 연세대학교의 언어정보개발연구소에서 조사한 현대 한국어의 어휘 빈도를 기초로 하여 Bradley & Lang(1999)의 ANEW와 유사한 방식으로 한국어 단어들에 대해 '원형성(prototypicality)'과 '친숙성(familiarity)', '쾌-불쾌' 및 '활성화' 수준에서 평가하였다. 다만 Bradley & Lang(1999)은 감정 어휘 외에도 일반 어휘의 연상적 의미까지 조사한 반면, 박인조·민경환(2005)에서는 한국어의 감정 어휘만을 대상으로 조사하였고, 9점 척도 대신 7점 척도를 사용하였다. 조사 대상이 된 한국어의 감정 어휘 중에서 우리가 관심이 있는 행복 감정을 표현하는 행복 어휘는 모두 18개였는데 이들 어휘의 '쾌-불쾌' 즉 감정가와 '활성화', 즉 각성도 수준의 평가 결과는 다음과 같다.

표 4 한국어 행복 어휘의 감정가와 각성도 평가[*]

어휘	쾌-불쾌(감정가)	활성화(각성도)
기쁘다	7.64	7.15
만족하다	7.25	5.12
상쾌하다	7.70	6.63
속시원하다	6.98	5.34
신나다	7.66	7.57
신바람나다	7.35	7.33
안락하다	6.96	2.44
열광하다	7.10	8.56

어휘	쾌–불쾌(감정가)	활성화(각성도)
유쾌하다	7.17	6.90
즐겁다	7.57	7.12
즐기다	7.16	6.61
행복하다	7.92	6.04
환희	7.35	7.12
흐뭇하다	7.05	4.95
흡족하다	7.42	5.32
흥겹다	7.35	7.07
희열	6.84	6.99
희희낙락하다	6.06	6.17
평균	7.25	6.36

* 박인조·민경환 2005의 결과를 척도 조정한 것

조사된 18개 한국어 행복 어휘의 각성도 순서는 다음과 같다:

(75) 각성도 순서

열광하다(8.56) 〉 신나다(7.57) 〉 신바람나다(7.33) 〉 기쁘다(7.15) 〉 즐겁다(7.12) = 환희(7.12)〉 흥겹다(7.07) 〉 상쾌하다(6.63) 〉 평균 (6.36) 〉 행복하다(6.04) 〉 즐기다(7.16) 〉 희열(6.99) 〉 유쾌하다(6.90) 〉 희희낙락하다(6.17) 〉 속시원하다(5.34) 〉 흡족하다(5.32) 〉 만족하다(5.12) 〉 흐뭇하다(4.95) 〉 안락하다(2.44)

이 연구에서 조사된 모든 한국어 행복 어휘의 평균 각성도 6.36 이상의 고각성도 행복 어휘는 '열광하다, 신나다, 신바람나다, 기쁘다, 즐겁다, 환희, 흥겹다, 상쾌하다'였다. 이들 어휘는 그 단어의 느낌이 사람을 흥분시키고 활성화하는 힘이 비교적 큰 것으로 보인다. 반면에 '행복하다, 즐기다, 희열, 유쾌하다, 희희낙락하다, 속시원하다, 흡족하다, 만족하다, 흐뭇하다, 안락하다'는 각성도가 상대적으로 낮은 행복 어휘로 인식된다. 한국어 감정 어휘의 각성 정도를 "신나고, 긴장되고, 격정적이고, 심란한 기분"을 나타내는 높은 각성(H)과 "차분하고, 진정되고, 완화되고, 안정적인 기분"의 낮은 각성(L), 그리고 "높고 낮은 수준으로 판정하기 어려운 경우이거나 높은/낮은 수준의 감정을 모두 포함하는" 중간 각성(M)의 세 수준으로 분류한 이수상(2016: 65)의 조사에서는 '신나다, 신바람나다, 열광하다, 통쾌하다, 흥겹다, 희희낙락하다'가 높은 각성의 감정 어휘로 분류된 반면, '흐뭇하다'는 중간 각성으로, '안락하다'가 낮은 각성의 감정 어휘로 분류되었다. 그러나 H, M, L 사이의 차이가 크지 않기 때문에 행복 어휘의 경우 각성도를 세 단계로 나누는 것은 큰 의미가 없어 보인다. 오히려 이 세 수준에 속하는 단어들이 실제 발화 맥락에서 사용되면 어떤 각성도를 갖는지를 측정하는 것이 더 의미있는 일로 생각된다.

다음으로 박인조·민경환(2005)의 조사에서 나온 한국어 행복 어휘의 감정가 순서를 Bradley & Lang(1999)의 영어 행복 어휘와의 비교를 위해 척도 일치 전환을 하여 높은 것부터 순서대로 나열하면 다음 (76)과 같다. 우선 주목할 점은 '행복하다'의 감정가가 한국어에서 그 어떤 행복 어휘의 감정가보다도 높았다는 점이다.

(76) 감정가 순서

행복하다(7.92) 〉 상쾌하다(7.70) 〉 신나다(7.66) 〉 기쁘다(7.64) 〉 즐겁다(7.57) 〉 흡족하다(7.42) 〉 환희(7.35) = 신바람나다(7.35) = 흥겹다(7.35) 〉 만족하다(7.25) = 평균값(7.25) 〉 즐기다(7.16) 〉 유쾌하다(7.17) 〉 열광하다(7.10) 〉 흐뭇하다(7.05) 〉 속시원하다(6.98) 〉 안락하다(6.96) 〉 희열(6.84) 〉 희희낙락하다(6.06)

위의 조사 대상 행복 어휘는 정도의 차이는 있지만 모두 의미 자체가 기분이 좋고 즐거운 느낌을 나타내기 때문에 다른 감정 어휘와는 비교가 안 될 정도로 감정가가 높다. 즉 6대 기본 감정 범주 중에서 가장 감정가가 높은 범주가 행복 감정 어휘인데, 이처럼 감정가가 원래 높기는 하지만, 그래도 그 중에서도 상대적으로 더 좋은 느낌을 주는 어휘가 있고 물론 감정가는 높은 편이지만, 다른 행복 어휘에 비해 상대적으로 유쾌한 느낌이 덜한 어휘가 있을 수 있다.

앞에서 본 감정가의 평균값을 중심으로 그보다 높은 점수의 감정가로 평가된 행복 어휘를 '상대적 고감정가 행복 어휘'라고 하고 평균값 이하의 감정가 평가가 나온 행복 어휘를 '상대적 저감정가 행복 어휘'라고 한다면 한국어의 상대적 고감정가 행복 어휘는 '행복하다, 상쾌하다, 신나다, 기쁘다, 즐겁다, 흡족하다, 환희, 신바람나다, 흥겹다, 만족하다'이고, 상대적 저감정가 행복 어휘에는 '즐기다, 유쾌하다, 열광하다, 흐뭇하다, 속시원하다, 안락하다, 희열, 희희낙락하다'가 있다. 이 중 '행복하다'와 '즐겁다'를 떼어 놓고 볼 때 Thayer(1989)의 영어 어휘 조사에서 happy보다 pleased가 감정가가 높게 나온 것과 대조를 이루는데 따라서 이 점만 보면 happy의 한국어 대응어가 '행복하다'가 아니라 오히려 '즐겁다'이며, pleased의 한국어 대응어는 '즐겁다'라기보다는 '행복하다'로 보아야 한다. 예를 들어 I'm pleased to give you this gift는 '나는 네게 이 선물을 주게 되어 ?즐거워/행복해'로 번역된다. 또한 박인조·민경환(2005)의 한국어 결과는 Bradley & Lang(1999)의 영어 결과와 비교하여 보면 행복 감정을 표현하는 대표 어휘인 happy의 경우 감정가와 각성도 모두 평균 이상으로 매우 높은 반면, 한국어의 '행복하다'는 감정가는 최상인데 반해 각성도는 평균 이하로 나왔고 한국어의 '흡족하다'와 '만족하다'는 영어의 satisfied나 contented보다 감정가 면에서 높았다는 점은 주목할 만하다. 반면에 '행복하다'는 각성도 면에서는 낮은 편에 속했으나 감정가는 한국어 행복 어휘 중 가장 높은 값을 보여주었다.

　한국어에서 '행복하다'의 경우, 대인관계적 부분이나 개인적 부분을 통틀어서 삶의 전반적 영역에서 느끼는 꽤 높은 만족감을 의미하여 한국어의 행복 어휘 중에서 가장 높은 감정가를 기록한 것으로 보이며, 영어의 happy는 서양권에서 목표 달성 또는 자아 실현이라는 가장 최고의 목표를 달성했을 때 생기는 감정이라는 점에서 역시 매우 높은 감정가를 기록한 것으로 보인다. 어휘 빈도에서도 낮은 '환희'나 '희열'보다도 빈도가 높은 '행복하다'나 '상쾌하다', '신나다' 등이 가장 듣기에 좋은 것으로 생각되는 것은 그만큼 한국어 언어 사용에서 자주 접하게 되어 친근한 단어이기 때문으로 생각된다. 결론적으로 한국어의 행복 감정의 어휘들은 '안락하다'를 제외하고는, 개별적으로는 약간의 차이가 있지만, 전체적으로 감정가의 차원에서는 긍정적이며 각성도 차원에서는 높은 수준의 각성을 일으키는 감정을 표현하는 것이라고 볼 수 있는데 이 점은 다음 〈그림 12〉에서도 쉽게 알 수 있다. 또한 이 결과는 다음 절에서 볼 일본어의 경우와 비교된다.

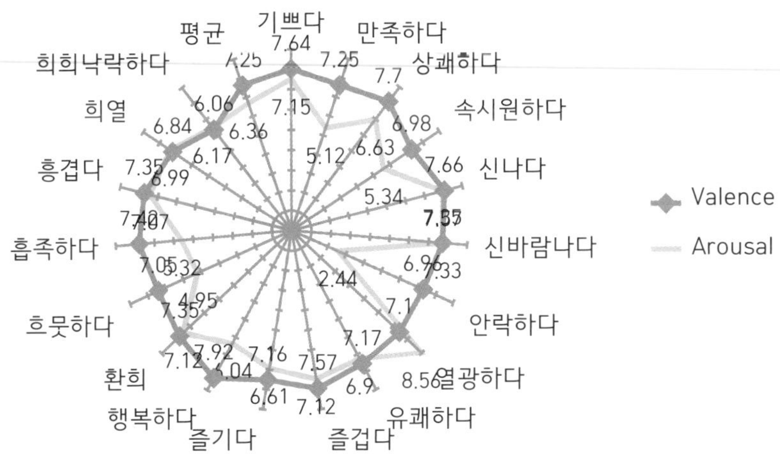

그림 12 한국어 행복 어휘의 감정가와 각성도

앞서 〈그림 11〉에서 본 영어 행복 어휘의 감정가와 각성도의 방사형 차트를 위 〈그림 12〉의 한국어 행복 어휘의 방사형 차트를 비교해 보면 감정가는 영어가 한국어보다 비교적 높아서 보다 외곽으로 분포하는 모습을 보이는 반면 각성도는 반대로 한국어가 영어보다 높아 각성도의 원이 감정가의 원에 거의 근접하거나 때로는 추월하는 모습을 보이고 있다.

4.4. 일본어 행복 어휘의 정동적 규준

Honma(2014)는 Bradley & Lang(1999)의 ANEW에서 조사한 1,034개의 영어 단어들을 일본어로 번역하여 70명의 일본 대학생들에게 이 일본어 단어들의 감정적 느낌을 각성도와 감정가의 차원에서 Bradley & Lang(1999)이 채택한 자기-평가 마네킹(Self-Assessment Manikin) 방식으로 평가하였다. 조사에 제시된 단어들 중 좋은 감정을 나타내는 9 단어들의 평가 결과는 다음과 같다.

표 5 일본어 행복 감정 어휘의 감정가 및 각성도 (Honma 2014)

단어	嬉しい	喜び	幸福	歡喜	快感	自尊心	滿足	幸運	樂しみ	평균
감정가	8.04	7.92	7.61	7.04	7.61	6.17	7.63	7.48	8.17	7.52
각성도	5.91	6.00	5.61	6.26	6.70	5.05	4.55	6.05	7.14	5.92

Honma(2014)의 조사에 포함된 9개 일본어 행복 어휘의 감정가 순서와 각성도 순서는 각각 다음과 같다:

(77) 감정가 순서

樂しみ(8.17) 〉 嬉しい(8.04) 〉 喜び(7.92) 〉 滿足(7.63) 〉 幸福
(7.61) = 快感(7.61) 〉 평균(7.52) 〉 幸運(7.48) 〉 歡喜(7.04) 〉 自
尊心(6.17)

(78) 각성도 순서

樂しみ(7.14) 〉 快感(6.70) 〉 歡喜(6.26) 〉 幸運(6.05) 〉 喜び
(6.00) 〉 평균(5.92) 〉 嬉しい(5.91) 〉 幸福(5.61) 〉 自尊心(5.05)
〉 滿足(4.55)

일본어의 경우 영어의 joy나 pleasure 또는 what one is looking for-
ward to를 가리키는 樂しみ가 감정가나 각성도에서 다른 행복 어휘
들보다 가장 높은 평점을 받았는데, 한국어의 '즐거움'은 감정가 면에
서 일본어의 樂しみ, 嬉しい, 喜び, 滿足보다는 낮고 幸運이나 歡喜보
다는 높은 수준의 어휘로 인지된다. 각성도 면에서 일본어의 樂しみ
는 한국어의 '즐거움'과 거의 같은 수준이었다. 樂しみ보다는 감정가
나 각성도에서 낮은 한국어의 '행복하다'는 일본어의 幸福보다는 喜び
와 동일한 수준의 유쾌한 기분과 흥분감을 주는 행복 어휘로 평가된
다. 일본의 인기 블로그에 올라온 다음 예문은 일본어에서 樂しみ와
喜び의 감정적 차이를 잘 보여준다. (예문은 https://ameblo.jp/mitsulow/
entry-12198207503.html로부터 인용함)

(79) 楽しもうは 無理矢理って感じで なんか疲れる。喜びは 既
に そうなってた。
「楽しもう」はアタマから来る言葉。「喜び」は心に湧く波動。
楽しむことよりも,「喜び」を大事にしてみて
(즐긴다는 것은 억지로라는 느낌이어서 피곤하다. 기쁨은 이

미 거기에 있다.

"즐기다"는 머리로부터 오는 말. "기쁨"은 마음의 파동. 즐기
는 것보다 "기쁨"을 소중하게 간직하세요.)

감사한 마음과 즐거운 마음이 섞인 嬉しい는 감정가에서 최고 수준이
었지만 각성도에서는 평균 정도밖에 되지 않아 평온하면서 동시에 좋
은 느낌을 주는 행복 어휘로 받아들여진다. 따라서 "安倍内閣支持率下
落に喜びを隠せない(아베 내각 지지율 하락에 기쁨을 감추지 못했다)"는 예
문에는 각성도가 비교적 낮은 嬉しい보다 고각성도 어휘인 喜び가 적
절하다. 또한 이 문장에서는 개인적인 바람이 이루어진 것을 뜻하므로
쾌락을 뜻하는 樂しみ보다는 개인적 성취감과 관련이 있는 喜び가 더
어울린다. 마지막으로 한국어와 일본어 행복 어휘 사이의 또 다른 차
이점은 '歡喜'는 일본어에서는 상대적 저감정가 행복 어휘인 반면 한
국어에서는 상대적 고감정가 행복 어휘인 반면 둘 다 모두 고각성도
어휘에 속했다.

일본어 행복 어휘의 감정가와 각성도를 그림으로 나타내면 〈그림
13〉과 같다. 일본어의 〈그림 13〉을 그 앞의 영어의 〈그림 11〉, 한국어
의 〈그림 12〉와 비교해 보면 일본어의 전체적인 모습은 영어나 한국
어와 유사하지만 각 어휘의 값이 평균적으로 영어나 한국어보다 낮아
서 방사형 원의 외곽인 아닌 중심 쪽으로 치우치는 모습을 보이고 있
다. 또한 일본어 주요 행복 어휘의 감정가 평균은 영어보다는 낮으나
한국어보다는 높고, 각성도 평균은 한국어가 가장 높고 영어와 일본어
는 거의 같은 수준으로 비교적 낮게 나타났다. 이러한 차이는 단순히
어휘적 차이에서 머무는 것이 아니라 이런 어휘가 들어간 발화의 소통
규칙이라 할 수 있는 행복 표출 규칙에서도 그대로 반영되는데 다음
장에서는 감정 표출 규칙과 행복 감정의 소통에 대해 알아보기로 한다.

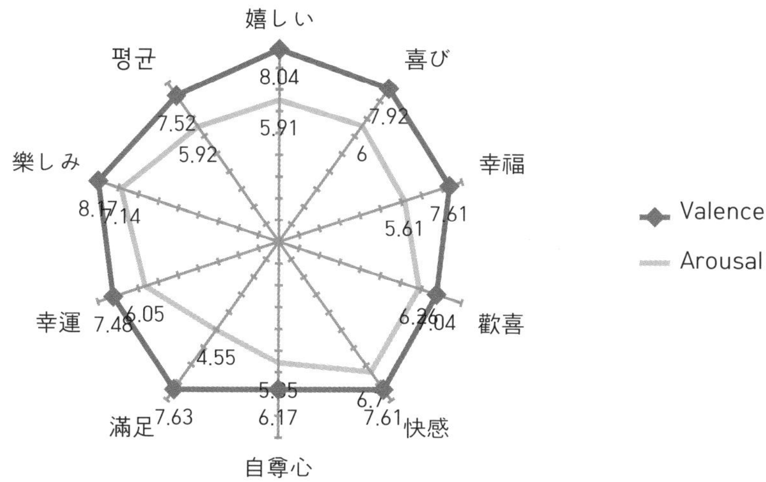

그림 13 일본어 행복 어휘의 감정가와 각성도 (방사형 차트)

4.5. 공통 어휘의 비교

지금까지 우리는 영어, 한국어, 일본어에서 감정 어휘들의 정동적 규준으로서 감정가와 각성도 조사 결과를 보았는데 이 세 언어에서 공통적으로 조사된 행복 어휘는 아래 표에 나온 5개로서 이들 행복 어휘의 유쾌한 정도, 즉 감정가(valence)와 흥분시키는 정도, 즉 각성도(arousal)는 다음과 같다.

표 6 정동적 규준에 따른 영어, 한국어, 일본어 5개 행복 어휘의 비교

영어			한국어			일본어		
어휘	감정가	각성도	어휘	감정가	각성도	어휘	감정가	각성도
happy	8.21	6.49	행복하다	7.92	6.04	嬉しい	8.04	5.91
joy	8.60	7.22	환희	7.35	7.12	歡喜	7.04	6.26
pleasure	8.28	5.74	즐거움	7.57	7.12	樂しみ	8.17	7.14
pride	7.00	5.83	자긍	6.90	5.76	自尊心	6.17	5.05
satisfied	7.94	4.94	만족하다	7.25	5.12	滿足	7.63	4.55

영어			한국어			일본어		
어휘	감정가	각성도	어휘	감정가	각성도	어휘	감정가	각성도
평균 (E-M)	8.01	6.04	평균 (K-M)	7.40	6.23	평균 (J-M)	7.41	5.78
표준편차	0.6094	0.8571	표준편차	0.3789	0.8765	표준편차	0.8211	1.0176

위 표의 내용을 어휘별로 GRID로 표시하면 〈그림 14〉와 같다. 전체적으로 모든 영어 행복 어휘의 감정가가 세 언어 중에서 가장 높았고 한국어와 일본어의 감정가는 단어마다 약간의 차이가 있었지만 평균에서는 거의 비슷했다. 각성도 면에서는 어휘마다 약간의 차이가 있는데 영어의 happy나 joy, pride는 세 언어 중 가장 높은 각성도를 보인 반면, 영어 pleasure의 각성도는 가장 낮았고 satisfied는 한국어의 '만족하다'보다는 낮고 일본어의 '滿足'보다는 높았다. 전반적으로 일본어 사용자들은 행복 어휘들을 접할 때 심리적으로 활성화되는 정도가 낮아서 세 언어 사용자들 중 행복 감정의 기복이 덜한 반면, 한국어

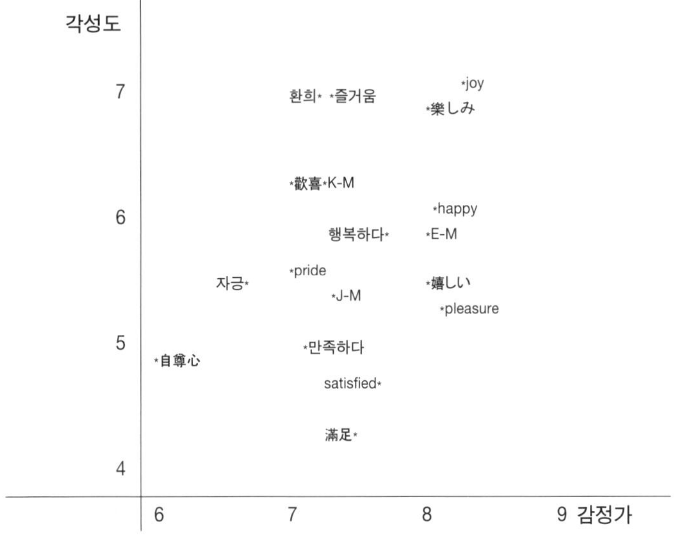

그림 14 한국어, 영어, 일본어의 5개 행복 어휘의 감정가와 각성도

사용자들은 각성도가 높다는 것을 보여주고 있다. 이 점은 Ishii(2013)의 조사에서 일본은 행복이란 감정이 주는 각성도에서 미국보다 현저히 낮게 나온 결과와 일치한다.

영어가 한국어나 일본어보다 행복 어휘의 감정가가 높았다는 점은 감정 표현과 관련된 자아 개념과 관련이 있다고 본다. Uchida et al.(2004)에서는 북아메리카 문화에서의 행복감과 아시아 문화에서의 행복감이 질적으로 다르다고 주장한다. 북아메리카에서는 행복은 개인적 성취감(personal achievements)에서 나온다고 보는 반면, 아시아에서는 행복은 사람들 사이에서 연결됨(interpersonal connectedness)에서 비롯된다고 본다. 그 결과 개인주의적인 북아메리카 문화에서 행복을 느끼는 사람은 그것이 오로지 자신의 개인적인 노력에 대한 보답으로 오는 감정이기 때문에 그런 감정을 자랑스럽게 생각하며 남에게 솔직하게 표현하는 것을 주저할 이유가 없다. 반대로 아시아에서 행복은 나 혼자의 힘이나 뛰어남으로 언어지는 결과가 아니라 나를 둘러싼 존재들 때문에 얻어지는 좋은 감정이다. 따라서 그런 감정을 나의 전유

그림 15 영어의 5개 행복 어휘의 감정가와 각성도

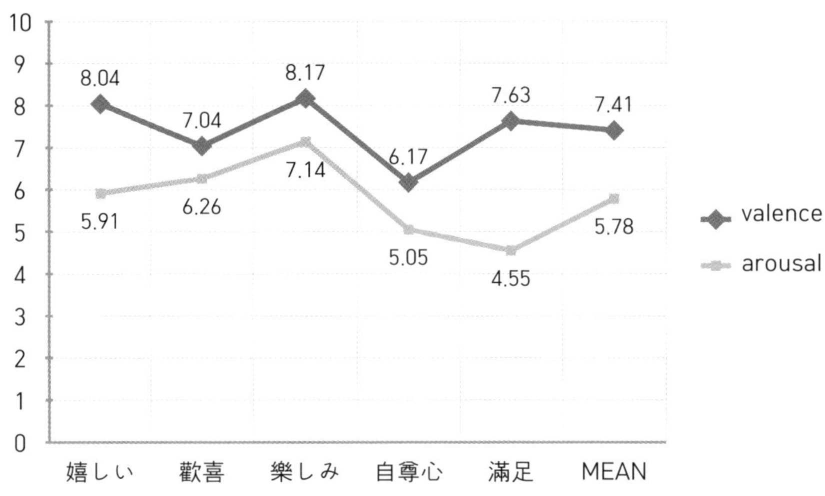

그림 16 일본어의 5개 행복 어휘의 감정가와 각성도

물처럼 대놓고 표현하기 보다는 감사하는 마음으로 내적인 마음의 평화를 얻으려고 할 것이다. 따라서 행복 어휘들이 주는 느낌이나 활성화 정도는 상대적으로 낮게 인지된다.

　　Markus & Kitayama(1991)와 Kitayama et al.(2006), Uchida et al.(2004) 등은 동서양의 자아 개념과 감정 표현 사이의 관계에 대해 논하고 있다. 서양 문화권에서는 독립적인 자아(independent self) 개념이 우세한 반면, 동아시아 문화권에서는 상호의존적(interdependent) 자아 개념을 강조한다. 이런 자아 개념에 대한 동서양의 차이는 사람을 뜻하는 단어에서도 찾아 볼 수 있는데, '인간(人間)'이라는 한자 표현은 흔히 사람은 혼자서는 살 수 없고 사람들 사이에 있어야 존재할 수 있다는 뜻으로 해석되어 인간 존재의 사회성 및 상호의존적 자아 개념을 보여주는 것이라고 할 수 있다. 굳이 한 사람, 한 사람을 따로 떼어내어 지칭하고자 할 때에는 단순히 '인(人)'보다는 낱으로 된 사물의 수효를 세는 단위인 '개(個)'를 앞에 붙여서 '개인(個人)'이라고 표시하는 것도 비슷한 맥락이다. 반면에 영어에서 사람의 뜻으로 쓰이는 단어 person과 이것의 다른 유럽 언어 동계 어휘들은 Oxford English Dictionary의 어원 설명에 따르면 모두 라틴어의 personare에서 유래된 것으로 이는 고대 드라마의 배우들이 사용한 가면(mask)을 뜻하는 것이다. 즉 각자의 캐릭터를 보여주기 위해 사용된 가면이 바로 그 사람이 된 것인데 이는 인간들마다의 서로 다른 개성을 강조한 것이라고 볼 수 있다. 영어에서 사람은 혼자서 독립적으로 사는 존재라는 생각이 원체 강한 나머지 한자어의 '개인'에 해당하는 별도의 표현을 사용할 필요 없었고 오히려 여러 사람이 모인 경우를 지칭하기 위해 people이라는 단어를 프랑스어로부터 차용해서 사용했고 '개인'에 해당하는 특화된 표현인 individual은 1640년대에 처음 등장할 정도로 늦게 사용되기 시작한 것이다. 즉 영어에서는 사람은 원래 '人間'이기보다는 '個人'이라는 생각이 강했기 때문에 개인을 뜻하는 별도의 표현이 그다지 필요하지 않았던 것으로 보인다.

이러한 전통에서 서구 문화권에서는 개인의 목표를 추구하고 스스로를 자율적으로 조절하는 독립적인 자아관이 발달하여 행복의 의미라는 것도 이런 자아관에 부합하여 형성되었다. 반대로 동아시아 문화권에서는 나와 같이 살고 있는 주위 사람들 또는 내가 속한 집단의 목표가 내 자신의 개인적인 목표보다 중요하며 그들이 바라는 것에 맞게 사태가 진전되는 것을 행복이라고 생각하게 되었다. Ishii(2013)는 이런 차이점을 일련의 실험을 통해 확인하고자 하였다. 즉 그녀는 자아 또는 행동주체(agency)에 대한 상이한 관점은 행복을 포함한 여러 감정의 의미에 대한 차이를 유발할 것이라는 가정 하에 행복의 의미에 대한 일본과 미국의 차이를 살피고자 그리드 프로젝트를 통해 얻어진 일본어와 미국 영어 데이터를 분석하였다.

첫 번째 실험에서는 일본과 미국에서 행복의 의미가 사랑(love)과 자부심(pride)과 갖는 연관성을 파악하기 위해 그리드에서 설정한 144개의 감정 자질(features)을 대상으로 회귀분석을 실시하였다. 그 결과 일본과 미국에서 공히 행복은 사랑과 자부심에 모두 연관이 있지만, 일본은 행복이 자부심보다는 사랑에 더 높은 상관성이 있는 반면 미국은 역으로 행복이 사랑보다는 자부심과 더 높은 상관성을 보여주었다. 즉 일본에서 자부심과 사랑이라는 변수와 감정의 회귀분석에 따른 상관 계수는 행복 감정의 주된 컴포넌트인 신체 반응(bodily reaction) 면에서 자부심은 0.14인 반면, 사랑은 0.83이었고 미국은 자부심은 0.88인 반면 사랑은 0.04였다. 이에 따라 Ishii는 사회적으로 자신을 남과 떼어놓게 하는 "사회적으로 분리적인(socially disengaging)" 긍정적 감정인 자부심은 독립적 자아 개념을 확인해 주기 때문에 미국과 같은 문화에서는 행복감과 더 긴밀하게 연관되고, 사회적으로 자신을 남과 함께 하게 하는 "사회적으로 포용적인(socially engaging)" 긍정적 감정인 사랑은 상호의존적 자아 개념에 부합되어 일본과 같은 문화에서 행복감과 직결된다고 결론을 내리고 있다.

그런데 행복 감정은 6개의 처리 부문(component)들로 이루어져 있고 각 처리 부문에 감정에 따라 적정한 처리가 일어난다고 보는 Scherer(2005)의 감정에 대한 처리 모델을 받아들이고 있는 Ishii의 실험 결과에서 주목할 점은 자부심과 사랑의 함수로서 행복 감정의 처리 부문마다 일본인과 미국인의 상관 관계가 일관된 결과를 보여주지 않는다는 점이다. 즉 6개의 처리 부문에 따라 행복 감정의 자부심 또는 사랑과의 상관 계수가 다르게 나왔다는 점이다. 예를 들어 감정의 처리 부문 중 하나인 평가(appraisal) 면에서 일본은 자부심의 행복과의 상관 계수는 0.41이고 사랑의 경우는 이보다 약간 높은 0.57인 반면, 미국은 자부심의 행복과의 상관 계수는 0.18로 매우 낮은 반면 사랑의 경우는 상관 계수가 0.80으로 매우 높아서 앞서 본 신체 반응 처리 부문에서의 행복과 자부심/사랑의 상관 관계와 다른 결과가 나왔다. 즉 일본과 미국이라는 두 문화권에서 행복의 의미는 자부심이나 사랑과 같은 또 다른 중요한 감정과 관련이 있지만 이 연관성은 행복 감정을 구성하고 있는 여러 부문마다 다를 수 있다는 점을 주목해야 한다.

두 번째로 Ishii(2013)는 위에서 살펴본 자아 개념의 차이 때문에 미국은 개인적 목표의 달성과 자신을 컨트롤할 수 있는 데에서 행복감을 느끼는 반면, 일본은 사회적 조화와 타인과의 원만한 조정을 통해 행복감을 느낄 것이라는 가설을 세우고 이를 입증하기 위해 그리드 프로젝트를 통한 행복과 관련된 영어와 일본어 데이터를 분석하였다. 그 결과 행복의 의미 자질에 대한 일본과 미국의 차이 중 일부를 요약하면 〈표 7〉과 같다.

표 7 일본과 미국의 행복의 의미 자질 비교 (Ishii, 2013, p.474)

자질	일본	미국
평가(appraisal)		
예상한 것과 일치함	8.05	6.03
즉각적인 대응이 요구됨	3.37	5.00
결과를 피하거나 고칠 수 있음	2.53	5.84
신체 반응(bodily reaction)		
맥박이 느려짐	5.37	3.13
근육이 이완됨	7.53	5.90
호흡이 빨라짐	4.05	6.06
표현(expression)		
눈썹을 치켜 뜸	3.53	5.87
눈물이 나옴	7.26	4.94
몸동작이 굳어짐	4.11	2.68
목소리가 낮아짐	7.21	3.39
말이 늦어짐	6.84	3.55

자질	일본	미국
행동 경향(action tendency)		
하던 일을 계속하고 싶음	4.37	6.84
그 상황을 지배하고 싶음	2.74	5.13
남들이 보아주었으면 함	5.42	6.87
주위 사람들과 가까이 있고 싶음	4.89	6.97
부드럽고 상냥하며 친절하고 싶음	5.37	7.97
느낌(feeling)		
굴종감을 느낌	2.58	3.87
편암함을 느낌	6.58	7.71
활력을 느낌	6.42	7.97
정신 바짝 차리게 됨	3.32	6.94
제어(regulation)		
자신이 느낀 것보다 남에게 덜 드러내었음	5.53	3.97

이 실험에서 Ishii(2013)는 신뢰 구간(confidence intervals)을 통한 시각적 가설 검증(visual hypothesis testing)을 사용하여 항목별 문화적 차이를 파악하였는데 그리드 프로젝트에서 설정한 총 144개의 자질 중 31개의 자질 중에서 신뢰 구간이 서로 겹치지 않거나 미미하게 겹치는 것을 확인하였다. 그 중 대표적인 것을 보면 일본인들은 행복이 평가(appraisal) 컴포넌트에서 자신이 예상하던 것과 부합하는 경우로 즉각적인 대응을 별로 필요로 하지 않는다고 답함으로써 미국인들과 차이가 있었다. 아울러 행복의 생리적 반응에서 일본인들에게 행복은 맥박이나 호흡 등이 느려지고 눈썹은 올라가지 않고 몸짓이 느긋해지는 상태인 반면 미국인들에게 행복은 근육이 이완되기보다는 숨이 빨라지고 눈썹이 올라가며 흥분된 상태로 해석된다.[67] 이런 결과는 얼굴 표정

---

67 그 결과 영어에서 행복을 뜻하는 happiness와 의미적 연관성이 높은 단

의 보편성 논쟁에 시사점을 제공한다. 앞 장에서 보았듯이 얼굴 표정의 보편론자들은 인간의 진화 과정의 결과로서 표정을 짓고 해석하는 것은 주로 대뇌 변연계에 있는 편도체(amygdala)에서 담당하도록 정해져 있는 생득적인 것이라고 주장한다. 반대로 얼굴 표정은 주로 사회적 상황으로부터 해석되도록 조건화된 것이며 예측이 어려울 뿐 아니라 저절로 습득되는 것이 아니라고 주장한다. 예를 들어 Darwin이나 Ekman 등은 행복함을 포함한 기본 감정의 얼굴 표현은 문화나 언어와 상관없이 생득적이고 별도의 학습을 요하지 않는다고 주장하는 반면, Jack et al.(2012)은 표정은 수화(sign language)처럼 관습화된 것으로서 문화마다 차이가 있어서 그 문화에 생소한 이방인은 착각하기 쉽다고 주장한다.[68] 이런 표정의 보편성 논쟁에 대해 Ishii(2013)는 별다른 논의 없이 다만 여러 항목에서 일본과 미국 문화의 차이점을 지적하고 있다. 표정 외에도 더 나아가 일본인들은 미국인들과 달리 행복하면 눈물을 흘리게 되고 목소리가 낮아지는 것으로 보는 반면 미국인들은 말이 빨라진다고 목소리가 높아진다고 본다는 점 역시 넓은 의미에서 감정 표현의 보편성과는 거리가 있는 결과로 볼 수 있다. 얼굴 표정이나 음성, 몸짓 등의 준언어적 표현 외에 실제 말을 통한 감정의 언어적 표현에서는 문화의 영향이 더 커질 것으로 생각된다.

어들은 주로 '쾌활함, 명랑함, 유쾌함'을 뜻하는 cheer, hilarity, mirth, joviality 등이 있는 반면 일본어에서 행복을 뜻하는 단어는 주로 '행운, 축복'과 연관성이 높고 행복을 뜻하는 さち나 さき, しあわせ 등은 여자 이름으로도 쓰인다는 점 역시 주목할 만하다.

68　　얼굴 표정의 보편론에 관해서는 Ekman(2006) 및 Ekman, Friesen, & Ellsworth(1972)를 참고하고, 반대쪽 입장에 대해서는 Russell(1994)과 Nelson & Russell(2013)을 참고할 것.

마지막으로 한국어 5개 행복 어휘의 감정가와 각성도를 그래프로 보면 〈그림 17〉과 같다. 한국어의 5개 행복 어휘를 종합해 보면 기본적인 감정가는 영어보다는 일본어에 유사하고, 각성도는 일본어보다는 영어에 가까운 모습을 보이고 있다. 아울러 5개 공통 행복 어휘에만 초점을 맞춘 결과 역시 한국어의 5개 행복 어휘는 가장 각성도가 높은 반면 일본어는 가장 낮았고, 감정가 면에서는 여전히 영어의 5개 행복 어휘가 가장 높고 한국어와 일본어는 거의 비슷한 수준이었다.

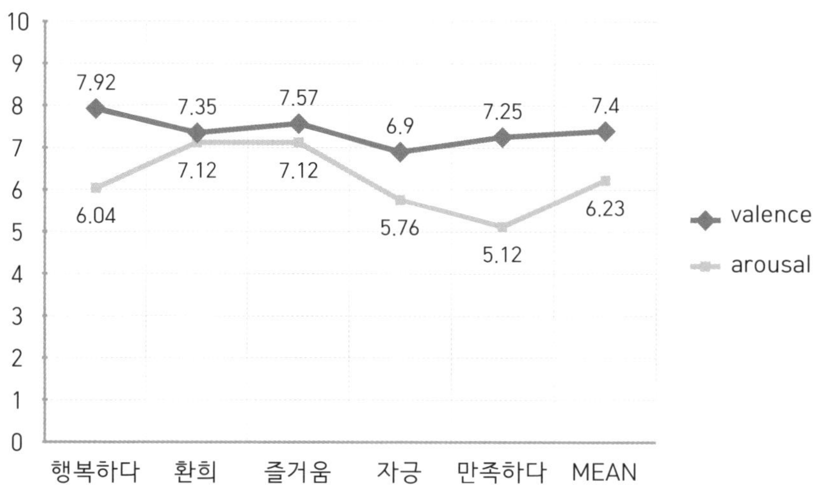

그림 17 한국어의 5개 행복 어휘의 감정가와 각성도

지금까지 행복 어휘를 중심으로 살펴 본 동서양의 행복 개념의 차이를 요약하면 북아메리카 문화에 속한 사람들은 독립적인 자아 개념을 바탕으로 행복과 같은 긍정적인 감정을 극대화하도록 동기 부여되고, 자기 존중(self-esteem)으로 행복을 보는 반면, 아시아 문화에 속한 사람들은 상호의존적인 자아 개념을 바탕으로 긍정적인 감정과 부정적인 감정 사이에 균형을 잡도록 동기 부여되고, 사회적 관계에 자신이 잘 속해 있는 것이 행복을 느끼는 데 중요하다고 생각한다. 그렇다면 같은 아시아에 속한 한국과 일본의 차이는 어떻게 설명해야 할까? 앞에서 본 코퍼스 자료를 통한 NSM 분석이나 ANEW 및 GRID 분석 결과들을 보면 분명히 한국어나 일본어로 표현된 행복 개념은 물론 똑같지는 않지만 유사한 공통점이 더 많고, 영어와는 많은 점에서 다르다. 그렇다면 자아 개념만으로는 행복 개념과 행복 어휘 표현의 심리적 차원의 차이를 설명하기 어려운데 이에 대해서 우리는 다음 5장에서 한국, 일본, 싱가포르의 행복 감정의 소통에 관한 감정 표출 규칙의 실험을 통해서 다시 확인해 보고자 한다.

　　사랑의 세 가지 측면을 논한 Sternberg의 이론처럼 우리는 행복에도 세 가지 측면이 있다는 점에 주목한다. 첫째로 행복감은 개인이 처한 환경, 조건에 좌우될 수 있다. 부모를 잘 만나 금수저로 태어나 부족함을 모른다든지 선천적으로 우월한 미모나 체격을 가진 사람은 그렇지 못한 사람보다 행복감이 높을 가능성이 있다. 그러나 이것만으로는 완벽한 행복이라기에는 충분하지 않으며 어떤 일에 대해 목표를 설정하고 노력하여 성취했을 때에도 행복감을 느낄 수 있다. 이럴 때의 행복은 환경이 허락한 수동적 행복(passive happiness)을 뛰어 넘어 개인의 운명을 개척하는 의지의 소산인 동기적 행복(motivational happiness)으로 볼 수 있다. 마지막으로 행복감은 개인을 넘어서 자기 주변인들과의 관계에서 얻어질 수 있다. 모든 것을 갖고 태어나 많은 업적을 이룬 사람이라도 주위 사람들로부터 존경과 사랑을 받지 못한다면 행복하지 않을 수 있다. 즉 타인과의 좋은 관계 역시 행복감의 필수적인 요인으로 이런 종류의 행복은 관계적 행복(relational happiness)으로 부르기로 하자. 개인의 웰빙 환경과 과업의 성취 및 타인과의 관계, 이 세 요소가 행복의 3대 요소라고 할 수 있는데 이 중 환경과 성취가 결합된 것은 타인과는 관계없이 자기자신의 처지나 의지로 얻는 행복이므로 자기중심적 행복(egotistic happiness)이고, 환경과 관계가 충족된 것은 한 개인 및 그 개인과 관련된 상황에서 얻어지는 행복이므로 상황적 행복(situational happiness)이며, 성취와 관계가 충족된 행복은 연결 고리를 설정하거나 유지하며 무언가를 얻어내기 위해 노력하는 등의 실행을 통해 얻어내는 행복이라는 점에서 수행적 행복(performative happiness)인 반면, 환경, 성취, 관계가 모두 충족된 행복은 완벽한 행복(consummate happiness)이라고 할 수 있다. 이를 삼각형 그림으로 표시하면 다음과 같다.

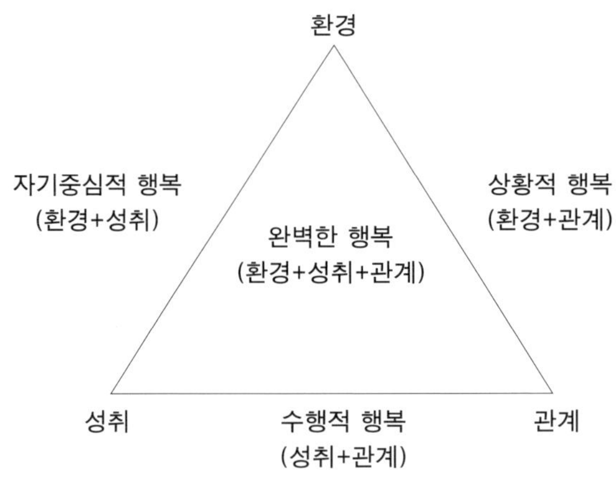

그림 18 행복의 삼각형

개인뿐 아니라 각 사회나 문화는 행복감의 3대 필수 요소 중 어느쪽에 가중치를 부여하는지에 대해 차이를 보인다. 앞 장에서 보았듯이 미국은 일반적으로 개인의 과업 성취를 무엇보다 중요시하는 문화인 반면, 중국은 타인과의 연결 관계를 중요시하는 문화로서 서로 우선시 하는 행복의 유형에서 차이가 있는데 행복감의 문화적 차이에 대해서 는 이 책의 5장과 6장에서 다시 살펴보기로 한다.

5. 행복 감정의 소통

5.1. 감정 표출 규칙

오래 전부터 감정을 연구한 학자들은 감정 표출에 일정한 규칙이 있고 이 규칙은 문화의 영향을 받아 언어마다 다르다는 것을 발견했다. 한국과 일본, 싱가포르에서 행복 감정의 소통 방식의 차이점을 알아내기 위해 우리는 Matsumoto et al.(1998, 2005)이 만든 '감정 표출 규칙의 평가 목록(Display Rule Assessment Inventory, 줄여서 DRAI)'을 우리의 목적에 맞도록 변형하여 한국과 일본, 싱가포르에서 30명씩 총 90명을 대상으로 조사하였다. 이에 대해 살펴보기에 앞서 우선 '감정 표출 규칙'이란 무엇인지를 알아보자.

'감정 표출 규칙'이란 사회적 상황에 따라 감정 표현을 조절하고 관리하여 표현하는 것으로 한 어린아이가 성장과정에서 습득하게 되는 그 문화의 특수한 규칙이다. 유아는 성장 과정에서 언어의 문법 규칙만 습득하는 것이 아니라 자신의 감정을 상황마다 적절하게 표현하는 방식도 습득해야 하며 그럴 때에만 완전한 언어 습득이 이루어졌다고 할 수 있다. 모든 사회는 구성원들이 자신의 감정을 표출하는 것을 조절하고 관리하도록 하는 관습이나 규범으로서의 감정 표출 규칙을 갖고 있다. 물론 이런 감정 표출 규칙은 도로 교통 규칙처럼 성문화된 규칙이 아니라 전통적으로 내려오는 불문율인 경우가 대부분이지만 이를 무시하거나 잘 몰라서 어기게 될 경우 그 사회에 적합하지 않은 사람으로 낙인이 찍힐 수 있다. 이런 감정 표출 규칙은 그 사회나 문화가 공유하는 중요한 가치에 의해 달라질 수 있다. 예를 들어 한국에서의 전통적인 남성성(masculinity) 개념을 고수하는 사람들은 아들은 '사내답게' 강하게 키워야 한다는 생각에서 남들 앞에서 눈물을 보이지 말라고 가르치기도 한다. 반면에 딸은 얌전하게 키워야 한다고 생각해서 말과 행동에서 항상 조신하도록 교육하고 '암탉이 울면 집안이 망한다'는 남성우월적 사고를 강요하기도 하였다.

그런데 최근 16세기 조선 사회를 다룬 모 드라마에서 '현모양처(賢母良妻)'라는 말이 등장하는 것을 보았는데 사실은 이 '현모양처'란 말은 1870년대 메이지 시대부터 제2차 세계대전까지 일본 여자 교육에서 바람직한 여성상으로 쓰였던 것으로 우리나라에는 그런 개념은 오래 전부터 있었을지 몰라도 그 표현 자체는 1906년 '만세보'에 처음 소개되었다고 한다. 근대 일본에서는 서양 문물을 받아들이면서 독일의 'Kinder(자녀), Küche(부엌), Kirche(교회)'라는 3K를 모방한 '현모양처' 개념을 받아들여 여성의 가정 안에서의 역할을 강조한 것인데 이와 반대로 서양에서는 바로 이 시기인 1879년에 노르웨이의 Ibsen이 '인형의 집'에서 주인공 노라가 집을 뛰쳐나가는 내용을 담아 여성해방의 전조를 울리기 시작한 것은 동서양의 역사적 발전 단계를 다시 한번 생각하게 하는 대목이다.

그런데 오사카대학교의 기무라 료코(木村凉子) 교수가 조사한 일본의 근대 여성 잡지인 '주부의 벗' 1917년 8월호에 다음과 같은 글이 나온다.[69]

69　기무라 료코. 2010.『〈주부〉의 탄생 - 부인잡지와 여성들의 근대 (〈主婦〉の誕生 - 婦人雑誌と女性たちの近代)』吉川弘文館.. 노래의 한국어 번역은 이은주 역(2013)을 인용한 것임.

"예쁘게 방긋방긋 웃자. 무서운 얼굴을 하지 마라. 시름에 젖지
말고 항상 쾌활해라. 노동으로 고생한 남편을 옆에서 위로하고
어떤 무리한 요구를 해도 거슬리지 말고 탄식도 하지 마라."

이것은 '이름을 밝히지 않는 모부인'이 쓴 것으로 알려진 '주부의 노래'
인데 남편에게 자유롭게 감정을 표출하지도 못하고 다분히 위선적인
표정을 짓는 것이 바람직한 현모양처의 모습으로 묘사하고 있다. '현
모양처'란 표현은 20세기 초 한국에 들어왔지만 이내 모든 남성들의
열렬한 호응을 얻어 널리 쓰이는 말이 되었다. 그 이전에도 한국은 이
미 남성중심 사회로서 '요조숙녀(窈窕淑女)'니 '남존여비(男尊女卑)', '여
필종부(女必從夫)', '칠거지악(七去之惡)', '삼종지도(三從之道)'니 해서 여
성의 말과 행동 및 사고까지 얽매는 각종 규범이 넘쳐났었고 근대화
과정에서야 양성평등이라는 또 다른 새로운 개념이 외국으로부터 전
해지면서 사상의 혼란기를 보내고 있다. '현모양처', '요조숙녀', '사내
답다'와 같은 규범은 여자나 어린아이와 같이 그 사회의 약자에게 적
용되는 경우가 많은데 이는 강자 위주의 사회 질서를 유지하기 위한
방편으로 이런 규칙을 일방적으로 정하고 강요한 결과로 보인다.
　　이런 현상은 한국과 일본뿐 아니라 같은 유교문화권에 속한 싱가
포르에서도 대동소이하다. 싱가포르는 여성의 사회적 진출이 비교적
일찍 시작되어 2015년 현재 25세에서 54세의 여성 중 76%가 경제 활
동을 하는 등 여성의 사회적 활동이 활발하다.[70] 그럼에도 불구하고 싱
가포르는 "아시아적 가치에 기초한 사회(Asian values-based society)"이
자 여전히 가부장적인 사회이기 때문에 여성에 대한 유형무형의 차별

70　2015년 3월 8일 The Straits Times의 인터넷 판에 나온 Trina Liang-Lin
의 기사 내용.

과 제약이 남아 있고 이는 감정 표출에도 적지 않은 영향을 줄 것으로 보인다.[71] 최근 들어 여성이 다른 여성에게 갖는 찬탄의 마음으로서의 '걸 크러쉬(girl crush)' 경향은 전통적인 여성성이 약해지는 과정에서 일어나는 현상으로 보이는데 흔히 '센 언니'라고 불리는 사람들의 공통점은 '여자의 목소리는 담을 넘어서는 안 된다'는 등의 여성의 언어 사용에 대한 금기를 거부한다는 점이다. 이에 따라 과거에는 생각조차 하지 못했던 "여성스럽지 못한" 표현과 담론이 무성해지고 있는데 이는 한국어의 '감정 표출 규칙'에도 일부 영향을 줄 것으로 보인다.

'감정 표출 규칙'은 한 언어 내에서만 문제가 되는 것이 아니라 횡단언어적인 상황에서 종종 문제를 야기할 수 있다. 외국어를 책으로만 배운 사람은 실제로 그 외국어가 쓰이는 나라에 가게 되면 언어 자체 외에도 그 문화가 의사소통하는 데 중요한 역할을 하고 있음을 새삼 실감하게 되는 경우가 많다. 특히 감정 표현은 미묘한 속마음을 보이는 경우이기 때문에 그 문화에서 요구하는 표출 규칙을 잘 이해해야 대인 관계를 해치지 않는 원활한 소통이 될 수 있다. 예를 들어, Friesen(1972)의 연구에 의하면 일본인들은 혼자 있을 때보다 높은 지위의 실험자가 있을 경우 미국인들에 비해 부정적인 감정을 더 감추었는데 Friesen은 일본인은 자기보다 높은 지위의 사람에게는 부정적인 감정을 표출하지 않아야 한다는 사회적 규범이 있기 때문에 이러한 차이가 발생하는 것으로 보았다. 본 연구에서도 개인적 수준의 가치에 있어 문화적 차이가 존재하고, 이것은 문화 내의 감정 표출 규칙과 관

71　싱가포르의 여성 인권을 위한 연합인 Association of Women for Action and Research는 가부장적인 싱가포르 사회가 여성의 기본적인 권리마저 인정하지 않고 있음을 강력하게 비판하고 있다. 이에 대해서는 http://www.on-linewomeninpolitics.org/womensit/sg.pdf을 참고할 것.

련이 있으며, 이것이 감정 표출 규칙에서의 문화 간 차이를 설명할 수 있다고 가정하고 한국, 싱가포르, 일본에서의 행복 감정을 표출하고 소통하는 방식에 대한 설문 조사를 통해 이를 확인하고자 한다.

5.2. 감정 표출 규칙의 평가 목록

감정 표출 규칙의 평가 목록은 Matsumoto et al.(1998)이 개인주의와 집단주의 문화의 특성이 감정 표출의 나라별 차이에 미치는 영향을 조사하기 위해 개발한 것으로서 최초의 목록에서 대상과 맥락을 추가하여 21개의 항목으로 이루어진 수정본(Revised DRAI)과 6개의 항목으로 이루어진 단축본(Abridged DRAI)의 두 가지 종류가 있다. 이들은 30개국에서의 감정 표출 규칙에 관한 자료를 수집하였는데, 그 후 Koopman-Holm & Matsumoto(2011)는 같은 서양 문화권이지만 몇 가지 중요한 가치(values)에 대해 차이점을 보이는 미국과 독일의 감정 표출 규칙에서의 문화 간 차이를 설명하고자 또 한 번 수정된 DRAI를 사용하였다.

이 DRAI에서는 참여자들에게 한 번의 사적인 상황과 한 번의 공적인 상황에서 여섯 가지의 행동적 반응, 즉 1)감정을 느끼는 것보다 더 표현하기, 2)감정을 느끼는 것만큼 표현하기, 3)감정을 느끼는 것보다 덜 표현하기, 4)아무것도 표현하지 않기, 5)미소를 지으며 동시에 감정을 표현하기, 6)미소를 지으며 감정을 숨기기의 선택지 중 하나를 고르게 하여 일곱 개의 감정(분노, 경멸, 혐오, 공포, 행복, 슬픔, 놀람)을 경험할 때 피험자의 선택을 조사하였다. 공적인 경우와 사적인 경우 각각 상호작용 상대와 연결시켜 24개의 상황이 만들어졌고, 여기에 사적인 상황에서 혼자인 경우와 공적인 상황에서 혼자인 경우의 두 상황이 추가되어 총 26개의 상황을 설정했는데 이것에 각각 7개의 감정을 포함시켜 총 26×7=182개의 방대한 양의 척도가 생겨났다. 그러나 본 연구에서는 7개의 감정이 아닌 행복의 감정만을 다루고 있고 공적인 경우와 사적인 경우의 구분이 불필요하다고 생각되어 상황을 대폭 줄였다. 대신 행복감을 얼마나 강하게 또는 약하게 표현하는지를 알기 위해서 행복감을 느끼는 사람이 그의 감정을 어떻게 전달하는지를 1)긍정과장, 2)긍정솔직, 3)긍정암시, 4)표현없음, 5)부정간접, 6)부정명시의 여섯 가지 표현 방식을 제시하여 그 중 하나를 고르게 했다. 실제 설문지에 선택지로 기술된 여섯 가지 표현 방식은 다음과 같다.

1) 행복, 자부심, 성취감, 자랑 등의 긍정적인 감정을 어느 하나든 과장될 정도로 강력히 표현한다.
2) 행복, 자부심, 성취감, 자랑 등의 긍정적인 감정을 어느 하나든 솔직하게 그대로 표현한다.
3) 행복, 자부심, 성취감, 자랑 등의 긍정적인 감정을 어느 하나든 암시적으로 간접적으로 표현한다.
4) 긍정적이든 부정적이든 아무 감정도 표현하지 않는다.
5) 미안함이나 걱정, 경멸, 당혹 등의 부정적인 감정을 그 중 어느 하나든 간접적으로 표현한다.
6) 미안함이나 걱정, 경멸, 당혹 등의 부정적인 감정을 그 중 어느 하나든 명시적으로 솔직하게 표현한다.

이 여섯 가지 방식은 긍정적인 감정을 가장 강력하게 표현하는 것에서부터 부정적인 감정을 명시적으로 표현하는 것까지 가능한 표현 방법을 서술한 것인데, DRAI에서의 측정 방식을 따라 피험자가 긍정적이고 과장될 정도로 강한 방식을 선택했다면 1점으로 기록하고, 그 다음 단계의 표현 방식을 대답으로 선택했다면 2점으로 기록하는 등, 차례대로 맨 마지막 부정적이고 명시적인 표현 방식은 6점으로 기록하였다. 그리고 모든 피험자들은 연령대와 성별, 모국어, 인종 등 인구 통계학과 관련된 설문도 답하였는데 한국, 싱가포르, 일본 세 나라에서 30명씩 설문 응답을 받아 그 결과를 ANOVA로 비교하였다. 세 국가의 설문지는 동일했으나 언어는 달랐는데 한국과 일본어는 30명 모두 해당 모국어 사용자들에게 설문을 받았고, 싱가포르는 중국계와 비중국계로 나뉘었지만 모두 영어를 모국어로 사용할 수 있는 피험자들을 대상으로 해서 영어로 설문을 받았다.

원래 작성했던 설문조사에서는 좋은 소식을 접하게 된 내가 기쁜 마음을 주위 사람에게 전하는 상황을 다음 183쪽에 기술한 것과 같이 상황 A, 상황 B, 상황 C로 가정하여 나누었다. 이들 각 상황에서는 같은 내용을 말하는 사람, 즉 화자인 나와의 관계에 따라 잘 알고 있어서 사회적 거리감이 없는 상대에게 전할 때의 상황과 잘 알지 못하기 때문에 사회적 거리감이 있는 상대에게 전할 때의 상황을 나누고 각각의 경우 그 말을 들은 청지가 그 말에 대해 어떤 식으로 말할 것인지를 예상하여 답하게 하였다. 이는 지금까지의 감정 표출 규칙에 대한 DRAI 연구가 오직 화자 쪽의 관점에서 적절한 표출 방식을 선택하게 하였지만 본 연구에서는 감정 표출 규칙은 화자만의 문제가 아니며 화자의 감정 표현에 대해 청자의 적절하다고 생각되는 감정 표출 방식도 함께 고려해야지만 전체적인 감정 소통의 주고받기가 완성되기 때문에 청자의 예상 반응도 포함시켰다. 청자의 예상 반응 역시 화자의 표현 방식 선택과 마찬가지로 1)긍정과장, 2)긍정솔직, 3)긍정암시, 4)표현없음, 5)부정간접, 6)부정명시의 여섯 가지 단계로 나누어서 그 중 하나를 선택하도록 하였다. 실제 설문에 쓰인 지시문은 다음과 같다.

당신의 이 말에 그 친구는 어떻게 답할 것으로 예상합니까?

1) 축하나 공감, 인정, 자랑 등의 긍정적인 감정을 어느 하나든 과장될 정도로 강력히 표현한다.

2) 축하나 공감, 인정, 자랑 등의 긍정적인 감정을 어느 하나든 솔직하게 그대로 표현한다.

3) 축하나 공감, 인정, 자랑 등의 긍정적인 감정을 어느 하나든 암시적으로 간접적으로 표현한다.

4) 긍정적이든 부정적이든 아무 감정도 표현하지 않는다.

5) 질투나 충고, 비판, 불인정 등의 부정적인 감정을 어느 하나든 간접적으로 표현한다.

6) 질투나 충고, 비판, 불인정 등의 부정적인 감정을 어느 하나든 명시적으로 솔직하게 표현한다.

행복 감정의 소통에 참여하는 잠재적 청자의 예상되는 표출 규칙 외에도 본 연구에서는 행복 감정의 소통에 참여하는 대화자의 역할(participant role)을 구별하여 각각의 상황에서 감정을 먼저 표출하는 화자와 그 말을 듣는 대화참여자로서의 잠재적 청자 사이의 변수들을 고려하여 설문을 제시하였다.[72] 그 중 첫 번째 변수로 힘(power)의 관계는, 청자가 화자의 절친이나 처음 보는 편의점 점원 등과 같이 힘의 면에서 큰 차이가 없는 경우와 부모님이나 대학 은사님과 같은 힘의 면에서 화자보다 우월한 지위에 있는 경우를 나누어 상황을 설정하였다.[73]

---

[72] '잠재적 청자'는 실제 그 말을 들은 청자가 아닌 화자의 말을 들었다고 가정할 때 반응을 보일 가상적인 대화참여자이기 때문에 '잠재적'이란 표현을 사용하였는데 이후 논의에서는 '청자'로 약칭한다.

[73] 각 상황에 대한 기술과 질문이 제시된 다음에는 바로 피험자가 선택할

상황 A: 당신은 당신이 꼭 원했던 회사로부터 취업 합격통보를 받
았습니다.

1-a 가장 친한 친구에게 이 사실을 전할 때 나는
1-b 당신의 말에 그 친구는 어떻게 답할 것으로 예상합니까?
2-a 부모님께 이 사실을 전할 때 나는
2-b 당신의 말에 부모님은 어떻게 답할 것으로 예상합니까?

상황 B: 당신은 우리나라의 국가부패지수가 개선되었다는 말을
들었습니다.

1-a 대학 은사님에게 이 사실을 전할 때 나는
1-b 당신의 말에 은사님은 어떻게 답할 것으로 예상합니까?
2-a 처음 보는 외국인에게 이 사실을 전할 때 나는
2-b 당신의 말에 외국인은 어떻게 답할 것으로 예상합니까?

상황 C: 당신은 당신의 사촌이 로또에 당첨되었다는 소식을 들었
습니다.

1-a 이웃집 형/언니에게 이 사실을 전할 때 나는
1-b 당신의 말에 이웃집 형/언니는 어떻게 답할 것으로 예상
합니까?
2-a 처음 보는 편의점 점원에게 이 사실을 전할 때 나는
2-b 당신의 말에 점원은 어떻게 답할 것으로 예상합니까?

아울러 사회학이나 심리학에서 중요한 개념 중의 하나인 '내집단(in-
group)'의 변수를 고려하여 행복한 감정을 표현할 때 그 말을 듣는 사

표현 방식의 여섯 가지 선택지가 제시되었다.

람이 내집단에 속한 사람인지 아니면 외집단에 속한 사람인지에 따라 감정 표출 방식이 달라지는지를 파악하고자 했다. '내집단'의 개념에 대해서는 몇 가지 다른 이론들이 있는데 본 연구에서는 미국의 심리학자 Sumner(1906)의 정의를 채택하였다. Sumner에 의하면 "내집단이란 한 개인이 속하고 상호작용하며 'we-ness'라는 생각을 공유하는 사회적 단위(An in-group is a social unit an individual belongs to, interacts with, and shares a sense of "we-ness" with.)"로 정의된다. 반면에 "외집단이란 한 개인이 속하지 않거나 동일시하지 않는 사회적 단위나 집단(An out-group, on the other hand, is a social unit or group of people that an individual neither belongs to nor identifies with.)"으로 정의된다. 보통 '그들-집단(they-group)'에 맞선 '우리-집단(we-group)'이라고 불리기도 하는 내집단은 단결과 충성의 감정을 공유하지만 외집단은 무관심이나 배척의 감정을 갖게 하는 대상이라고 볼 수 있다. 내집단과 외집단의 구별은 여러 가지 사회적 행동을 분석하는 데 유효한 개념인데, 아래에 제시된 본 연구의 가설에서도 볼 수 있듯이 행복 감정의 소통이란 면에서도 사람들은 외집단보다는 내집단에서 이런 개인적인 행복 감정을 즐겨 표현하고 나누고자 할 것으로 추정된다.

이상에서 살펴본 행복 감정 소통에서의 주요 변수인 힘, 거리감, 내집단/외집단에 따른 화자와의 관계 유형을 분류하면 다음과 같다.

표 8 힘, 거리감, 내집단에 따른 관계 유형

관계유형 (X.relationship)	힘 (power)	거리감 (distance)	내집단 (in-group)
친구(friend)	−	−	+
부모(parent)	+	−	+
은사(teacher)	+	+	−
외국인(foreigner)	−	+	−

위에서 언급한 상황 A에 등장하는 화자의 친구는 화자와의 관계에서 사회적 지위나 서열, 권위 등의 면에서는 별 차이가 없으므로 [-power]이며, 친숙한 사이로서 [-distance], 자주 접하고 동질의식이 강한 집단에 속하므로 [+in-group]으로 분류된다. 반면에 부모는 화자보다 가족 서열에서 높은 위치에 있으므로 [+power]이고, 매우 잘 알고 지내는 관계이기 때문에 [-distance]이며, 같은 가족이라는 연대감이 강한 집단에 속하기 때문에 [+in-group]으로 볼 수 있다. 이런 식으로 해서 대학교 은사님은 [+power, +distance, -in-group]이고, 처음 보는 외국인은 [-power, +distance, -in-group]으로 분류되었다. 다만 원래 설문지에 등장했던 상황 C에서는 이웃집 형/언니에게 화자의 감정을 전달하는 것을 상정했었는데 이 설문지로 본 실험을 시작하기 전에 파일럿 테스트한 결과 이웃집 형/언니의 존재가 화자와 어떤 관계인지가 모호하다는 지적이 있었다. 뿐만 아니라 상황 C에서 설정한 내용 중 화자의 사촌이 로또에 당첨되었는데 이를 편의점 점원에게 말하는 것이 잘 이해가 되지 않고 자연스럽지 못한 것 같다는 의견이 대두되어서 상황 C는 제외하게 되었고 이와 성격이 조금 차이가 나게 설정하려고 계획했던 상황 D도 추진하지 않기로 하였다. 그 결과 원래는 힘, 거리감, 내집단의 +/- 2가 변수(binary variable)들을 모두 반영하여 8개의 경우의 수를 측정하려고 했으나 상황 A와 상황 B의 두 상황에서 가능한 변수들로 구성된 관계들에 대해서만 평가하기로 하였다.

지금까지 서술된 행복 감정의 소통 조사에서의 독립변수(IV)와 종속변수(DV)를 요인과 수준별로 나누면 다음의 〈표 9〉와 같이 나타낼 수 있다. 한 가지 특기할 것은 싱가포르의 경우 설문에 응답한 사람들이 모두 영어를 읽고 말하는 데 전혀 어려움이 없었지만 그들의 민족적 구성은 중국계와 비중국계로 나뉘었고 그에 따라 언어별 감정 표출 규칙의 차이도 조사하면서 또한 문화적 차이도 고려의 대상에 포함시

독립변수(IVs)		종속변수(DVs)	
요인(factor)	수준(level)		
국가(country)	한국(Korea)	긍정과장	1
	일본(Japan)	긍정솔직	2
	싱가포르(Singapore)	긍정암시	3
	– 민족 소집단		
	1. 중국계(Chinese)	표현없음	4
	2. 비중국계(Other)		
힘(power)	–	부정간접	5
	+	부정명시	6
거리감(distance)	–		
	+		
내집단(in.out.group)	–		
	+		
역할(participant role)	화자(speaker)		
	청자(hearer)		
관계유형(X.relationship)	친구(friend)		
	부모(parent)		
	은사(teacher)		
	외국인(foreigner)		

켰다. 즉 싱가포르 국민으로서 영어를 사용하지만 중국어도 완전히 또는 어느 정도 알아듣고 중국 문화에 속한 사람들과 같은 싱가포르 국민으로서 영어를 사용하지만 다른 말레이나 힌두 문화에 속한 사람들을 소집단으로 세분해서 이들 소집단에서의 감정 표출과 소통 방식의 차이까지도 살펴보았다.

5.3. 가설

이상과 같이 설정된 변수와 상황을 통해 본 설문 조사에서 밝히고자
한 언어별 행복 감정 소통에 대한 우리의 가설은 다음과 같다.

[가설 1]
1a. 세 나라 사람들 사이에는 행복 감정을 표출하는 방식에 차이
    가 있을 것이다.
1b. 세 나라 사람들 사이에는 행복 감정을 들은 청자의 반응 선택
    에 차이가 있을 것이다.

이 [가설 1]은 한국과 싱가포르, 일본의 세 나라에서 응답한 결과를 분
석하여 각 나라의 감정 표출 방식에서 전반적으로 유의미한 차이가 있
을 것으로 보는 것이다. 앞 장에서도 보았지만 행복의 감정은 보편적
이라고 보는 데에서 더 나아가 행복 표현 자체도 문화보편적이라고 보
는 Ryan & Deci(2000)이나 Ryff & Keyes(1995) 등의 보편론이 있다.
반면에 사람들은 누구나 물론 불쾌한 것보다는 유쾌한 것을 선호하겠
지만 무엇이 유쾌한 것이고 무엇이 그렇지 않은 것인지는 문화적 해석
에 좌우되고 행복 감정의 표출 역시 그런 문화적 틀을 피할 수 없다고
보는 Uchida et al.(2004), Matsumoto et al.(2008)의 상대주의적 입장
이 있는데 우리의 조사 결과로 이 주장들을 비교, 검토하고자 한다.

[가설 2]
2a. 개인주의적 문화일수록 (즉, 일본 〉 싱가포르〉 한국) 행복 감정을
    표출하는 정도가 높을 것이다 (즉 선택 1)에 가깝다).
2b. 개인주의적 문화일수록 (즉, 일본 〉 싱가포르〉 한국) 청자의 반응

표현 정도가 높을 것이다 (즉 선택 1)에 가깝다).

개인주의와 집단주의는 의사소통 연구에서 가장 많이 다루어진 사회 문화적 요인이라고 볼 수 있다. Hall(1976)은 개인주의 문화일수록 의사소통에서 단어 이외에 발화 맥락이 큰 역할을 하지 않는 '저맥락 의사소통(low-context communication)'의 양상을 보이며 집단주의 문화일수록 어휘의 문자적 의미 외에 그 발화 맥락에서 특별히 추론이 가능한 함축적 의미도 중요한 역할을 하는 '고맥락 의사소통(high-context communication)'의 경향이 강하다고 한다. 따라서 감정 표현에 있어서도 저맥락 의사소통은 보통 명시적이고 애매모호하지 않은 솔직한 표현을 요구하는 반면 고맥락 의사소통에서의 감정 표현은 암시적이고 중의적인 표현의 사용 비율이 더 높다. Copeland & Griggs(1986)의 조사에 따르면 저맥락 문화로는 영국, 독일, 스웨덴, 노르웨이, 핀란드 등의 북유럽 국가들과 미국, 영국계 캐나다 등이 있고, 고맥락 문화로는 프랑스, 그리스, 이태리. 스페인 등 남유럽 국가들과 헝가리, 러시아 등의 동유럽 국가, 남아메리카 및 아프리카 국가, 그리고 중국, 일본, 한국 등이 속했다.

앞 장에서 보았듯이 Hofstede(2001)는 국가 간 문화적인 차이를 비교 및 분석하기 위해 문화적 차원 5가지를 제시하였는데 그 중 하나가 개인주의 지수(Individualism Index)이다. 일본은 우리 연구의 비교 대상 3국 중에 개인주의 지수가 상대적으로 높기 때문에 발화 맥락에 의존하지 않고 행복 감정 표출에서도 직접적이고 명시적인 저맥락 의사소통을 보일 것으로 예상되며, 한국은 개인주의 지수가 상대적으로 낮기 때문에 고맥락 의사소통의 특징인 함축적이거나 암시적인 방식으로 행복 감정 표출을 할 것으로 예상되고 싱가포르는 그 중간쯤에 해당될 것으로 예상된다.

[가설 3]

3a. 힘[-]이면 화자가 행복 감정을 표현하는 정도가 높을 것이다.

3b. 힘[-]이면 청자의 반응 표현 정도가 높을 것이다.

화자가 행복 감정을 전달하려고 하는 대상이 자신보다 사회적으로 우월한 지위에 있는 사람이 아닐 경우 화자는 보다 적극적이고 강하게 행복 감정을 표현할 것으로 본다. 청자의 입장에서도 자신과 힘의 차이가 없는 대화 상대방의 행복 표출에 대해 긍정적이고도 강한 방식으로 반응을 보일 것이다. 힘의 요인은 보통 지위가 낮은 사람에게 분노와 같은 부정적인 감정을 더 잘 표출하는 것으로 알려져 있지만 행복과 같은 긍정적인 감정의 경우는 알려진 바가 없다. 앞에서도 보았듯이 Hofstede(2001)의 문화적 차원 중 하나인 '권력 거리(Power Distance)'는 한 사회의 구성원이 자기가 속한 기관이나 조직의 권력 분배가 불평등하게 이루어져 있는 것을 어느 정도로 인지하고 받아들이는지를 나타내는 차원이다. 이 힘의 거리 지수와 관련하여 우리는 이 지수가 강한 문화일수록 행복감의 표출에 소극적일 것으로 가정한다.

[가설 4]

4a. 거리감[-]이면 화자가 행복 감정을 표현하는 정도가 높을 것이다.

4b. 거리감[-]이면 청자의 반응 표현 정도가 높을 것이다.

대화참여자들끼리 느끼는 '거리감'은 소통의 양상을 결정하는 데 매우 중요한 요소이다. 본 연구에서 '거리감'이란 잘 아는 사이로서의 친숙도를 의미하며 앞에서 본 '힘'과 별도의 요인이다. 다만 친숙하다고 해서 반드시 서로 좋아하거나 친밀한 것은 아니며, "Familiarity breeds contempt"란 말처럼 속속들이 잘 아는 사이일수록 그만큼 속으로는 서로를 경멸할 수도 있다. 속마음은 어떻든 간에 일단 '거리감'은 객관적으로 평가할 수 있는 부분이다. 예를 들어 대부분의 경우 한 가족에서 자신의 부모나 형제는, 존경하든 아니든, 가장 친숙한 인물 중의 하나일 것이다. 그러나 부모는 자식들에게 친권을 행사하는 존재로서 자식들을 훈육하고 때로는 지시와 명령을 내리며 심할 경우 벌을 주기도 한다. 이러한 부모는 자식들의 관점에서 볼 때 거리감은 없지만 권한은 많은 존재이다. 물론 부모의 유형에 따라 친구 같은 부모도 있고 군대 직속 상관과 같은 부모도 있지만 일반적으로 부모는 자식들에게 일정한 통제와 권한을 행사할 수 있도록 허락되어 있다. 우리는 대화 상대와의 거리감은 행복 감정의 표출 정도에 부의 상관 관계가 있을 것으로 본다.

[가설 5]

5a. 내집단[+]이면 화자가 행복 감정을 표현하는 정도가 높을 것이다.

5b. 내집단[+]이면 청자의 반응 표현 정도가 높을 것이다.

이 가설 5는 집단주의와 개인주의 문화 차이가 행복 감정 소통에 주는 영향을 측정하는 가설 1과 연관성이 있지만 같은 것은 아니다. 개인주의 문화든 집단주의 문화든 그 안에는 자신이 속한 소집단과 그렇지 않은 집단을 바라보는 태도에서 큰 차이가 있을 수 있다. 과거에는 집단주의와 개인주의의 이분법이 수많은 문화 현상에서의 차이점을 설명하는 데 거의 절대적이었지만 최근에는 같은 개인주의 문화라도 감정 표출 규칙에 상당한 차이가 있다는 연구 보고들이 나오고 있다. 예를 들어 Koopman-Holm & Matsumoto(2011)에 의하면 미국은 자신과 관련된 것과 내집단을 중요하게 여기는 문화권으로 분노와 슬픔을 표현함으로써 사회적 지지를 기대하는 것에 반대하기 때문에 분노와 슬픔을 덜 표현하는데, 같은 개인주의 문화이지만 독일은 타인 또는 외집단과의 행복을 중시하고 이들에 대한 사회적 지지를 강조하기 때문에 분노와 슬픔을 더 표현한다는 것이다. 게다가 분노와 슬픔은 사람을 약하게 만드는 감정이다. 분노를 표현함으로써 개인은 자신을 스스로 괴롭히고 있음을 주위 사람들에게 밝히는 것이다. 이러한 취약함을 보이는 것은 앞서 3장에서도 보았지만 미국인들이 독일인보다 더 중요하게 생각하는 '자기 고양(Self-Enhancement)'이라는 가치에 반하는 것이다.

또한 미국인은 독일인보다 사회적 질서를 포함하는 '보존(Conservation)'을 중요하게 여기기 때문에 비록 외집단에 대한 경계심이 있더라도 분노를 직설적으로 표출하는 것이 미국에서는 독일에서보다 제한되어 있다. 반대로, 경멸과 혐오는 타인보다 자신을 더 높은 위치에 두어 생기는 감정이다. 이것은 미국인이 독일인보다 중요하게 여기는 '자기 고양'과 관련이 있기 때문에, 미국인이 독일인보다 경멸과 혐오를 더 많이 표현하는 것이다. 행복은 자신을 중요하게 생각하는 측면이 강해서 개인주의 문화 중 '자기 고양'을 우선시하고 내집단의 결속을 중요시하는 미국과 같은 문화에서 더 활발하고 적극적으로 표현될 가능성이 높다. 일본은 섬나라라는 지리적 요인 때문에 외부인에 대해서는 배타적이지만 내부인들은 서로 공존공영하려는 '和(화)'의 개념이 중요한 나라이다. 이런 점에서 보면 일본은 집단주의 문화인 것 같지만 또 개인적으로 타인에 대한 불간섭을 지향하면서 남에게 폐를 끼쳐서는 안 되고 또 남도 나에게 그렇게 하지 않을 거라고 기대한다. 잘 알려진 대로 일본에서는 음식점에서 같이 밥을 먹을 경우 원하는 메뉴를 통일하지 않고 식성대로 골라 주문하며 아무리 친한 사이라도 각자 자기의 식대를 계산하는 것이 당연하다고 생각된다. 반면에 한국 역시 집단주의 문화라고 하지만 개인의 체면과 명분을 매우 중시하며, 일본에 비해 공동체 의식이 약해서 공중도덕이나 규칙이 잘 지켜지지 않는다고 한다. 또한 역사적인 이유에서인지 출세지향적이지만 권위에 대체로 냉소적이며 "사촌이 땅을 사면 배가 아프다"라는 말처럼 가장 대표적인 내집단인 가족에 대한 연대감도 때론 불분명하게 보인다. 마지막으로 싱가포르는 동아시아에서 가장 개방적이고 서구화된 사회를 지향하고 있으나 내부적으로는 여전히 가부장적 전통이 남아 있다. 싱가포르는 1993년 아세안의 방콕 선언에서 명문화된 이른바 "아시아적 가치(Asian values)"의 주창자이자 신봉자로서 사회적 조화를 우선하고 집단의 웰빙이 중요하며 규칙의 엄격한 준수가 요구된다. 아울러 권위를 가진 인물에 대한 충성과 존경심을 강조하는 공동체우선주의(communitarianism)라는 독특한 집단주의 문화를 유지하고 있다. 이처럼 비교 대상 세 나라는 개인주의/집단주의 구분에서는 모두 집단주의에 속하는 것처럼 보이지만 그 속내를 살펴보면 반드시 일치하지는 않는 것을 알 수 있다. 본 조사에서는 내집단에서의 행복 표출과 외집단에서의 행복 표출을 나누어 살펴보고 세 나라에서의 차이점이나 유사점을 찾아보고자 한다.

[가설 6]

6a. 관계유형(즉 거리감(-)과 내집단(+)인 경우)에 따라 행복 감정을 표현하는 정도에 차이가 있을 것이다. (친구와 부모 〉 은사와 외국인)

6b. 관계유형(즉 거리감(-)과 내집단(+)인 경우)에 따라 청자가 반응을 표현하는 정도에 차이가 있을 것이다. (친구와 부모 〉 은사와 외국인)

대화에 참여하는 사람들의 관계가 행복 표현 방식에 영향을 줄 것으로 생각하는데, 특히 거리감과 내집단의 결합 요인이 표현 방식의 선택과 관련이 있을 것으로 보인다. 즉 대화상대방이 친구나 부모와 같이 사회적 거리감이 없고 내집단인 경우에는 행복 감정을 강하게 표현하는 방식을 선택할 가능성이 높고 반대로 은사님이라든지 낯선 외국인처럼 사회적 거리감이 있고 외집단일 경우에는 행복을 표현할 때 덜 직접적인 방식을 선택할 것으로 예측된다.[74]

[가설 7]

7a. 싱가포르의 경우 중국계와 비중국계 사이에서 행복 감정을 표현하는 방식에 차이가 있을 것이다.

7b. 싱가포르의 경우 중국계와 비중국계 사이에서 청자가 반응을 표현하는 방식에 차이가 있을 것이다.

마지막으로 우리는 한국, 일본의 경우와 싱가포르의 경우에서 결코 간과할 수 없는 차이점이 있음에 주목하였다. 즉 한국과 일본은 현재 급속도로 다문화 사회로 변모하는 중에 있지만 아직까지는 하나의 언어를 사용하고 한 뿌리에 나온 단일민족 국가라는 의식이 강하다. 이들 나라에서는 미국과 같은 다민족 국가에서 가끔 보게 되는 아직 "인종 갈등"은 일반화된 사회 현상이 아니다. 반면에 싱가포르는 2015년 현재 중국계 76%, 말레이계 14%, 인도계 8%로 이루어진 다민족 국가이

---

74 개인에 따라서는 자신의 은사님과 격의없는 대화를 나눌 정도로 친숙해서 나와 은사님이 하나의 내집단을 형성할 수 있다고 생각할지도 모르지만, 사전 조사한 바에 의하면 한국, 일본, 싱가포르 어디서도 대학 은사님을 자신의 내집단에 속한 존재로 보는 곳은 없었다.

다. 따라서 이민족 간에 문화적 차이가 있을 것으로 보고 영어를 사용
하는 피험자들 중에 자신의 인종적 정보를 밝히게 하고 그에 따라 행
복 표출 방식이 어떻게 달라지는지를 살펴보았다. 30명의 싱가포르인
응답자 중 본 연구에서 세운 가설은 싱가포르에서 중국계가 비중국계
보다 표현 강도가 낮고 비명시적일 것으로 생각하고 이 가설의 타당성
을 조사하였다.

5.4. 결과

위와 같은 가설들에 대한 조사 결과는 다음과 같다. 우선 다음 표는 각
변수에 대한 세 언어에서의 응답 평균값이다.

표 10 전체 요인의 변수별 선택값

	독립변수	종속변수(국가별 선택)		
요인(factor)	수준(level)	한국	일본	싱가포르
힘(power)	–	2.15	2.64	2.71
	+	2.28	2.45	2.56
거리감(distance)	–	1.73	1.91	2.03
	+	2.69	3.18	3.23
집단(in.out.group)	내집단(+in)	1.73	1.91	2.03
	외집단(–in)	2.69	3.18	3.23
역할(participant role)	화자	2.30	2.55	2.61
	청자	2.13	2.54	2.66
관계(relationship)	친구	1.83	2.00	2.10
	부모	1.63	1.82	1.97
	은사	2.92	3.08	3.15
	외국인	2.47	3.28	3.32

[가설 1]의 결과

국가별로 행복 표출의 정도에 차이가 있을 것이라는 가설 1을 입증하기 위해 ANOVA가 실행되었다. 다음 〈표 11〉에서 볼 수 있듯이, 가장 긍정적이고 명시적인 표출 방식을 1이라고 하고, 반대로 가장 부정적이고 솔직한 표출 방식으로 6이라 하였을 때 한국의 경우 행복 감정을 표출하는 화자는 평균 2.30의 높은 긍정적 명시성을 가진 발화를 선택하였고, 일본은 2.55로서 한국보다 약간 낮은 긍정적 명시성으로 표현했으며, 싱가포르는 2.61이라는 가장 낮은 긍정적 명시성의 표현 방식을 선택하였다 (가설 1에 대한 결과). 반면에 화자의 행복 발화를 들은 청자는 한국어는 2.13이라는 비교적 높은 긍정적 명시성으로 축하나 칭찬, 또는 인정의 발화를 선택한 반면, 일본은 2.54, 싱가포르는 2.66의 긍정적 명시성으로 축하, 칭찬, 인정의 발화를 선택하였다 (가설 1b에 대한 결과). 이 결과는 전체적으로 국가에 따라 행복 표출 규칙에서 차이가 있음을 긍정적으로 예측하였다 (F(2, 717)=8.83, p<.001).

그러나 ANOVA 분석 결과 대화에서 국가에 따라 화청자라는 역할과 청자의 반응 선택에 통계적으로 유의미한 차이가 있었지만 (F(2, 717)=8.83, p<.001), 대화참여자의 역할, 즉 화자냐 청자냐의 차이는 결과값에 영향을 주지 않는 것으로 나왔고 (p>.6071) 국가와 화청자 역할의 상호작용이 결과값에 미치는 영향도 이원분산분석(two-way ANOVA)에서 통계적으로 유의미하지 않은 것으로 나왔다 (p>.5442).

표 11 대화참여자의 역할과 선택값

독립변수			한국		일본		종속변수 싱가포르	
요인	수준		mean	sd	mean	sd	mean	sd
역할	화자		2.30	0.94	2.55	1.11	2.61	1.21
	청자		2.13	1.06	2.54	1.24	2.66	1.36

[가설 2]의 결과

개인주의 문화일수록 화자가 행복 감정을 표현하는 방식과 이런 화자의 말을 듣고 청자가 반응할 때 모두 긍정적이고 솔직할 것이라는 가설 2에 대해 조사한 결과 국가가 독립변수인 국가가 종속변수인 화청자 역할에 미치는 영향은 통계적으로 유의미한 것으로 나왔다 (F(2, 717)=8.83, p<.001). 그러나 위 〈표 11〉에 나온 국가별 화자와 청자 표현의 평균값에서 보듯이 상대적으로 보다 개인주의적인 성향이 있는 일본도 화자 및 청자 모두 그 값이 1에 가깝진 않았다. 오히려 화자가 행복을 표현하는 정도는 한국이 가장 높았고 그 다음이 일본이었으며 싱가포르가 가장 낮았다 (가설 2a). 또한 행복 소통 과정에서의 청자의 반응 정도도 한국 〉 일본 〉 싱가포르 순서로 나타났는데 (가설 2b), 이는 Hofstede(2001)나 Kitayama et al.(2006), Matsumoto et al.(2008)의 연구에서 개인주의적 문화 성향이 가장 낮다고 생각되는 한국이 가장 화자의 행복 표출 정도나 청자의 반응 정도가 높았다는 점에서 우리의 예상과 반대되었다. 다만 세 나라 중에서 가장 개인주의적 문화라는 일본이 한국 다음이었고 싱가포르는 개인주의 정도는 세 나라 중 가운데였지만 행복 표출 정도는 가장 낮게 나왔다.

[가설 3]의 결과

대화참여자 사이의 힘의 관계가 행복 표출 정도에 영향을 미칠 것이라는 가설 3과 관련해서는 다음 표와 같은 결과가 나왔다.

표 12 힘과 선택값

	독립변수				종속변수
요인	수준	한국	일본	싱가포르
힘(power)	–	2.15	2.64	2.71
	+	2.28	2.45	2.56

한국의 경우 힘[-]인 상황에서 화자의 행복 표출 정도는 2.15로 가장 긍정적이고 솔직한 표현을 사용한 반면 일본은 2.64였고 싱가포르는 2.71로 가장 낮았다. 즉 청자가 자신과 힘의 관계가 대등한 상대에게 반응을 할 경우에 한국이 가장 솔직한 표현 방식을 선택한 반면 일본과 싱가포르는 비교적 암시적이거나 신중한 표현 방식을 선택한 것으로 보인다. 한국의 경우 힘이 [-]인 경우의 평균값(M=2.15)이 [+]인 경우의 평균값(M=2.28)보다 상대적으로 다소 낮은 반면에, 일본과 싱가포르의 경우 오히려 [-]인 경우의 평균값(일본, M=2.64; 싱가포르, M=2.71)이 [+]인 경우의 평균값(일본, M=2.45; 싱가포르, M=2.56)보다 상대적으로 다소 높은 수치를 보였다. 그러나 힘이 결과치에 갖는 통계적 유의성은 없는 것으로 나왔다 (p>.408). 즉 세 나라 행복 표출 방식에 있어서 독립변수인 힘이 종속변수 표현 선택에 미치는 영향은 통계적으로 유의미하지 않고 영향을 끼친다고 볼 수 없었다.

[가설 4]의 결과

대화참여자 사이의 거리감에 따른 행복 표출 방식의 변화에 대해 조사한 결과 거리감이 결과치에 갖는 통계적은 유의성은 있었다 ($F_{(1, 718)}=225.9$, $p<.001$).

표 13 **거리감과 선택값**

	독립변수				종속변수
요인	수준	한국	일본		싱가포르
거리감(distance)	−	1.73	1.91		2.03
	+	2.69	3.18		3.23

친숙한 사람이어서 거리감이 [-]인 경우에는 한국어(M=1.73)가 가장 낮은 결과치를 보이는 반면에 친숙하지 않아서 거리감이 [+]인 상대

와의 대화인 경우에는 싱가포르(M=3.23)가 가장 높은 결과치를 보였다. 특이한 점은 집단주의적인 문화인 한국의 경우가 거리감이 [-]인 상황에서는 1.73이었고, [+]인 상황에서는 2.69로서, 일본어와 싱가포르의 [-]와 [+]의 상황에 비해 비교적 긍정적이고 솔직한 행복 표출 경향을 보였다. 한국인들은 친할 때나 덜 친할 때 모두 일본인이나 싱가포르인들보다 보다 더 명시적인 방식으로 감정을 표시하였다.

[가설 5]의 결과

내집단과 외집단의 차이가 행복 표출 방식에 영향을 주는지를 조사한 결과 내집단이 결과치에 갖는 통계적은 유의성은 있었다. 즉 내집단인 상황은 세 나라에서 선택하는 행복 감정 방식에 통계적으로 유의미한 영향을 끼친다고 할 수 있다 (F(1, 718)=225.9, p<.001).

표 14 **내집단/외집단에 따른 국가별 표현 선택**

독립변수				종속변수
요인	수준	한국	일본	싱가포르
in.out.group	in(+in)	1.73	1.91	2.03
	out(-in)	2.69	3.18	3.23

내집단인 경우에는 한국어(M=1.73)가 가장 낮은 결과치를 보이는 반면에 외집단인 경우에는 싱가포르(M=3.23)가 가장 높은 결과치를 보였다. 특이한 점은 앞에서 본 거리감의 변수 경우처럼, 개인주의적 특성이 낮은 한국의 경우가 각각 내집단이 [+]인 경우(M=1.73)와 [-]인 경우(M=2.69)에 일본([+], M=1.91; [-], 3.18)과 싱가포르([+], M=2.03; [-], 3.23)의 [+]와 [-]의 경우에 비해 상대적으로 높은 결과치를 보였다.[75]

---

75 거리감과 내집단의 경우 평균값과 ANOVA의 F-value가 동일하게 나왔

[가설 6]의 결과

위 가설 5에서는 내집단/외집단만으로 표현 선택의 차이를 조사한 반면, 이번에는 거리감과 내집단을 묶어서 [-거리감, +내집단]인 친구 및 부모와의 대화 상황과 [+거리감, -내집단]인 은사 및 외국인과의 대화 상황에서의 국가별 표현 선택을 조사하였다.

서로 다른 관계 유형이 결과치에 갖는 영향에서 통계적 유의성이 발견되었다 ($F(3, 716)=76.24$, $p<.001$). 내집단 대화의 경우, 한국은 친구($M=1.83$) 또는 부모($M=1.63$)와의 대화에서 일본의 친구($M=2.00$), 부모($M=1.82$)와의 대화 및 싱가포르의 친구($M=2.10$), 부모($M=1.97$)와의 대화의 경우보다 결과치가 상대적으로 낮았다. 즉 한국의 경우는 일본이나 싱가포르보다 내집단에서 행복 표출의 강도가 높았고 싱가포르는 덜 적극적인 방식을 택하여 신중하거나 암시적인 표현을 사용하는 비율이 높았다. 외집단 대화의 경우, 한국은 은사($M=2.92$) 또는 외국인($M=2.47$)과의 대화에서 일본이 은사($M=3.08$), 외국인($M=3.28$) 및 싱가포르의 은사($M=3.15$), 외국인($M=3.32$)과의 대화의 경우보다 결과치가 상대적으로 낮았다. 즉 한국인들은 비록 외집단에 속한 사람일지라도 비교적 적극적으로 자신의 행복 감정을 표출하는 경향이 높은 반면 싱가포르는 가장 신중한 태도를 보였다. 즉 거리감 변수에서 [-]인 경우와

표 15 관계에 따른 국가별 표현 선택

	독립변수			종속변수
요인	수준	한국	일본	싱가포르
관계	friend	1.83	2.00	2.10
	parent	1.63	1.82	1.97
	teacher	2.92	3.08	3.15
	foreigner	2.47	3.28	3.32

는데 이는 우연한 결과로 보인다.

내집단 변수에서 [+]인 친구와 부모의 경우, 개인적인 문화 성향이 상대적으로 낮은 한국이 일본과 싱가포르에 비해 상대적으로 낮은 결과치를 보였고, 거리감이 [+]인 경우와 내집단이 [−]인 은사와 외국인의 경우에도 한국이 일본과 싱가포르에 비해 보다 적극적인 행복 표출 방식을 보였다.

[가설 7]의 결과

가설 7은 한국, 일본, 싱가포르 3국을 비교하는 것이 아니라 싱가포르에 국한된 것이다. 싱가포르는 한국이나 일본과 달리 다민족 국가(multiethnic state)인데, 공용어인 영어를 말하는 사람들이라도 중국계 싱가포르인들은 말레이나 인도 등 비중국계 싱가포르인들과 문화적 전통이 다르기 때문에 행복 감정을 표현하거나 그에 대한 반응을 표현하는 방식에 차이가 있을 것으로 예측하였다.

표 16 싱가포르 중국계와 비중국계 표현 정도

독립변수			종속변수
요인	수준	mean	sd
민족	비중국계	2.86	1.52
	중국계	2.68	1.27

그런데 실험 결과 이런 가설은 성립하지 않는 것으로 나타났다. 싱가포르 영어 사용자 중 중국계와 비중국계 구분에 따른 결과치에 갖는 통계적은 유의성은 없었다 (p).368). 즉 싱가포르 영어 사용자 중 독립변수인 비중국계 요인이 미치는 영향은 통계적으로 유의미하지 않고 영향을 끼친다고 볼 수 없었다. 오히려 가설과 달리, 인종상 비중국계(M=2.86)보다 중국계(M=2.68)가 상대적으로 행복 표출에 있어서 더 긍정적인 표현을 하였다고 추정할 수 있다.

5.5. 결과에 대한 논의

지금까지 본 분석 결과를 토대로 한국, 일본, 싱가포르 세 나라에서 행복 감정 소통의 방식을 정리하면 다음과 같다. 첫째로 행복 감정을 표출하는 데 있어서 세 나라는 모두 전체적으로 암시적이거나 부정적인 방식보다는 명시적이거나 긍정적인 방식을 선호했는데, 한국은 그 중에서도 가장 긍정적이고 명시적인 방식을 선택하였고, 일본 역시 긍정적이었지만 그 정도는 한국에 비해 약했으며, 싱가포르인들은 긍정적으로 표현하기는 하되 명시적인 것과 암시적인 방식의 경계에 있는 것으로 나타났다. 이 결과는 Hofstede(2001)나 Kitayama et al.(2006) 등의 연구에서 세 나라 중 가장 개인주의적이라고 보았던 일본이, 예상과 달리 행복 표출에 있어서는 반드시 가장 적극적이고 명시적이지 않고 반대로 가장 집단주의적이라고 생각되는 한국이 행복 감정을 숨기시 않고 표출한다는 점에서 개인주의적 문화일수록 긍정적인 감정의 표현성이 높다는 기존의 이론과 배치하는 결과이다. 따라서 표현성은 개인주의/집단주의의 이분법 이외의 요소가 작용한다고 보아야 한다. 특히 일본은 비록 개인주의적 성향이 있다고 하더라도 여간해서는 속마음을 잘 털어놓지 않으려는 혼네(本音, true opinion)와 상대방에게 보여주기 위한 다테마에(建前, public face)의 구별이 있다. 이런 구별은 일본인의 행복 표출에 있어서도 예외없이 적용되는 것으로 보인다. 그 결과 외국인들의 눈으로는 종종 상대의 진정한 마음과 의도를 파악하기 어렵다. 그런 점에서 일본어는 Hall(1976)이 말한 '고맥락 언어'의 성격을 갖고 있다. 그러나 일본인들 사이에서 이러한 의식 구조는 소통의 지장을 초래하기 보다는 원만한 인간관계를 형성하는 데 중요하게 작용하므로 일본어에서 행복 표출은 이런 인간관계를 고려하여 그 표현 방식이 문화 규범화한 것으로 보인다.

　　잘 알려진 바와 같이 일본인은 '화(和)'를 강조하는 사회 규범에 따라 개인의 욕구나 주장 등은 될 수 있는 대로 자제하거나 완화된 표현을 사용하고 자신이 속한 집단의 단결과 조화로운 대인 관계를 유지하려고 노력한다. '화'는 개인이 자신의 이익보다는 갈등을 피하고 조화로운 사회 관계를 우선시하는 일본 특유의 공동체적 문화 개념이다.[76] 한국은 일본보다 더 집단주의적 사회이지만 일본식의 긴장된 사회 질서의 강제는 한국인들에게는 통하지 않으며 개인의 자발성이 보다 존중되는 측면이 있다 (김영명 1994: 275). 지금까지의 통념과는 달리 Hofstede(2001, 2011)의 조사에서 드러난 일본인들의 개인주의적 성향은 '화'에 바탕을 둔 소극적 불간섭주의와 순응주의일 뿐 개인의 자유의지에 바탕을 둔 적극적 독립성을 의미하지는 않는다. 소극적 불간섭주의는 자신 및 타인의 영역을 확실히 구분하고 이를 서로 침범하지 않도록 노력하는 것이며 순응주의는 개인의 선택에 앞서는 집단의 명령에 저항하지 않고 따르며 이를 보편적으로 적용하려는 생각이다. 이 점에서 일본의 최근 커지고 있는 개인주의 문화적 성향은 서양의 개인주의 문화와 질적으로 다르다고 본다. 소극적 불간섭주의로서 개인주의는 Zettler et al.(2013)이 사회적 딜레마 상황에서 의사 결정의 두 기준인 '솔직함(honesty)'과 '겸손함(humility)' 중에서 겸손함을 더 높은 가치로 판단하며 행복 감정의 표출도 솔직하게 하는 것보다 겸손하게

76　김영명(1994)은 일본이 직면하고 있는 세 가지 모순이 있는데 그 중 대표적인 것이 "서양 것에 대한 탐닉과 '독특한 일본'에 대한 자폐적 애정의 모순"이라고 하였다. 이러한 모순은 발전의 우선 순위와 인간의 행복 및 대외 선린 관계를 규정할 문화적, 사상적, 철학적 토양에 대한 정신적 빈곤에서 비롯된다고 주장한다.

하는 것을 미덕으로 생각한다.[77]

결론적으로 우리는 종래의 문화 연구에서 집단주의와 개인주의의 엄격한 이분법은 언어 표현의 다양성을 설명하기에는 지나치게 도식적인 것으로 생각한다. 일본 문화는 한편으로는 집단주의적 면모도 있고 또 다른 한편으로는 개인주의적 면모도 있다. 일본인들은 개인의 요구보다는 집단의 규범을 따르도록 어릴 때부터 훈련받고 집단의 가치관과 동떨어지지 않게 생각하고 행동할 것이 기대된다. 반면에 일본인들은 쉽게 친해지기 어려울 정도로 개인의 영역을 존중하고 구속받지 않으려고 하는 생각이 강하다. 어떤 권력의 중심이 있는 경우 스스로 종적인 위계질서를 세우고 집단의 목표를 달성하려고 노력하지만, 일단 이런 권력의 중심이 없는 경우에는 개인의 행동에 제약을 받지 않으려 한다. 김영명(1994: 153)은 일본인들은 종적인 관계에서는 집단주의적이고 횡적인 관계에서는 개인주의적이라고 했는데 한국인들은 일반적으로 종적인 관계에서든 횡적인 관계에서든 집단주의적 사고가 지배하는 것으로 보이며, 싱가포르는 한국보다 일본에 더 유사한 것으로 보인다.

그럼에도 불구하고 비교 대상 세 나라 중 싱가포르가 행복 표출 방식에 가장 신중한 것은 것은 개인주의/집단주의 외에 싱가포르 특유의 또 다른 문화적 요인이 잠재했기 때문으로 풀이된다. 즉 싱가포르는 Wong(2014)의 지적대로 주류 문화인 중국 문화의 사상을 배경으로 서열화된 가부장적 사회를 형성하고 있다. 그에 따라 특히 세대간

77　Zettler et al.(2013)은 Ashton & Lee(2007)의 HEXACO 모델에서 성격 특성 중 하나인 '솔직함'과 '겸손함'이 개인적 성품을 뛰어넘는 집단이나 사회의 특징적 성향으로서 문화마다 중요한 결정을 내릴 때 이 요인의 우선 순위가 정해지는 방식이 달라진다고 보았다.

소통에서 지켜야 할 공경심과 금도를 강조하기 때문에 특히 나이 어린 사람이 자기보다 나이가 많은 사람에게 마음껏 개인적 행복의 감정을 표출하기가 어려운 것으로 보이며 이는 세 나라 중 가장 낮은 표출 방식의 결과로 입증되었다. 세 나라 중 싱가포르가 행복감 소통에서 가장 신중한 태도를 보이는 것으로 나온 이 조사 결과는 Tambyah & Tan(2018)이 싱가포르인들이 다른 나라 사람에 비해 Fun, Enjoyment & Excitement라는 가치를 가장 낮게 평가한다는 연구 결과와 일맥상통한다.

Suh(2007)는 집단주의 성향의 사람들이 개인주의 성향의 사람들보다 사회 규범이 문화와 같은 맥락에 더 민감하고 이런 맥락민감성이 심리학적으로는 부단히 환경을 스캔해야 하는 부담을 주어 자신을 "외부로부터 들어온 관점(outside-in views)"으로 평가하고 습관적으로 자기의 모습을 모니터하게 만드는 결과를 낳는다고 주장한다. 이 점을 행복 표출에 적용하면, 보다 집단주의적 성향이 강한 한국인들은 외부인의 눈을 의식하는 비율이 높기 때문에 자신의 행복감을 전달할 때 보통 이상으로 과장되거나 긍정적인 방법으로 표출해서 외부인들에게 조금이라도 너 숙하나 인정을 받으려고 하는 심리적 동기가 깃들여 있다고 볼 수 있다. 자신의 좋은 감정 상태에 대한 외부인들의 축하나 인정은 큰 심정적 만족이나 보상으로 돌아오기 때문이다. 반면에 보다 맥락민감성이 낮은, 횡적으로 개인주의적인 일본인들은 자신의 행복감을 굳이 드러내 놓고 과장되게 이야기할 필요성을 느끼지 않기 때문에 행복 표출에 있어서 낮은 표현성을 보여준다고 볼 수 있다.

본 조사에서는 한국, 일본, 싱가포르 세 나라 사람들이 행복 감정을 전할 때 내집단과 외집단의 차이가 영향을 준 것으로 나타났다. 일반적으로 일본은 외국인들에 대해 폐쇄적인 법규나 관습이 남아 있고 자신들만의 그룹이나 조직 밖에 있는 "가이징(外人)"은 "외국인"과 달리

'경계해야 할 사람'이라는 뜻이 함의되어 있다. 이들에 대한 공공연한 차별과 과도한 경계심은 미국과 같은 다민족 사회라면 인종 차별이라 해서 법적, 사회적 제재 대상인데도 불구하고 일본에서는 횡행하고 있다. 사람들이 많이 찾는 온천지에도 "JAPANESE ONLY"라는 팻말이 버젓이 붙은 곳이 있으며, 보석상점에서는 "절도범 주의"라는 경찰서 공지문을 보여주면서 외국인은 입장을 못하게 하는 경우도 있다.[78]

싱가포르는 국제화의 정도가 높고 개방적인 경제 체제를 지향하는 다문화 사회이지만 그 문화의 이면에는 일본과 유사하게 외부인들을 경계하고 내부인들끼리 단합과 결속을 강조하는 배타적 성향이 숨어 있는 것으로 보인다. 이는 아마도 섬나라의 특성으로 생각해 볼 수 있는데 이런 점은 Asian Barometer Survey에서 2006년에 조사한 각 나라별 대인관계 신뢰도 결과에서도 드러난다.

표 17 한국, 일본, 싱가포르의 대인간 신뢰도 (%)

	한국	일본	싱가포르
대부분의 사람을 신뢰할 수 있다.	68.30	47.35	31.17
대인관계는 아무리 주의해도 지나치지 않다.	31.70	52.65	68.83

※ 자료: Asian Barometer Survey (2006)

이 조사의 질문은 "Generally, do you think people can be trusted or do you think that you can't be too careful in dealing with people?" 이었고 이에 대해 둘 중 하나로만 답하도록 되어 있다. 이에 대해 한국인들은 조사 대상 3분의 2 이상이 대인 관계에서 신뢰감을 갖고 있는

---

78   이와 같은 일본에서의 외국인 차별 사례에 대해서는 "21세기판 일본의 외국인 혐오증"이란 인터넷 기사를 참고할 것: http://h21.hani.co.kr/arti/world/world_general/30948.html

것으로 나온 반면, 일본인들은 약 절반 정도가 대인 관계에서 신뢰보다는 조심해야 한다고 생각했고 싱가포르인들은 한국과 정반대의 경향을 보여 대인 관계에서 매우 경계하는 모습을 보였다. 이런 경계심은 내집단과 외집단에 대한 상반된 태도로 나타나는데 한국은 비록 외집단인 사람에게도 자신의 행복감을 적극적으로 솔직하게 표현하는 반면, 일본은 약간 덜 적극적인 방식으로 표출하고, 싱가포르는 세 나라 중 가장 신중한 방식으로 행복 감정을 표출하였다. 흥미로운 점은 대인간 신뢰도와는 반대로 정당에 대한 신뢰도는 싱가포르가 가장 높았고 한국이 최하위였다는 점이다.

표 18 정당에 대한 신뢰도 (%)

	한국	일본	싱가포르
매우 신뢰함	0.10	0.92	16.28
약간 신뢰함	7.59	23.62	60.33
별로 신뢰하지 않음	41.42	55.32	16.08
전혀 신뢰하지 않음	48.62	17.08	3.55
생각해 본 적 없음	2.27	3.07	3.76

※ 자료: Asian Barometer Survey (2006)

이 점은 싱가포르가 작은 영토를 지닌 도시 국가이고 이민의 유입을 강력히 통제하는, 외부인들에 대해 닫혀 있는 사회이지만 자신들의 안전과 번영을 위해서는 내부적 단속과 연대감이 중요하다는 절박한 상황 인식의 결과로 보인다. 앞서 1장에서 우리는 싱가포르인들은 민주화의 정도가 낮고 기본권이라 할 수 있는 언론과 표현의 자유가 많이 제약됨에도 불구하고 정부나 정치인들에 대한 신뢰와 복종이 일상화되어 있어서 수수께끼 같은 나라라고 했지만 이는 그들의 삶의 수준을 유지하기 위한 차선책으로 선택된 것이라 할 수 있다. 대신 집권 세력은 국민들의 안전과 질서를 보장해 주고 최소한의 경제적 수준을 유지하며 고도의 청렴도를 유지함으로써 국민들에게 일종의 보상 효과를 느끼도록 하고 있다.

　다음 〈표 19〉에 나온 Asian Barometer Survey의 조사에서 보면 싱가포르는 국가의 질서를 유지하는 것이 무엇보다도 중요한 과제라고 생각한 반면, 언론 자유의 보호는 상대적으로 중요성이 덜한 것으로 나타났다. 이는 좁은 면적의 다인종 도시국가인 싱가포르가 사회 질서가 무너지는 것은 곧 국가의 와해로 이어질 수도 있다는 싱가포르인들의 국민 의식을 보여주는 것으로서 언론의 자유와 같은 헌법적 기본권조차도 사회 체제를 유지하기 위해서는 유보될 수 있다는 생각을 보여준다. 반대로 한국은 물가 상승 억제와 같은 민생의 문제가 가장 중요한 문제라고 생각되어 정치적 이슈보다는 먹고 사는 문제에 더 관심이 쏠려 있음을 알 수 있다. 그 결과 한국은 싱가포르나 일본에서는 잘 볼 수 없는 국가 권력에 대한 도전과 때로는 비속어가 난무하는 네티즌들의 신랄한 토론을 흔히 볼 수 있고, 자신의 입장을 관철하기 위해 극한 투쟁도 불사하고 언어 표현도 매우 격앙된 수준에서 의사소통의 난맥상을 보이는 경우가 허다하다. 따라서 개인적인 표현의 솔직함은 행복과 같은 감정의 표출에서는 긍정적, 명시적 방식으로 나타나지만 일본이나 싱가포르에서의 의사소통에서 보여주는 절제된 겸손함이 부족한 나머지 분노와 같은 부정적 감정의 표출에서는 파괴적 양상을 보이기 쉬운 이중성을 갖고 있다.

표 19　가장 중요하게 생각하는 것 (%)

	한국	일본	싱가포르
국가 질서의 유지	47.26	38.39	71.15
중요 사안에 국민 참여 확대	13.11	33.40	12.86
물가 상승 억제	36.50	18.74	13.44
언론 자유의 보호	3.13	9.47	2.55

※ 자료: Asian Barometer Survey (2006)

6. 맺기

6.1. 보편주의 화용론

이제까지 우리는 한국과 일본, 싱가포르에서 행복 감정의 소통 방식에 대해 문화 이론과 감정 이론을 결합하여 횡단언어학적 관점에서 살펴보았다. 원래 구체적 맥락에서 언어의 사용과 소통을 연구하는 언어학의 하위 분야는 화용론이다. 그런데 Goddard(2006)는 화용론이 이제까지 문화적 현상으로서 언어의 쓰임에 대해서는 제대로 된 역할을 수행하지 못했다고 비판한다. 화용론의 역사는 다른 언어학 분야에 비해 길지 않지만, 현재까지 화용론의 지배적 패러다임은 인간의 의사소통을 보편주의적 관점으로 보는 보편주의 화용론(Universalist Pragmatics, 줄여서 UP)이라고 할 수 있다. 단, 보편주의 화용론이라도 이에 속한 이론들은 그 연구 목표나 주제, 방법은 조금씩 다른데 그 세 가지 주된 흐름은 다음과 같다 (Goddard, 2006: 17):

1) Grice(1975)의 그라이스 화용론(Gricean pragmatics)과 그 후속 이론인 Horn(1989), Levinson(2000) 등의 신그라이스 화용론(neo-Gricean pragmatics) 및 Sperber & Wilson(1995) 등의 후그라이스 화용론(post-Gricean pragmatics)

2) Brown & Levinson(1978)의 공손이론(politeness theory)과 Culpeper(1996) 등의 무례이론(impoliteness theory)

3) Blum-Kulka et al.(1989) 등의 대조화용론(contrastive pragmat-
ics)

보편주의 화용론은 역동적인 의미 현상에 대한 기존의 형식주의적 의
미론이 지닌 한계를 극복하고 새로운 소통 모델을 개발하여 문법과 접
목을 시도하면서 많은 성과를 올린 것이 사실이다. 다만 이런 보편주
의 화용론의 문제점은 이론적으로는 보편주의를 표방하지만 결국 학
자들의 자문화주의, 즉 영미문화에 근거하여 연구 흐름이 이루어져왔
고, 다른 많은 문화의 언어 사용을 이에 맞춰서 설명하려 했다는 점이
다. 예를 들어, "지금 일어나는 대화의 목적이나 방향에서 요구되는 대
로 말을 하라"는 Grice의 협조의 원리(Cooperative Principle)나 질의 격
률, 양의 격률, 관계의 격률, 양태의 격률 및 '적합성(relevance)'이나 '공
손성(politeness)', '체면(face)'의 개념 등은 결국 영미권 학자들의 관념
에 근거한 것일 뿐이며, 일반적인 인간 의사소통의 자연적 논리로부
터 나온 격률이나 원리가 아니라는 비판을 받았다. 이 이론에서는 인
간의 의사소통이 보편적인 원리와 그 세부적 원칙들에 의해 작동하
는 것으로 바라보고 이해한다. 그리고 문화간 혹은 언어간 변이는 단
순히 보편적 원리와 그 하위 원칙들을 통해 지엽적으로 해석할 수 있
는 것으로 보았다. 이 이론들이 취한 '문화-외적 관점(culture-external
perspective)'이란 인간의 의사소통을 설명하기 위한 장치들(즉 화용론의
지배적 패러다임에서 등장한 원리들과 그 하위 원리들, 격률, 공손원리 등)은 특
정 지역 문화에 상관없이 이미 결정되어 있으며, 이는 인간의 의사소
통의 원리가 보편적이기 때문이라고 생각하는 관점을 말한다. 다시 말
해 특정 문화에 대한 심도 깊은 이해가 없어도, 인간의 의사소통은 보
편적 현상이기 때문에 학자들이 주장한 보편적 원리들을 통해 특정 문
화의 의사소통을 외부자의 시선에서 이해할 수 있다는 것이다. 그러나

Goddard(2006)는 이런 보편주의 화용론(UP)의 오류를 다음과 같이 지적한다.

1. UP는 발화 행위 혹은 발화 실천의 문화적 형성을 간과했다.
2. 실제 화자가 생각하는 것과는 다른, 이질적인 연구의 틀을 형성함으로써, UP는 외부자의 관점을 취했다.
3. UP는 화용론과 다른 문화적 현상들에 대한 기술을 분리시키고 격차를 심화시켰다.
4. UP는 문화외적 관점, 즉 문화를 들어가지 않고 밖에서 들여다보는 외부자의 시선으로 기술할 뿐, 그 문화에 속한 사람의 관점, 즉 내부자의 관점에서 구체적으로 설명하지 않는다.
5. UP는 이론을 개진할 때 용어 면에서 불완전하고 유동적인 모습을 보였다. 즉, 학자마다 용어를 달리 사용하고 해석했다.
6. UP는 영미문화중심적이다 암묵적으로 영미 문화의 규범과 관점을 보편주의의 기초 혹은 기본으로 채택하고, 영어에 기반한 기술 혹은 설녕 또한 용어적으로 자문회 중심적이다.
7. UP는 번역이 필요할 경우 단순히 사전에 나온 외국어 단어나 표현에 해당하는 영어로 번역해서 실제 연구 대상인 타 문화의 화자의 가치나 태도 등의 기술과는 거리가 멀어졌다.

반면 이러한 보편주의적 입장에 반하여, 인간의 의사소통 혹은 발화 관습(speech practices)을 문화-내부적인 관점에서 설명하려하고 이런 행위나 관습이 문화적으로 형성되는 것이라는 입장도 존재한다. 특히 UP와 대척점에 있는 민족화용론(ethnopragmatics)은 앞 장에서 본 Wierzbicka 등이 주도하는 횡단언어적 의미론(cross-linguistic semantics)과 밀접하게 연결되어 있는데, 이는 민족화용론의 목표가 서로 다른 문화에 속하는 사람들의 생각과 사회적 규범이나 문화에 맞는 발화 관습을 이해하는 것이기 때문이다. 따라서 어떤 언어가 사용되는 지역의 고유한 제도나 사상, 가치, 믿음, 태도, 사회적 구조 등과 관련된 언어적 관행을 조사하고 분석하는 것이 중요하다. 예를 들어, 말레이 화자들의 발화를 이해하기 위해서는 말레이 문화권에서 중요한 개념인 malu(수치심)와 maruah(위신)에 대해 이해하는 것이 중요하며, 싱가포르에서 친척은 아니지만 나이든 사람을 가리킬 때 쓰는 Aunty나 Uncle의 개념과 한국어에서 이와 유사하지만 용법이 다른 '아저씨'나 '아줌마'의 개념들도 해당 문화권의 의사소통이나 발화 관습을 이해하기 위해 필수적으로 알아야 할 것들이다.

특정 국가나 민족의 중요한 개념들을 이해하는 것은 쉽지 않다. 왜냐하면 토착 지역의 중요한 개념들, 즉 고유의 가치, 믿음, 태도 등은 그 해당 문화의 언어 속에 내포되어 있기 때문이다.[79] 해당 문화의 민족화용론적 개념들을 단순히 연구자의 모국어, 특히 영미권 연구자들의 모국어인 영어로 용어 해설하는 것은 이 민족화용론이라는 분야가 추구하는 목표에는 매우 부적절한 접근 방식이다. 이러한 문제, 즉 문화 특수적인 담화를 내부자의 관점에서 이해하고, 동시에 이렇게 이해한 것을 다른 언어 문화권의 외부자들에게 명확하게 이해시키는 작업은 이 책의 3장에서 본, 중립적 인공언어인 자연언어의미 상위언어(NSM)로 작성된다. 특히 감정의 문제와 관련하여 모든 문화는 나름대로 저마다 감정을 개념화하는 방편으로 2장에서 본 것처럼 언어적으로 구현되는 그리드(GRID)를 갖고 있을 뿐 아니라 사람들이 어떻게 느끼고 표현하는지를 제시하는 일종의 말하기 지침과도 같은 '문화의 대본

79　이를 Goddard(2006)는 해당 문화권의 개념들이 가지고 있는 "배태성(embeddedness)"의 문제라고 부른다.

(cultural script)'도 갖고 있다. 문화 대본은 성문법처럼 문서화되지는 않았지만 같은 문화를 공유하는 사람들끼리 불문율로 지켜지는 것으로서 다음 절에서는 이에 대해서 알아보기로 하자.[80]

6.2. 문화 대본

이제까지 우리는 아시아의 한국, 일본, 싱가포르의 문화적 특성이 행복 감정의 표현과 소통에 주는 영향에 대해 살펴보았다. 횡단언어적 소통에서는 언어 외에도 그 언어의 문화적 배경을 이해해야만 제대로 된 대화가 가능하다. 즉 국제적 의사소통에 대한 횡단언어적 연구와 횡단문화적 연구는 분리될 수 없고 항상 같이 보조를 맞추어야 한다. Wierzbicka(1999)와 Goddard(2006)가 횡단문화적, 횡단언어적 연구 방법의 하나로 제안하는 '문화 대본(cultural script)'이란, 해당 언어 공동체의 언어사용자들이 공유하고 언어소통 능력의 일부로서 내면화하고 있는 그 문화의 특유한 신념이나 가치관, 사고방식 등에 대해 요약하여 진술해 놓은 것을 말한다. 이러한 진술은 영어나 중국어, 한국어 등의 개별언어로 작성되는 것이 아니라 자문화중심적이지 않은 의미기본소들로 이루어진 상위언어, 즉 3장에서 본 Wierzbicka 등이 개발한 자연언어의미 상위언어(NSM)를 통해 이루어진다.

예를 들어 Wierzbicka(2002)에 따르면 러시아 문화는 말이나 행동에 있어서 "표현적인 자세(expressive stance)"를 취하는 것을 좋아하는 경향이 있다고 한다. 이런 생각은 그 문화에 속한 사람들이 공유하는

80　NSM과 문화 대본의 관계에 대해서는 Wierzbicka(1999)의 chapter 6을 참고할 것.

규범인데 마치 연극이나 영화에서 연기자의 대사와 행동을 미리 짜 놓은 대본(script)과 같은 것이어서 그 사회 전체에 일반적으로 통용되는 문화적 규범의 역할을 한다. 러시아는 다음과 같은 "표현성"의 문화 대본을 갖고 있다(Goddard, 2006):

> [A] "표현성"에 연관된 높은 수준에서의 러시아 문화 대본
>
> people think like this:
>
> it is good if a person wants other people to know what this person thinks
>
> it is good if a person wants other people to know what this person feels

이 대본에 따르면 러시아에서는 자신이 생각하거나 느끼는 것을 다른 사람들에게 알리는 것이 바람직하다고 생각한다. 즉 자신의 생각이나 느낌을 숨기거나 다른 사람들로부터 피하려고 하는 것보다 투명하게 드러내고 다른 사람들이 알게 되기를 바라는 게 좋다는 것이다. 이 문화 대본은 앞에서 본 Wierzbicka(1999)의 자연언어의미 상위언어(NSM)의 틀을 이용하되, NSM에서처럼 개별 어휘의 의미를 의미기본소를 통해 언어보편적인 방식으로 해설하는 것이 아니라, 민족화용론에서 조사한 각종 문화에서의 특이한 문화적 규범들로서의 문화 대본을 보편적인 방식으로 기술하는 것이다.

문화 대본은 그 문화에 속한 사람이나 조직들 전체에 다 걸릴 수도 있고 그보다 낮은 수준에서 소규모 집단이나 조직에서만 적용되는 문화 대본도 있다. 개인의 감정 표현은 이처럼 높은 수준의 문화 대본과 낮은 수준의 문화 대본 모두에 적용을 받는데 본 연구에서는 소집단별 정체성을 파악하기보다 각 국가별로 가장 높은 수준에서 적용되

는 문화 대본을 살펴보고자 한다. 물론 어떤 문화 대본이 높은 수준에서 작용한다고 해서 러시아 사람이라면 누구나 다 표현성의 문화 대본을 따른다는 것은 물론 아니다. 모든 사람이 다 동의하지는 않더라도 이 문화 대본은 엄연히 존재하고 알려져 있어서 사람들의 말이나 사회적 행동을 판단하거나 평가할 때 중요한 역할을 할 수 있다.[81]

행복 감정의 표출과 관련하여 일본은 오해의 소지가 없는 투명한 표현성보다는 말과 행동에 있어서 자신이 속한 집단의 질서를 거스르지 않으려는 사회적 조화로서의 순응적인 감정 표출을 바람직하게 생각하는 문화 대본을 갖고 있다.

> [B] 순응적 감정 표출에 대한 높은 수준에서의 일본 문화 대본
>
> people think like this
>
> when a person feels something, if this person wants to say this to other people, it is good if this person thinks about it like this:
>
> "I cannot say this because other people can feel bad about it.

---

81 문화 대본은 여러 다른 층위로 존재하며, 대본 [A]와 대본 [B]는 높은 수준의 문화 대본들이다. 높은 수준의 대본이란 해당 문화권의 중요한 문화적 어휘들, 즉 해당 문화의 중요한 개념들과 관련 있는 대본을 말하며, 높은 수준의 대본들 내에는 평가적인 구성 요소들과 그들이 할 수 있는 것 혹은 할 수 없는 것에 대한 인식을 나타내는 구성 요소들로 이루어져 있다. 전자인 평가적 요소는 NSM의 의미기본소와 미니 문법을 통해 'it is good if ...', 'it is not good if ...' 등으로 나타나며, 후자인 가능을 나타내는 것은 'I can say ...', 'I cannot say ...' 등으로 나타난다.

I can say this because other people cannot feel bad
about it"

이 문화 대본에 따르면 일본인 화자는 자신이 느낀 감정을 다른 사람에게 전하고자 할 때 자신이 느낀 그대로를 단도직입적으로 말하는 것이 아니라 일단 내 말을 들을 상대방이 그것에 대해 나쁘게 생각할 수 있을 때에는 그 감정을 말할 수 없고, 상대방이 나쁘게 생각할 수 없을 경우에는 말할 수 있다고 판단한 후 말하는 것이 좋은 태도이고 또한 사람들도 그렇게 생각할 것이다. 이 대본에는 비록 자신이 느낀 바가 있어도 그 속마음을 곧이곧대로 말해서는 안 되고 일단 주위 사람들이 느낄 수 있는 가능성을 생각한 다음에야 제대로 말할 것인지를 결정하게 되는 신중한 태도가 드러나 있다. 뿐만 아니라 Nakane(1972: 84)는 일본인들에게 논리(logic)란 책이나 전문가의 강연에서나 존재할 뿐 실생활에는 적용되지 않으며 누군가가 대화에서 논리를 거론하면 이는 곧 말다툼으로 비화되고 그런 말을 꺼낸 사람은 사회적으로 기피 대상이 된다고 하면서 "일본인들은 논리보다는 감정에서 더 즐거움을 얻고 감정에 대해 예외적일 정도로 애착을 갖는다"고 주장했다. 이런 점에서 Hasada(2006)는 일본 문화에서는 합리성(rationality)보다는 상황에 따른 정서성(emotionality)을 더 가치있게 생각하는 문화 대본이 있다고 주장한다.

[C] 합리성보다 정서성에 더 가치를 두는 일본 문화 대본
people think like this:
when I think something about something because I feel
something,
I can know that this something is true

when I think something about something not because I
feel something,

I can't always know whether this something is true.

감정 표출과 관련하여 같은 영어라도, 싱가포르 영어는 영미권의 영어와 문화 대본 면에서 차이를 보여줄 때가 있다. 예를 들어 Wierz-bicka(1999)에 따르면, 미국 문화에서는 자기 자신이 실제로 그런 감정을 느끼지 않더라도 좋은 기분(good feeling)을 표현하는 것을 가치 있게 생각하고 심지어 그런 표현을 자주 하도록 장려하며, 반대로 타인에게 유용하지 않다거나 타인을 불쾌하게 할 수 있는 나쁜 기분(bad feeling)은 절제하려 한다. 이러한 문화적 대본은 미국의 'Smile Code'(Klos Sokol 1997: 117)나, 미국 담화에서 항상 나타나는 단어 'great', 그리고 미국 담화에서 중요한 개념인 'happy'를 통해 나타난다.

[D] 대화에서 '유쾌함(cheerfulness)'에 대한 영미권의 문화 대본
    people think like this:
    when I say something to other people,

            it is good if these people think that I feel some-
            thing good.
            it is not good if these people think that I feel
            something bad

감정 표현에 대해서 앞서 본 우리가 작성한 일본의 문화 대본 [B]와 유쾌함을 전달하는 것에 대한 영미권의 문화 대본 [D]의 차이점은 다음과 같다. 일본인은 감정에 대해 말하기 앞서 타인이 어떻게 생각할 것인지를 먼저 생각하고 말하는 게 좋은 것인지 아닌지를 가려서 감정

을 표현하는 게 좋다고 생각되는 반면, 미국인들은 자신이 뭔가 좋은 것을 느끼게 되어 말을 할 때 다른 사람들이 내가 그런 유쾌한 일을 느끼고 있다고 생각해 주면 좋은 것이고 반대로 내가 안 좋은 느낌을 갖고 있다고 생각하게 되면 그건 바람직한 일이 아니라고 생각한다. 즉 내게 좋은 일이 생기면 미국인들은 다른 사람이 내 좋은 감정을 제대로 이해할 수 있을 경우 말하지 않을 이유가 없는 반면, 일본인들은 비록 나한테는 좋은 일이라도 다른 사람이 그렇게 동의하지 않을 수도 있다면 좋은 감정이라도 말을 조심하는 게 좋다는 문화 대본의 차이가 있다.

이런 점에서 싱가포르 영어 사용자들은 긍정적 감정의 표현에 있어서는 솔직함을 우선시하는 영국이나 미국의 영어 사용자들과 달리 아무리 유쾌한 감정이라 할지라도 과장스럽거나 솔직하게 말하는 대신 조심스럽게 전달하는 겸손함의 면모를 많이 보여준다. 이런 성향과 관련하여 Wong(2014)은 싱가포르인들이 또 다른 긍정적인 감정인 칭찬을 표현할 때 다른 사람의 생각이나 서비스를 칭찬하려고 할 때 또는 다른 사람이 만든 물건을 높이 평가할 때 단순히 "잘 했다" 또는 "그것 참 좋다"라는 식으로 말하기보다는 그 생각이나 서비스, 물건 때문에 내가 할 수 있게 된 것 또는 좋게 달라질 수 있는 것을 언급함으로써 칭찬하는 간접적 방식을 선호한다고 한다.

> [E] 어떤 것에 대해 좋게 말할 때의 싱가포르 문화 대본
>
> If I want someone to think something good about some-
> thing, I can say
> something like this about it,
>
> > 'because of this, someone can now do something
> > before there was this something, people could not
> > do it'

이처럼 간접적인 어법이 싱가포르 영어의 특성 중의 하나라고 지적하고 있는 Wong(2014)에 따르면 응답 방식에서도 영미식 영어와 싱가포르 영어는 재미있는 차이가 있다고 한다. 영미인들은 누군가의 물음에 대한 긍정의 답으로 단순히 "Yes"라고 하고, 제안에 대한 수락의 의미로 "Thanks" 또는 "(Yes) please"라고 하는 데 비해 싱가포르인들은 그런 대답 대신에 조동사 "can"을 사용하는 경우가 많다고 한다. 예를 들어 "Do you want root beer?"라는 물음에 대해 그것을 원할 경우 영미인들이라면 "(Yes) please"라든지 "Thanks"라고 하겠지만 싱가포르인들은 같은 뜻이지만 "Can, can"이라고 답하는 경우가 많다 (Wong 2014: 176). 이렇게 분명히 원하는 데에도 굳이 애매하기 짝이 없는 가능성의 조동사로 답하는 것은 싱가포르 특유의 예절을 강조하는 문화적 요인 때문이다. 즉 확실한 것에 대해서도 가능성의 표현을 쓰는 것은 최종 결정권을 상대방에게 돌려준다는 의도로 해석될 수 있어서 보다 공손한 대답이 될 수 있다. 예를 들어 한국어에서도 "집까지 차 태워줄까?"라는 제안에 대해 기다렸다는 듯이 "그래 고마워"라고 바로 답하기보다 "태워줄 수 있니?"라든지 "그래도 될까?"라고 한 걸음 빼듯이 답하는 것이 공손하게 들릴 수 있다. 이런 식으로 애매하게 말하는 것은 Grice의 보편주의 화용론의 관점에서 보면 '애매한 표현을 피하라'는 양태의 격률을 위반한 것이어서 특이한 함축을 유발할 수 있지만, 싱가포르나 한국의 경우는 양태의 격률을 뛰어넘는 '상대방에게 결정권을 넘겨주는 표현을 사용하는 것이 공손하다'는 문화 대본이 존재하기 때문이다.

또한 영미권에서는 긴급 상황이라든지, 부모가 자식을 훈계할 때 또는 군대에서 상관이 부하에게 지시를 내릴 때와 같은 특별한 조건이 없는 일반적인 상황에서는 웬만해서는 이래라 저래라는 식의 단순 명령형 문장을 선호하지 않는다. 이런 Wierzbicka(2006: 35)는 다음과 같은 영미권의 문화 대본을 제안한다.

[F] "강한" 지시형을 회피하는 영미권 문화 대본

 people think like this:

 when I want someone to do something,

  it is not good if I say something like this to this person:

  "I want you to do it

  I think that you will do it because of this"

위의 문화 대본은 단순 지시형 문장이 "개인의 자율(personal autonomy)"을 존중하는 영미권 사람들의 일반적인 생각과 어울리지 않는다는 점을 보여준다. 그런데 Wong(2014)은 싱가포르에서는 이러한 영미권의 개인의 자율과 같은 문화적 대본은 존재하지 않는다고 한다. 대신 싱가포르의 영어 사용자들은 명령 혹은 지시라는 사회적 행위가 자신의 자율을 침해하는 것으로 생각하지 않으며 그 결과 영국이나 미국과는 다른 다음과 같은 문화 대본이 통용되고 있다.

[G] 명령형의 사용에 관한 싱가포르의 문화 대본

 When I want someone to do something, if I know that this someone can do it, I can say something like this to this someone:

  "I want you to do something

  I know that you will do it because of this"

그런데 Ishii(2013)에 따르면 일반적으로 일본인들은 위의 싱가포르의 경우와 같이 직접적인 명령형보다는 간접적 표현의 사용을 선호하지만, 한국인들의 경우는 추정컨대 직접적인 명령형의 사용 비율이 높을 것으로 보인다. 이는 이러한 지시 방식이 군대식의 상명하복의 문화가 남아 있는 수직적 집단주의 사회에서 선호되는 소통 방식이기 때문이다. Hasada(2006: 189)는 일본인이 자기의 감정을 표출할 때는 다음과 같은 문화 대본에 따르도록 기대된다고 한다.

> [H] 자신이 느낀 것을 다른 사람에게 전달할 때의 일본 문화 대본
> people think like this:
> I can't always say to other people what I feel
> I can't say it if I think that these people can feel some-
> thing bad when I say it
> I can say it if I think that these people will not feel
> something bad when I say it
> I want to say to other people what I feel, if I think that
> they can feel the same when I say it
> I want some other people to know what I feel
> I want some other people to feel the same

이 문화 대본에 의하면 일본인들은 자신이 느낀 것을 말할 경우 다른 사람이 기분 나쁘게 생각할 수 있다면 자신의 느낌을 말할 수 없고 오직 다른 사람들이 기분 나빠하지 않을 거라는 확신이 들 때에만 자기의 감정을 말할 수 있다고 생각한다. 더 나아가, 일본인들은 자신의 감정과 똑 같은 감정을 다른 사람들도 느낄 수 있을 경우 말하려고 한다. 즉 앞서 본 바와 같이 일본인들은 혼네와 다테마에의 구별이 있어서 자기의 감정을 남의 눈치를 보지 않고 솔직하게 말하기 어렵게 하는 문화적 규범을 갖고 있다는 것이다. 반면에 한국인들은 우리가 앞 장에서 본 바와 같이 일본인들에 비하면 비교적 솔직하게 행복 감정

표현을 하며 오히려 이런 좋은 감정을 숨기려고 하는 것을 바람직하지
않게 여기는 문화이기 때문에 일본인의 감정 표현에 대한 문화 대본
[H]와는 다른 다음과 같은 문화 대본 [I]가 있다고 본다.

> [I] 자신의 행복한 감정을 다른 사람에게 전달할 때의 한국 문화
> 대본
> people think like this:
> I feel something good
> I want other people to know it
> I think I can say to other people what I feel
> I want other people to feel the same
> I can say it if I think that these people will not feel the
> same when I say it

앞 장의 조사에서 본 것처럼 한국 문화에서는 자신이 행복한 느낌이 들
었고 이를 다른 사람에게 알리고 싶다면 그 사람에게 말을 해서 공감
이 일어나길 바라지만 만약의 경우 그가 공감하지 않는다고 하더라도
일단은 내가 느낀 행복한 감정은 말할 수 있다고 생각한다. 반면에 싱
가포르는 일본의 경우처럼 타인의 반응에 직접 연동해서 자신이 말할
것인지 아닌지를 정하지는 않지만 처음부터 자신의 발화 상대가 자신
보다 나이가 많거나 잘 모르는 사람이면 행복 표출을 자제하고 반대일
경우에는 자신의 감정을 표현하는 것이 좋다고 생각하는 문화 대본이
있다고 본다.

> [J] 자신의 행복한 감정을 다른 사람에게 전달할 때의 싱가포르
> 문화 대본

people think like this:

I feel something good

I want to say it to someone

I know it is good if I do not say it too much if I think this
about someone:

'this someone is not like me because this someone
is above me

because I have lived for some time

this someone has lived for some time more,

because I do not know this someone very much'

I know I can say it to other people if I think that they are
like me

I want some other people to know what I feel

I want some other people to feel the same

이러한 문화 대본들은 한국과 일본, 싱가포르는 같은 행복 감정이라도 상황에 따라 표현하는 방식에 대한 해당 문화권의 일반적인 사고 방식을 보여준다. 물론 해당 언어 공동체 내에서 모든 구성원들, 즉 화자들이 이러한 문화적 대본에 동의하거나 이를 받아들이지 않을 수 있는 등의 개인차는 발생한다. 하지만 이러한 개인차가 존재함에도 여전히 해당 언어 공동체의 구성원들, 즉 화자들은 이러한 문화 대본에 최소한 익숙하며, 이러한 점은 특정 문화적 맥락 안에서 화자들 간 담화나 사회적 행동이 해석 가능하게끔 만들어주는 배경이 될 수 있다.

뿐만 아니라 Wierzbicka(2002, 2004)와 Goddard(2006)에 따르면, 문화 대본은 여러 종류의 다양한 수사적인 어법을 기술하거나 해석하는 데 유용하다. 세계의 다양한 문화들이 갖고 있는 가치나 세계관, 신넘 등을 연구자들이 자신의 모국어로 진술하게 될 때 언어에 의한 왜곡이 발생할 위험성이 있는 것과 마찬가지로, 해당 문화 혹은 언어권에서의 다양한 수사적 어법을 기술하거나 해석할 때 단순히 연구자의 모국어로 용어 해설 혹은 번역을 시도하게 되면 여러 문화의 다양한 수사적인 어법을 정확하게 이해할 수 없기 때문이다. 또한 수사적 어법이 발생하는 맥락이나 상황 혹은 그런 현상들이 여러 언어권이나 문화권에서 동일하게 발생하지 않으므로 단순한 목표언어에서 모국어로의 번역 혹은 치환은 오해를 불러올 수밖에 없기 때문이다. 가령 은유라는 수사법은 진공 상태에서 발달한 것이 아니라 특정 문화적 전통의 산물이기 때문에, 단순히 외부자의 시선이나 문화적 관점으로는 이해하기가 쉽지 않다. 은유의 사용과 관련한 영미권 문화 대본은 다음과 같다.

[K] 은유적 어법에 대한 영미권 문화 대본(Goddard 2006)
　　people think like this:
　　sometimes when a person wants to say something about
　　　　something, this person says it with some words, not
　　　　with other words, because this person thinks like
　　　　this:
　　　　"I know that these words can say something else I
　　　　want to say it with these words because if I say it like
　　　　this, people will have to think about it I want this"
　　it can be good if a person can say things in this way

　이 문화 대본에 따르면, 영미권 문화에서는 의도한 의미가 아닌 다른 의미를 전달할 수 있는 단어들을 사용하는데, 이는 청자로 하여금 화자가 말한 것이 무엇인지에 대해서 생각하게끔 만들려는 의도가

있는 발화 행위 혹은 실천이다. 다시 말해, 청자로부터 화자가 한 말을
이해하기 어렵게끔, 말하자면 '방어하려는' 혹은 청자가 화자에 말에
대해 인지하고 사고하는 것을 '방해하는' 의도의 수사적 기법인 것이다.

　　문화 대본은 언어 표현뿐 아니라 문화마다 사고 방식의 차이도 비
교해서 볼 수 있게 해 주는데 예를 들어 다음 대본 [L]은 영미권, 특히
미국 문화에서 선호되는 '긍정적 사고'라는 인지적 입장이나 태도를
나타낸다. 이 문화권에서는 앞으로 미래에 좋은 일이 발생할 것이라고
생각하면 그로 인해 자신의 기분이 좋아질 것이라는 긍정적 태도를 선
호한다.

　　[L] "긍정적 생각"에 대한 영미권 문화 대본(Goddard 2006)
　　　　people think like this:
　　　　it is good of a person can often think that something good
　　　　　　will happen
　　　　it is good if a person can often feel something good be-
　　　　cause of this

반면에 다음 문화 대본 [M]은 중국에서 선호되는 문화적 태도나 가치
관을 나타내는데, 자신에게 무언가 나쁜 일이 발생하면, 이로 인해 좋
은 일도 앞으로 발생할 것이라고 생각하고, 반대로 좋은 일이 발생하
면, 이로 인해 나쁜 일이 발생할 것이라고 생각하는 것이 해당 문화에
서 선호되는 가치관이자 태도이다.

　　[M] "중용"의 철학에 대한 중국 문화 대본(Goddard 2006)
　　　　people think like this:
　　　　when something very bad happens to a person, it is good

if this person thinks like this:

> "something good can happen to me afterwards because of this"

if a person thinks like this, this person will not feel something very bad his is good when something very good happens to a person, it is good if this person thinks like this:

> "something bad can happen to me afterwards because of this"

if a person thinks like this, this person will not feel something very good this is good

한국의 경우 일부 젊은 세대에서는 영미권의 긍정적 사고 방식을 따르는 경향도 있지만 대체로 중국의 문화 대본과 유사한 문화 대본을 갖고 말하거나 행동하는 것으로 보인다. 가령 '새옹지마(塞翁之馬)'나 '호사다마(好事多魔)'와 같은 한자 성어가 한국 담화에서도 별 어려움 없이 같은 뜻으로 자주 등장하는 것으로 보아 숭국의 '중용시노(中庸之道)'와 유사한 문화적 가치관 혹은 태도가 존재한다. 하지만 동시에 한국 문화의 사회경제적 변화, 생활방식과 사고의 서구화 등으로 인해 긍정적 사고를 좋게 평가하는 문화 대본 [L]은 영국이나 미국뿐 아니라 한국에도 유효하다고 볼 수 있다. 이처럼 문화 대본은 한 문화에서 다른 문화에로 전파될 수 있고, 같은 문화에서도 성격이 다른 두 대본이 공존하면서 서로 경쟁할 수도 있다. 또한 문화 대본은 시대에 따라 변할 수도 있고, 성별이나 직업, 계층 등의 요인에 따라 다르게 변모할 수 있다. 어떤 문화 대본을 택하든 이러한 문화적 믿음이나 태도는 대화참여자들의 상호작용이나 의사소통에 영향을 미친다.

지금까지 본 문화 대본은 철저히 그 문화-내부자의 관점에서 파악된 사과와 행동의 준칙으로서 이런 대본을 정하는 데에는 언어적 증거가 필수적이다. 일상적이고 매일 발생하는 담화 혹은 의사소통 행위와 결부되어 있는데, 이는 일상적 단어들이나 표현들, 대화 상호작용의 방식이나 순서 등이 언어적 증거에 모두 들어가 있기 때문이다. 두 번째로 일반인들이 사용하는 그 언어의 용법은 실제로 그 사람들이 갖고 있는 사고에 대한 일상적인 지표로서 기능한다. 코퍼스 자료의 증가와 접근성의 용이함은 이러한 언어적 자료를 찾는 것을 더욱 편리하게끔 하고, 더욱 구체적이고 세부적인 언어적 증거 혹은 자료 사용이 가능하게끔 만들어준다. 마지막으로 언어적 자료는 앞서 NSM이론이나 민족화용론의 목표와 결부되게끔 해주는 역할을 한다. 즉 언어적 증거를 통해 해당 문화 구성원들의 내부자의 관점에 더욱 가까워질 수 있다. 사회학이나 인류학에서는 종종 외부적 관찰자의 시점이나 관점으로 재-쿠딩(re-coding)하는 경우가 발생하는데, 이 경우 연구자가 관찰하고자 하는 해당 문화나 사회 고유의 관점으로부터 멀어질 수 있다. 하지만 민족화용론은 내부자의 관점으로 연구가 가능하며 동시에 외부자에게 해당 문화의 가치나 태도 그리고 그들의 고유 언어 사용을 설명하거나 이해시킬 수 있기 때문에 유용한 연구 방법이라고 할 수 있다.

6.3. 감정과 감정 표출

감정 표출 방식은 사회와 문화의 성격뿐 아니라 시대적 상황과도 연관이 있다. Dodds & Danforth(2010)는 1960년부터 2007년까지 세계적으로 유행한 232,574곡의 대중 가요들을 수집하여 이 노래들의 영어 제목과 가사에 나타난 감정 어휘들을 분석하였다. 이때의 감정 어휘는 이 글 4장에서 보았던 Bradley & Lang(1999)의 ANEW 어휘 목록을 이용하였다. 또한 2005년부터 2009년까지 인터넷에 오른 230여만 개의 웹블로그에 나온 9,113,772개의 문장에 쓰인 감정 어휘를 분석하고, 역대 미국 대통령이 의회에서의 연두교서 연설문에 등장하는 감정 어휘들을 조사하고 시간의 흐름에 따른 변화 추이를 통계적으로 분석하였다. 그 결과 노래 가사에서는 전체 5,800만 여 개의 단어 중 ANEW 어휘가 약 340만 개로 5.9%를 차지했고, 블로그에서는 5.5%, 대통령 의회 연설에서는 3.5%의 감정 어휘가 사용되었다. 그런데 노래 가사에서는 love란 단어가 가장 많이 나왔지만 블로그에는 good, time, people 등이 가장 많이 나왔고, 의회 연설에서는 people, time, war 등이 많이 나왔다. Dodds & Danforth(2010)가 조사한 노래 가사에서는 1960년대부터 1980년대까지 긍정적인 감정을 나타내는 love, baby, home 등의 빈도가 낮아지는 반면 hate, pain, death 등의 부정 어휘가 늘어났는데 이는 당시 냉전과 월남전, 인권 운동 등의 사회적 정서를 반영한 것으로 분석되었다. 전체적으로 1960년대 초반에는 감정가(valence)가 6.4 정도였는데 1985년에는 6.1로 내려가 부정적인 감정 어휘의 비중이 커졌음을 알 수 있다. 그러나 냉전이 끝나고 소련이 와해되기 시작한 1980년대 중반 이후에는 그런 추세가 완화되고 긍정적인 감정 어휘의 사용이 상대적으로 늘어나기 시작했다. 이러한 사실은 사람들의 감정 표출이 시대 상황과 불가분의 관계가 있음을 시사해 주는 대목이다.

Dodds & Danforth(2010)가 조사한 웹블로그에서는 2005년부터 2009년까지 꾸준히 행복 등의 긍정적 감정을 표현하는 어휘가 증가하고 있다. 또 한 가지 주목할 만한 것은 전 시계에서 영어로 된 블로그의 문장을 검색한 결과 지구의 적도로부터 얼마나 떨어져 있는지에 따라 감정 어휘의 사용에 차이가 있었다는 점이다. 즉 적도를 중심으로 남북으로 0도에서 11.5도 지역의 블로그 문장들의 감정 어휘 감정가는 5.71에 그친 반면, 중위도 지방인 29.5도에서 44.5도 지역의 블로그 문장들의 감정 어휘 감정가는 5.83으로 가장 높았으며 고위도 지방인 53.5도에서 69.5도 지역은 감정가가 5.78로 다시 내려가는 모습을 보였다. 이에 대해 저위도 지방보다 중위도 지방이 경제적으로 발전하고 자연적인 재해가 덜하며 정치적으로도 안정된 지역이 많아서 긍정적인 감정 표출이 더 많은 것으로 해석되는데, 고위도 지방은 대부분 자연 조건이 중위도 지방에 비해 가혹한 경우가 많아서 중위도 지방에 비해 부정적인 감정 표출이 더 많은 것으로 생각된다.[82] 즉 적도 쪽으로 갈수록 sad, bored, lonely, stupid, guilt 등의 어휘가 많이 등장하는 반면 good, people, happy 등의 어휘는 비교적 자주 쓰이지 않았고, 고위도 지방은 sick, guilty, cold, depressed, headache 등이 많고 love, life와 같은 단어는 비교적 덜 사용되었다. 일반적으로 적도 지방은 연중 날씨가 따뜻하고 농사도 3모작까지 가능하며 때묻지 않은 자연 환경을 갖고 있어서 사람들이 대부분 낙천적인 것으로 생각되는데, Dodds & Danforth(2010)가 조사한 실제 이 지역에서 소통된 감정 어휘는 이런 상식과는 거리가 있다. 중위노 지방은 범죄율, 살인율, 이혼율, 교통사고율 등도 높고 경제 상황도 녹록치 않아서 생존 경쟁이 치열한 곳이 많은데도 주관적 웰빙과 사람들이 느끼는 생활의 만족도는 높기 때문에 전체적인 삶의 질 면에서 높게 평가되는 것으로 보인다.[83]

그러나 이들 연구 방법에서 한 가지 지적할 것은 블로그를 운영하

---

82 기후는 행복 감정과 불가분의 관계에 있지만 그 영향력의 범위에 대해서는 논란이 있다. 이에 대해서는 Van de Vliert(2012)를 참고할 것.

83 예를 들어 2009년 The Social Issues Research Centre의 조사에 따르면 영국인의 75% 이상이 "아주 낙천적" 또는 "약간 낙천적"이라고 응답했다 (출처: http://www.sirc.org/publik/Optimism.pdf).

는 사람이 각 지역의 평균적인 감정을 대표할 수 있는지는 의문이라는 점이다. 인터넷 보급률이나 블로그 활동율이 각 지역마다 다를 수 있고 특히 저위도 지역 중에서 영어가 모국어로 사용되지 않는 국가에서 영어로 활동하는 블로거들 중에는 지역 정서를 충실히 대표하는 사람들도 있겠지만, 더러는 모국어가 아닌 언어로 활동을 하다보면 외국 문화에 상당한 영향을 받을 수도 있을 것이다. 다만 이런 우려에도 불구하고 Dodds & Danforth(2010)의 결과를 놓고 볼 때 싱가포르는 바로 적도 위에 있는 저위도 국가이기 때문에 중위도 국가인 한국과 일본에 비해 행복 감정 표출이 낮을 것으로 예측되는데 이는 앞 장에서의 조사 결과에서 부분적으로 확인되었다.

위도 문제보다 싱가포르 소통 문제에서 더 중요하다고 생각하는 점은 싱가포르인에게 자유와 행복 간의 균형의 문제이다. 싱가포르는 경제적 자유는 보장하지만 개인의 자유와 민주적 권리에서는 개선의 여지가 있다. 싱가포르에서의 삶의 질에 대해 만족하지 못하는 싱가포르인들이 있지만, 언론과 표현의 자유가 제한되어 있기 때문에 이러한 부분에 대해서는 언급하기가 어려울 뿐이다. Kampfner(2009)는 20세기를 민주적 자유주의와 권위주의가 대립한 시기로 규정하면서 냉전이 끝나고 대체로 민주적 자유주의가 확산되었지만 그렇지 못한 나라들의 예를 들고 있다. 그는 특히 싱가포르가 발언의 자유를 위해 물질적인 안락함을 포기할 준비가 되어 있지 않다고 자극적인 주장을 하였는데 이는 싱가포르인들에게는 달갑지 않은 지적이겠지만 이런 서구적 시각이 여전히 존재한다는 점은 유념해야 할 부분이다. 싱가포르가 직면한 또 다른 도전은 외국인 이주민 문제이다. 현재 싱가포르는 급증하는 이주자들 때문에 네 명 중 한 명이 외국인이다. 이것은 사회 공공시설과 사회 서비스에 큰 부담을 주며, 싱가포르인은 온라인에서 이에 대해 큰 분노를 표현하고 있는데 앞으로 이 문제가 싱가포르인들의 주관적 웰빙에 영향을 줄 가능성이 높다. 마지막으로, 싱가포르의 젊은 세대는 정치적 참여를 더 하고 싶어 하지만 주류 미디어에 회의적이어서 인터넷과 같은 비전통적인 방법을 통해 정치적 내용을 다루고 있다. 반면에 한국은 무엇보다 심각한 취업난으로 인한 청년 세대의 불안이 쉽게 해결되기 어려워 사회 전체의 행복감을 끌어내리는 역할을 하고 있다. 일본 역시 초고령화 사회로 접어들어 사회 전체의 활력이 떨어지고 경제적 번영에 걸맞는 정치사회적 개혁이 뒤따르지 못하고 있다는 점에서 행복감의 확산에 한계를 느끼고 있다.

표 20 **3국의 주요 사회 지표 (2015년)**

구분	한국	일본	싱가포르
1인당 국내총생산(US$)	27,513 (28위)	32.481 (24위)	53.224 (6위)
세계화 지수	64.65 (62위)	65.87 (54위)	87.49 (5위)
인간 개발 지수	0.898 (17위)	0.891 (20위)	0.912 (11위)
경제적 자유 지수	71.2 (31위)	72.4 (25위)	89.4 (2위)
UN 행복 지수	5.984 (47위)	5.987 (46위)	6.798 (24위)
세계 언론 자유 지수	26.55 (60위)	26.95 (61위)	45.87 (150위)
민주주의 지수	7.97 (22위)	7.96 (23위)	6.14 (74위)

행복하다고 느끼는 사람들이 아무런 구속이나 제한을 받지 않고 행복감을 표출할 수 있는 사회문화적 환경 조성은 싱가포르뿐 아니라 비슷한 상황에 처한 나라들이 앞으로 풀어야 할 숙제이다. 그런데 유독 싱가포르의 경우 당분간은 급격한 변화를 기대하기 어렵다는 전망이 나오는데 특히 정치 지도자들의 전통 고수와 아시아 가치에 대한 집착은 싱가포르 퍼즐 조각을 맞추어 완성된 그림을 얻기까지 시간과 노력이 필요할 것임을 보여준다. 예를 들어 2017년 2월 7일 영국의 BBC News HardTalk와의 대담에서 싱가포르의 리셴룽(Lee Hsien Loong) 총리는 영국 정부가 싱가포르와의 교역과 싱가포르의 언론 자

유 및 인권 상황을 연계하려는 움직임에 대해 "세계는 다양한 곳이고 어느 나라도 특정 가치를 독점할 수는 없다"고 비판하면서 "미국의 경우 민주주의나 언론의 자유, 여성 인권, 동성애자의 인권을 확대하고, 심지어 트랜스젠더의 인권까지 보장하고 있지만 이러한 자국의 생각을 세계의 다른 나라들에 보편적으로 적용하고 있지는 않다"고 말함으로써 영국이 싱가포르 내정에 간섭하려는 것을 에둘러 거부하였다. 그는 "모든 나라가 가치와 사고방식과 삶의 목표 등에서 차이점이 있다는 것을 인정하는 것이 교역 협상에서 중요하다"고 말했다. 이처럼 싱가포르는 최고 지도자조차 보편적인 인권으로서 언론 자유도 인정하지 않고 자국의 특수 상황에 따라 언론 자유의 양상은 달라질 수 있다는 점을 강조한다.[84]

Wong(2006)은 영국이나 미국의 문화는 평등주의(egalitarianism)가 가장 두드러진 가치 중의 하나인 반면 싱가포르 문화는 세대적 차이에 따른 위상을 중시하는 문화라고 본다. 그 결과 영미 문화에서는 나이든 사람이 자기보다 한 세대 어린 사람에게 자기를 부를 때 성이 아닌 이름(first name)으로 부르는 것을 허락하거나 원하는 경우가 많은데 비해 싱가포르에서는 나이든 세대에 속하는 사람들에 대해서는 존경심을 표하는 호칭을 사용하도록 하는 엄격한 문화 대본이 존재한다. 이는 어린 사람이 나이든 사람의 이름을 부르는 것은 부적절하다고 생각

84　다만 언론 자유 보장에 미온적인 정부이지만 싱가포르 국민들의 암묵적인 지지는 그들의 정치 지도자들이 청렴하고 부패하지 않았다는 믿음감이 있기 때문이다. 2007년의 부패지수에 따르면 싱가포르는 "매우 청렴함"을 뜻하는 10점에서부터 "매우 부패함"을 뜻하는 0점 척도에서 9.3이라는 높은 점수로 180개국 중 4위에 오를 정도로 부패가 없는 나라로 인식되었다. 반면에 한국은 5.1로서 43위였고 일본은 7.5로 17위였다.

하는 중국 문화가 싱가포르에도 전수되는 것으로 보인다. (같은 세대라도 동생이 형의 이름을 부르는 것도 부적절하다고 생각한다. 물론 형은 동생의 이름을 마음대로 부를 수 있는데 이는 한국의 경우도 마찬가지이다.) Wong(2006, 2014)은 장유유서(長幼有序)라는 중국식 문화 규범이 싱가포르 사회에 여전히 강력한 힘을 발휘하고 있어 호칭 선택에 큰 영향을 준다고 한다.

그런데 이런 규범은 비단 호칭뿐 아니라 감정 표출의 선택에도 영향을 주는 것으로 보인다. 우리의 조사에서 싱가포르인들은 한국인들이나 일본인들보다 나이든 사람에 대해서나 우월한 힘을 지닌 사람에게 자신의 행복 감정을 솔직하게 표출하는 것을 선택하지 않는 비율이 높았고 또한 나이든 사람 역시 자신의 감정을 아래 사람에게 다 진솔하게 표출하는 비율이 낮았다. 이런 점은 서양문화적 관점에서는 서먹서먹한 관계에서나 볼 수 있는 현상이다. 앞에서 우리는 서양 언론에서 싱가포르가 "감정이 없는 사회"라고 말한 것을 보았는데 보다 정확하게는 "감정은 갖고 있되 표출을 삼가는 사회"라고 말해야 한다고 생각한다. 그 이유는 같은 싱가포르인들도 자신과 동년배에게는 보다 스스럼없이 자신의 행복 감정을 표출하였으며 화자의 말을 들은 청자 또한 한국인들보다는 못하지만 그래도 다른 세대의 사람에게 말할 때보다는 비교적 감정을 솔직하게 전달하는 비율이 높았다. 싱가포르는 한국이나 일본에 비해 세대와 서열이라는 감정 표출을 가로막는 울타리가 더 높은 문화로 파악된다. 다만 Wong(2006)은 사람을 부를 때 그 사람의 이름 대신에 그 사람과 나의 친족 관계를 표현하는 친족어를 사용하는 문화일수록 위계질서를 강조하는 수직적 문화라고 한다. 싱가포르는 친족 관계가 아닌 그냥 자기보다 나이가 많은 사람을 지칭하는 일반적 표현으로서 친족어에서 유래한 Aunty나 Uncle을 사용하고 있을 정도로 친족어에 집착하는데 이런 언어 사용만 보아도 수직적 서열 문화임을 알 수 있다. 물론 한국어도 영어의 Aunty나 Uncle에 해당하는 '아줌마'나 '아저씨'가 있지만 이는 싱가포르와는 달리 결코 존경심을 표현하는 호칭이 아니라는 점에서 차이가 있다. 따라서 싱가포르는 언어 사용면에서 전통적인 중국 유교의 생각을 한국이나 일본보다 더 강력하게 반영하는 문화로 보이며, 인간의 원초적 감정 중의 하나인 행복 감정의 표출도 이에 따라 그 방식이 한국이나 일본과 다르게 정해지는 것이다.

6.4. 결론

지금까지 우리는 이 책에서 다음과 같은 것을 알기 위한 탐구 여행을 하였다. 첫째로 모두 아시아의 우등생이지만 서로 닮은 듯 조금씩 다른 한국과 일본, 싱가포르 세 나라 사람들이 주로 사용하는 행복 어휘에 담긴 행복 개념의 유사점과 차이점을 알아보고, 이들이 주어진 문화적 환경 속에서 자신의 행복 감정을 표출하고 소통하는 방식에 대해 조사하였다. 이를 위해 우리는 행복을 포함한 감정이란 무엇이고 이것을 학문적으로 다루는 대표적인 이론들에 대해 언어와 문화를 종과 횡으로 넘나들면서 살펴보았다. 또한 행복의 표현과 소통에 중추적인 역할을 하는 각 언어에 투영된 행복 개념들을 Wierzbicka(1994, 2004)가 개발한 자연언어의미 상위언어(NSM)라는 도구를 통해 상호 대조해 보았다. 뿐만 아니라 행복 어휘의 의미구조를 이루는 여러 차원들 중에 감정가와 각성도를 중심으로 각 언어의 대표적인 행복 어휘의 차원을 Scherer(2005) 등이 이끄는 GRID 이론과 심리학의 고전이 된 Bradley & Lang(1999)의 '영어 어휘의 정동적 규준(ANEW)이라는 방법을 결합하여 비교, 검토하였다. 또한 Hofstede(2001, 2011)의 문화 이론을 중심으로 Matsumoto et al.(1998, 2008)의 '감정 표출 규칙의 평가 목록

(DRAI)'을 원용한 설문 조사를 통해 세 나라 사람들이 특정 상황에서 어떤 방식으로 감정을 표출하는지에 대해서도 일곱 가지의 가설을 중심으로 확인하고 통계적으로 상호 비교, 분석하였다. 마지막으로 Goddard(2006)가 주도하는 민족화용론의 내부적 관점을 통해 행복 감정을 소통하는 데 작용하는 문화 대본의 개념을 우리가 수집한 자료에 적용하여 저마다 다른 문화적 특성을 밝히고자 하였다.

이 세상에 영원한 것은 없듯이 문화 역시 시간의 흐름 속에 변화한다. 한국에서도 아버지는 엄해야 한다는 생각에서 친구같은 아빠를 선호하는 쪽으로 변하고 있고, 돈 잘 벌어오고 일만 잘하는 무뚝뚝한 남편보다는 집안일에 관심을 갖고 이야기가 잘 되며 재밌고 자상한 남자를 선호하는 경향이 있다. 전체적으로 연공과 서열을 중시하는 사회에서 능력과 평등을 중요시하는 사회로 빠르게 이동하고 있고 직장에서도 순종적인 부하보다는 창의적인 부하를 높이 평가하기도 한다. 이런 모든 생각의 변화는 전체적으로 공유하는 문화 규범의 변화이기 때문에 말과 행동에 반영된다. 앞 장에서 보았듯이 중요한 사회적, 대인관계적 기능을 하는 감정의 소통은 변화하는 문화 규범에 따라 그 방식도 변할 수밖에 없다. 남자도 슬프거나 감동을 받으면 얼마든지 눈물을 보일 수 있고, 여자도 암탉이 울면 집안이 망한다는 시대착오적 걱정 없이 언제나 자신의 좋은 의견을 똑부러지게 외칠 수 있다. 싱가포르에서 지난 몇 년 동안 연도별로 행복에 대한 자체 평가가 긍정적인 방향으로 개선되어 갔다는 것은 그만큼 이와 관련된 문화 규범이 변화하기 시작하였다는 것을 의미한다.

이 글이 쓰인 2010년대 후반으로부터 10년 뒤에 이 책을 읽으면 마치 타임머신을 타고 오래 전 옛날로 돌아간 듯한 느낌이 들 수도 있다. 일본은 아직 순응주의가 지배적인 문화적 가치일지는 몰라도 10년 뒤에 그런 개념은 박물관에 가야 볼 수도 있다. 우리는 일본이 종적으로는 집단주의적 문화이지만 횡적으로는 개인주의 문화의 성격이 강해지고 있다고 보았지만 어느 새 일본도 미국 못지않게 종적으로나 횡적으로 모두 개인주의적 문화로 변모해 있을 가능성도 있다. 한국이 불과 몇 십년 사이에 남성중심적 사회에서 양성평등을 추구하는 사회로 점차 바뀌고 있고 전통적인 대가족 제도는 이미 구시대의 유물이 되었고 결혼은 필수가 아닌 선택 사항이며 "나 혼자 산다"가 더 이상 특별할 게 없는 사회로 바뀌고 있다. Tambyah & Tan(2018)은 지난 20년 간 싱가포르에서의 행복감은 꾸준히 변화했는데 특기할 만한 점은 과거에 비해 연령, 인종, 교육 수준, 소득 수준 등에 따라 주관적 행복감의 내용과 추구하는 행복한 삶의 목표가 세분화되고 있다는 점이다. 지금은 우리가 싱가포르를 이해하는 데 어려움이 있어 "싱가포르 퍼즐"이란 말을 썼지만, 앞으로는 싱가포르는 너무나 이해하기 쉬운 문화로 바뀌고 한국이나 일본이 복잡한 변수들이 실타래가 꼬이듯 예기치 않은 방향으로 상호작용해서 난해한 문화가 될 수도 있다. 10년이면 강산만 변하는 것이 아니라 우리의 생각과 문화 규범도 바뀌고 그에 따라 행복의 개념과 행복한 감정을 서로 주고받는 방식에도 변화가 있을 것이다. 다만 그때에도 우리 모두가 행복을 여전히 높은 가치로 생각하고 행복한 삶을 추구할 것이며 이런 좋은 감정을 사회의 여론과 규범에 부합하는 방식으로 원활하고 만족스럽게 소통하는 것이 중요하다는 인식에는 변함이 없을 것이다. 그 이유는 행복과 소통은 그 개념이나 표현 방식은 다를 수 있어도 지역이나 국가, 문화를 뛰어넘어 우리 존재의 가장 소중한 부분이기 때문이다.

참고문헌

김영명. 1994. 일본의 빈곤. 미래사.

김용운. 1994. 한국인과 일본인 2: 눈물과 죽음의 미학. 한길사.

김태용·안도현. 2011. 한국어 감정표현 어휘들의 극성-각성 좌표화를 통한 해독격차 분석 및 수렴화 프로세스 제안. 한국언론학보, 55(6): 436-465.

류상영. 2013. 분노에 대한 한일 비교 분석: 문화적 배경과 정치경제적 현실. 일본학연구, 40: 23-42.

박병준·신승배. 2016. 동아시아 4개국의 행복감 비교: 한국, 중국, 일본, 대만을 중심으로.

박인조·민경환. 2005. 한국어 감정단어의 목록작성과 차원 탐색. 한국심리학회지: 사회 및 성격, 19(1): 109-129.

서은국·구재선·이동귀·정태연·최인철. 2010. 한국인의 행복 지수와 그 의미. 한국심리학회 학술대회 자료집. 2010(1): 213-232.

안신호·이승혜·권오식. 1993. 정서의 구조: 한국어 정서단어 분석. 한국심리학회지: 사회 및 성격, 7(1): 107-123.

이성범. 2002. 언어와 의미: 현대의미론의 이해, 2판. 태학사.

이성범. 2016. 공적인 분노 표현 행위에 대한 한국어, 영어, 일본어 대조화용적 연구. 언어와 정보 사회 29: 267-294.

이성범. 2017. 마이클 브라운 피격 사건에 대한 네티즌 분노 반응 표현 연구. 영미연구 제39집: 269-296.

이수상. 2016. 한글 감정단어의 의미적 관계와 범주 분석에 관한 연구. 한국도서관정보학지, 47(2): 51-70.

이은주. (역). 2013. 주부의 탄생. 원저자 기무라 료코. 소명출판.

이준웅·송현주·나은경·김현석. 2008. 정서 단어 분류를 통한 정서의 구성 차원 및 위계적 범주에 관한 연구. 한국언론학보, 52(1): 85-116.

이혜용. 2015. 한국어 정표화행 연구. 역락.

조항범. 2005. 그런, 우리말은 없다. 태학사.

최서연. 2012. 영어 중시 교욱정책의 계층적 권력효과: 말레이시아 도시 저소
    득층 학생들의 사례를 중심으로. 동아연구 제31권 2호: 223-258.

한덕웅. 1994. 조직행동의 동기이론. 법문사.

한덕웅. 2000. 대인 관계에서 4단 7정의 경험. 한국심리학회지: 사회 및 성격,
    14(2): 45-166.

홍선화. 1994. 사람들이 그러는데 사랑은 쟁취하는 거라고. 도서출판 진화.

木村涼子. 2010.『〈主婦〉の誕生－婦人雑誌と女性たちの近代』, 吉川弘文館.

福澤諭吉. 1875.『文明之概略』, 慶應義塾大學出版會. 2009年 再出刊.

Ahmed, S. 2007. The happiness turn. *New Formations* 63: ProQuest Direct
    7-14.

Aristotle. 1991. *Nichomachean ethics*, (W. D. Ross, Trans.). New Jersey:
    Princeton University Press.

Ashton, M. C. and Lee K. 2007. Empirical, theoretical, and practical advan-
    tages of the HEXACO model of personality structure. *Personali-
    ty & Social Psychology Review* 11(2): 150-66.

Asian Barometer Survey. 2006. Center for East Asia Democratic Studies,
    National Taiwan University.

Averill, J. R. 1982. *Anger and Aggression: An Essay on Emotion*. New
    York: Springer.

Barrett, D. 2006. *Leadership Communication*. New York: McGraw-Hill.

Birch, C. 1995. *Feelings*. Sidney: UNSW Press.

Blanchard, K., Lacinak, T., Tompkins, C. and Ballard, J. 2002. *Whale
    Done! The Power of Positive Relationships*. New York: The Free
    Press.

Blum-Kulka, S., House, J., and Kasper, G. (eds.). 1989. *Cross-cultural Pragmatics: Requests and Apologies*. Norwood, N.J.: Ablex.

Boucher, J. and Osgood, C. 1969. The Pollyanna hypothesis. *Journal of Verbal and Learning Behavior* 8(1): 1-8.

Bradley, M. M. and Lang, P. J. 1999. Affective norms for English words (ANEW). Technical Report C-1, The Center for Research in Psychophysiology, University of Florida.

Briggs, J. 1970. *Never in Anger: Portrait of an Eskimo Family*. Cambridge, MA.

Brown, P. and Levinson, S. 1978. *Politeness: Some Universals in Language Usage*. Cambridge: Cambridge University Press.

Buettner, D. 2010. *Thrive: Finding Happiness The Blue Zones Way*. Washington, D.C.: National Geographic Books.

Chew, P. G.-L. 2011. The emergence, role, and future of the national language in Singapore. In J. A. Fishman and O. Garcia (eds.), *Handbook of Language and Ethnic Identity, vol. II: The Success-Failure Continuum in Language and Ethnic Identity Efforts*. New York: Oxford University Press.

Choi, S. C. and Choi, S. H. 1994. We-ness: A Korean discourse of collectivism. In G. Yoon and S. C. Choi (eds.), *Psychology of the Korean People: Collectivism and Individualism*, 57-84. Seoul: Dong-A Publishing.

Chon, K. K., Kim, K. H., and Ryoo, J. B. 2000. Experience and expression of anger in Korean and American. *Korean Journal of Rehabilitation Psychology*, 7(1): 61-75.

Copeland, L. and Griggs, L. 1986. *Going International*. New York: Plume Books.

Culpeper, J. 1996. Towards an anatomy of impoliteness. *Journal of Pragmatics*, 25: 349-367.

Damasio, A. R. 2000. A second chance for emotion. In R. D. Lane and L. Nadel (eds.), *Cognitive Neuroscience of Emotion*, 12-23. Oxford: Oxford University Press.

Darwin, C. 1998. *The Expression of Emotions in Man and Animals. Introduction, Afterword and Commentaries by Paul Ekman*. Oxford: Oxford University Press.

Diener, E. 1984. Subjective well-being. *Psychological Bulletin*, 95(3): 542-575.

Dodds, P. S. and Danforth, C. M. 2010. Measuring the happiness of large-scale written expression: Songs, blogs, and presidents. *Journal of Happiness*, 11: 441-456.

Dodds, P. S., E. M. Clark, S. Desu, M. R. Frank, A. J. Reagan, J. R. Williams, L. Mitchell, K. D. Harris, I. M. Kloumann, J. P. Bagrow, K. Megerdoomian, M. T. McMahon, B. F. Tivnan, and C. M. Danforth, 2014. Human language reveals a universal positivity bias. Proceedings of the National Academy of Sciences, doi: 10.1073/pnas.1411678112.

Easterlin, R. A. 1974. Does economic growth improve the human lot? Some empirical evidence. In P. A. David and M. Reder (eds.), *Nations and Households in Economic Growth*. New York: Academic Press.

Easterlin, R. A., McVey, L., Switek, M., Sawangfa, O. and Zweig, J. 2010. The Happiness-Income paradox revisited. Proceedings of the National Academy of Sciences, doi:10.1073/pnas.1015962107.

Ekman, P. 1992. Are there basic emotions?. *Psychological Review*, 99(3):

550-553.

Ekman, P. 1993. Facial expression and emotion. *American Psychologist*, 48(4): 384-392.

Ekman, P. 2003. *Emotions Revealed: Recognizing Faces and Feelings to Improve Communication and Emotional Life*. New York, NY: Times Books.

Ekman, P., ed., 2006. *Darwin and Facial Expression: a Century of Research in Review*. Cambridge, MA: Malor Books.

Ekman, P., Friesen, W. V., and Ellsworth, P. 1972. *Emotion in the Human Face: Guidelines for Research and a Review of Findings*. New York: Permagon.

Fellous, J.-M. 2007. Models of emotion. *Scholarpedia*, 2(11): 1453.

Foley, J. 1988. *The New Englishes: The Case of Singapore*. Singapore University Press.

Fontaine, J. R., Scherer K. R., Roesch, E. B., and Ellsworth, P. C. 2007. The world of emotions is not two-dimensional. *Psychological Science*, 18(12): 1050-7.

Friesen, W. V. 1972. Cultural differences in facial expressions in a social situation: An experimental test of the concept of display rules. Unpublished doctoral dissertation, University of California, San Francisco.

Frijda, N. H., Mesquita, B., Sonnemans, G., and van Goozen, S. 1991. The duration of affective phenomena, or emotions, sentiments and passions. In K. Strongman (ed.), *International Review of Emotion and Motivation*, 187-225. New York: Wiley.

Gallup. 2007. *The State of Global Well-being*. New York: Gallup Press.

Gardner, H. 1983. *Frames of Mind*. New York, NY: Basic Books.

Geertz, C. 1975. *The Interpretation of Cultures*. London: Hutchinson.

Geertz, C. 1976. From the native's point of view: On the nature of anthropological understanding. In K. Basso (ed.), *Meaning of Anthropology*. Albuquerque: University of New Mexico Press.

Goddard, C. (ed.), 2006. *Ethnopragmatics: Understanding Discourse in Cultural Context*. Berlin: Mouton de Gruyter.

Goddard, C. 2010. Cultural scripts: applications to language teaching and intercultural communication. *Studies in Pragmatics* 3: 105-119.

Goddard, C. and Wierzbicka, A. 2004. *Cultural Scripts*. Special issue of *Intercultural Pragmatics* 1(2).

Goddard, C. and Ye, Z. 2016. Exploring "happiness" and "pain" across languages and cultures. In C. Goddard and Z. Ye (eds.), *"Happiness" and "Pain" Across Languages and Cultures*, 1-18. Amsterdam: John Benjamins.

Goleman, D. 1995. *Emotional Intelligence*. New York, NY: Bantam Books, Inc.

Grice, H. P. 1975. Logic and conversation. In P. Cole and J. Morgan (eds.), *Syntax and Semantics, Vol. 3: Speech Acts*, 41-58. New York: Academic Press.

Guenthner, S. 1997. The contextualization of affect in reported dialogues. In S. Niemeier and R. Dirven (eds.), *The Language of Emotions: Conceptualization, Expression, and Theoretical Foundation*. Amsterdam: John Benjamins.

Hall, E. T. 1976. *Beyond Culture*. New York: Anchor Books.

Harré, H. R. 1986. *The Social Construction of Emotions*. Oxford: Blackwell.

Harré, H. R. 2005. *Modeling: Gateway to the Unknown*. Oxford: Elsevier.

Hasada, R. 2006. Cultural scripts: glimpses into the Japanese emotion world. In C. Goddard (ed.), *Ethnopragmatics: Understanding Discourse in Cultural Context*, 171-198. Berlin: Mouton de Gruyter.

Hofstede, G. 2001. *Culture's Consequences: Comparing Values, Behaviors, Institutions, and Organizations Across Nations.* 2nd edition. Thousand Oaks: Sage Books.

Hofstede, G. 2011. Dimensionalizing cultures: The Hofstede Model in context. Online Readings in Psychology and Culture, 2(1).

Hofstede, G., Hofstede, G. J., and Minkov, M. 2010. *Cultures and Organizations: Software of the Mind.* 3rd. edition. New York: McGraw-Hill.

Honma, Y. 2014. Drawing up of the Japanese word stimulus based on the emotional valence and arousal of the word. Aichi Institute of Technology Report 49: 13-24.

Horn, L. R. 1989. *A Natural History of Negation.* Chicago, IL: The University of Chicago Press.

Ide, R. 1998. Sorry for your kindness. *Journal of Pragmatics,* 29(5): 509-529.

Ingelhart, R. 1990. *Culture Shift in Advanced Industrial Society.* Princeton: Princeton University Press.

Irvine, J. 1990. Registering affect: Heteroglossia in the linguistic expression of emotion. In C. Lutz and L. Abu-Lughod (eds.), *Language and the Politics of Emotion.* Cambridge: Cambridge University Press.

Ishii, K. 2013. The meaning of happiness in Japan and the United States. In Fontaine, J. R., Scherer, K. R., and Soriano, C. (eds.), *Com-*

ponents of Emotional Meaning: A Sourcebook. Oxford: Oxford University Press.

Jack, R. E., Garrod, O. G. B., Yub, H., Caldarac, R., and Schyns, P. G. 2012. Facial expressions of emotion are not culturally universal. Proceedings of the National Academy of Sciences. 109(19): 7241-7244.

Jakobson, R. 1960. Closing Statement: Linguistics and Poetics. In T. Sebeok (ed.), *Style in Language*. Cambridge, MA: MIT Press.

Kampfner, J. 2009. *Freedom For Sale: How We Made Money and Lost Our Liberty*. London: Simon and Schuster.

Keltner, D. and Haidt, J. 1999. Social functions of emotions at four levels of analysis. doi: 10.1080/026999399379168

Kensinger, E. A. and Corkin, S. 2004. Two routes to emotional memory: Distinct neural processes for valence and arousal. Proceedings of the National Academy of Sciences, 101(9): 3310-3315.

Kingston, J. 2010. *Japan in Transformation*, 1945-2010 (2nd edition). NY: Routledge.

Kitayama, S., Mesquita, B., and Karasawa, M. 2006. Cultural affordances and emotional experience: Socially engaging and disengaging emotions in Japan and United States. *Journal of Personality and Social Psychology*, 91: 890-903.

Koopmann-Holm, B. and Matsumoto, D. 2011. Values and display rules for specific emotions. *Journal of Cross-Cultural Psychology*, 42(3): 355-371.

Kullenberg, C. and Nelhans, G. 2015. The happiness turn? Mapping the emergence of "happiness studies" using cited references. *Scientometrics*. doi:10.1007/s11192-015-1536-3.

LaBar, K. S. and Cabeza, R. 2006. Cognitive neuroscience of emotional memory. Nature Reviews, *Neuroscience* 7(1): 54–64.

Layard, R. 2005. *Happiness – Lessons from a New Science*. London: Allen Lane.

Leibniz, G. W. 1966. *Logical Papers*. G. H. R. Parkinson, ed. and trans. Oxford: Clarendon Press.

Levenson, R. W. 1999. The intrapersonal functions of emotion. *Cognition and Emotion*, 13: 481–504.

Levinson, S. C. 2000. *Presumptive Meanings*. Cambridge, MA: MIT Press.

Liu, S., Xu, D., and Feng, S. 2010. Emotion categorization using affective-pLSA model. *Optical Engineering*, 49(2): 127–201.

Lutz, C. 1988. *Unnatural Emotions: Everyday Sentiments on a Micronesian Atoll and their Challenge to Western Theory*. Chicago: The University of Chicago Press.

Markus, H. R. and Kitayama, S. 1991. Culture and the self: Implications for cognition, emotion, and motivation. *Psychological Review*, 98: 224–253.

Matlin, M. W. 2004. Pollyanna Principle. In Rüdiger F. Pohl (ed.) *Cognitive Illusions: A Handbook on Fallacies and Biases in Thinking*. N.Y.: Taylor & Francis.

Matsumoto, D., Takeuchi, S., Andayani, S., Kouznestova, N., and Krupp, D. 1998. The contribution of individualism–collectivism to cross-national differences in display rules. *Asian Journal of Social Psychology*, 1: 147–165.

Matsumoto, D., Yoo, S. H., and Fontaine, J. 2008. Mapping expressive differences around the world the relationship between emotional display rules and individualism versus collectivism. *Journal of cross-cultural psychology*, 39(1): 55-74.

Matsumoto, D., Yoo, S. H., Hirayama, S., and Petrova, G. 2005. Development and initial validation of a measure of display rules. The Display Rule Assessment Inventory (DRAI). *Emotion*, 5(1): 23-40.

Merton, T. 1978. *The Seven Storey Mountain*. A Harvest/HBJ Book.

Mesquita, B., Frijda, N. H., and Scherer, K. 1997. Culture and emotion. In P. R. Dasen and D. S. Saraswathi (eds.), *Handbook of Cross-Cultural Psychology*. Boston: Allyn and Bacon.

Myers, D. G. 1992. *The Pursuit of Happiness*. New York: Avon Books.

Myers, D. G. and Diener, E. 1995. Who is happy?, *Psychological Science*, 6: 10-19.

Nelson, N. L. and Russell, J. A. 2013. Universality revisited. *Emotion Review*, 5(1): 8-15.

Niedenthal, P. M., Kruth-Gruber, S., and Ric, F. 2006. *The Psychology of Emotion. Experimental, Experiential, and Cognitive Approaches*. New York: Psychology Press.

Ochs, E. and Schieffelin, B. 1989. Language has a heart. *Text*, 9(1): 7-25.

Osgood, C. E., Suci, G., and Tannenbaum, P. 1957. *The Measurement of Meaning*. Urbana, IL: University of Illinois Press.

Payne, W. L. 1985. A study of emotion: Developing emotional intelligence; self-integration; relating to fear, pain and desire. Doctoral dissertation. The Union for Experimenting Colleges and Universities.

Peterson, C. 2006. *A Primer in Positive Psychology*. Oxford: Oxford University Press.

Planalp, S. 1999. *Communicating Emotion: Social, Moral, and Cultural*

Processes. Cambridge: Cambridge University Press.

Plutchik, R. 2001. The nature of emotions. *American Scientist* 89: 344-350.

Posner, J., Russell, J. A., and Peterson, B. S. 2005. A circumplex model of affect: An integrative approach to affective neuroscience, cognitive development, and psychopathology. *Development and Psychopathology*. 17: 715-734.

Powell, T. 2014. National well-being measures. March 2014, Office for National Statistics, http://www.ons.gov.uk/ons/dcp171766_355476.pdf.

Richeson, P. J., and Boyd, R. 2005. *Not By Genes Alone: How Culture Transformed Human Evolution*. Chicago, IL: University of Chicago Press.

Russell, J. A. 1980. A circumplex model of affect. *Journal of Personality and Social Psychology*, 39: 1161-1171.

Russell, J. A. 1991. Culture and the categorization of emotions. *Psychological Bulletin*, 110: 426-450.

Russell, J. A. 1994. Is there universal recognition of emotion from facial expression? A review of the cross-cultural studies. *Psychological Bulletin*, 115: 102-141.

Russell, J. A. and Barrett, L. F. 1999. Core affect, prototypical emotional episodes, and other things called emotion: Dissecting the elephant. *Journal of Personality and Social Psychology*, 76: 805-819.

Ryan, R. M. and Deci, E. L. 2000. Self-determination theory and the facilitation of intrinsic motivation, social development, and well-being. *American Psychologist*, 55: 68-78.

Ryff, C. D. and Keyes, C. L. M. 1995. The structure of psychological well-being revisited. *Journal of Personality and Social Psychology* 69: 719-727.

Scherer, K. R. 2001. Appraisal considered as a process of multi-level sequential checking. In K. R. Scherer, A. Schorr, & T. Johnstone (eds.), *Appraisal Processes in Emotion: Theory, Methods, Research* (pp.92-120). New York and Oxford: Oxford University Press.

Scherer, K. R. 2005. What are emotions? And how can they be measured? Trends and Developments: research on Emotions. *Social Science Information*, 44(4): 695-729.

Scherer, K. R. 2010. The component process model: a blueprint for a comprehensive computational model of emotion. In Scherer, K. R., Bänziger, T., & Roesch, E. B. (eds.), *Blueprint for Affective Computing: A Sourcebook* (pp.47-70). Oxford: Oxford University Press.

Schwartz, S. H. 1992. Universals in the content and structure of values: Theory and empirical tests in 20 countries. In M. Zanna (ed.), *Advances in Experimental Social Psychology*, 1-65.

Schwartz, S. H. and Ros, M. 1995. Values in the West: A theoretical and empirical challenge to the individualism-collectivism cultural dimension. *World Psychology*, 1: 91-122.

Scollon, C. N., Diener, E., Oishi, S. and Biswas-Diener, R. 2004. Emotions across cultures and methods. *Journal of Cross-Cultural Psychology*, 35: 304-326.

Seligman, M. E. P. and Csikszentmihalyi, M. 2000. Positive psychology — An introduction. *American Psychologist*, 55(1): 5-14.

Shaver, P., Schwartz, J., Kirson, D., and O'Connor, C. 1987. Emotion knowledge: Further exploration of a prototype approach. *Journal of Personality and Social Psychology: Attitudes and Social Cognition*, 52.6 (June 1987): 1061-1086.

Shi, T. 2000. A *Treasure of Chinese Essays — Works by Shi Tiesheng*. Beijing: Renmin Literature Publishing House.

Shweder, R. A., Much, N. C., Mahapatra, M., and Park, L. 1997. The "big three" of morality (autonomy, community and divinity) and the "big three" explanations of suffering. In A. Brandt & P. Rozin (eds.), *Morality and Health*. Stanford, CA: Stanford University Press.

Solomon, R. C. 1995. The cross-cultural comparison of emotion. In J. Marks and R. T. Ames, (eds.), *Emotions in Asian Thought: A Dialogue in Comparative Philosophy*. Albany: State University of New York.

Sperber, D. and Wilson, D. 1995. *Relevance: Communication and Cognition*. 2nd ed., Oxford: Blackwell.

Spielberger, C. D., Krasner, S. S., and Solomon, E. P. 1988. The experience, expression and control of anger. In M. P. Janisse (eds.), *Individual Differences, Stress, and Health Psychology*. N.Y.: Springer Verlag.

Stearns, P. N. and Stearns, C. Z. 1985. Emotionology: Clarifying the history of emotions and emotional standards. *The American Historical Review*, 90(4): 813-836.

Sternberg, R. J. 1986. A triangular theory of love. *Psychological Review*, 93: 119-135.

Suh, E. M. 2007. The downsides of an overly context-sensitive self: Implications from the culture and subjective well-being research. *Journal of Personality*, 75: 1321-1343.

Suzuki, T. 2008. A corpus-based study of the speech act of "comforting": Naturalness and appropriateness for English language teaching. Unpublished ms., Waseda University.

Tambyah, S. K. and Tan, S. J. 2018. *Happiness, Wellbeing and Society: What Matters for Singaporeans*. New York: Routledge.

Thayer, R. E. 1989. *The Biopsychology of Mood and Arousal*. New York: Oxford University Press.

Tono, Y., Yamazaki, K., and Maekawa, K. 2013. *A Frequency Dictionary of Japanese*. New York: Routledge.

Uchida, Y., Norasakkunkit, V., and Kitayama, S. 2004. Cultural constructions of happiness: theory and empirical evidence. *Journal of Happiness Studies*, 5(3): 223-239.

UNDP (United Nations Development Programme). 2013. Human Development Report 2013. New York: United Nation's Human Development Programme.

UNDP (United Nations Development Programme). 2015. Human Development Report 2015. New York: United Nation's Human Development Programme.

van de Vliert, E. 2012. Climate, cash, and culturally embedded happiness. In H. Selin and G. Davey (eds.), *Happiness Across Cultures* (pp.399-416). Dordrecht: Springer.

van Osch, Y. M. J., Breugelmans, S. M., Zeelenberg, M., and Fontaine, J. R. 2013. The meaning of pride across cultures. In J. J. T. Fontaine, K. R. Scherer, and C. Soriano (eds.), *Components of Emotional Meaning: A Sourcebook* (pp.377-396). Oxford: Oxford University Press.

Weigand, E. 2004. *Emotion in Dialogic Interaction*. Amsterdam/Philadelphia: Benjamins.

Wierzbicka, A. 1990. The semantics of emotions: fear and its relatives in English. *Australian Journal of Linguistics* 10(2): 359-375.

Wierzbicka, A. 1994. "Cultural scripts": A semantic approach to cultural analysis and cross-cultural communication. In L. F. Bouton and Y. Kachru (eds.), *Pragmatics and Language Learning* (pp.1-24). Urbana-Champaign: University of Illinois Press.

Wierzbicka, A. 1999. *Emotions across Languages and Cultures: Diversity and Universals*. Cambridge: Cambridge University Press.

Wierzbicka, A. 2002. Russian cultural scripts: The theory of cultural scripts and its applications. *Ethos*, 30(4): 401-432.

Wierzbicka, A. 2003. *Cross-cultural Pragmatics: The Semantics of Human Interaction*. Berlin: Mouton de Gruyter.

Wierzbicka, A. 2004. 'Happiness' in cross-linguistic & cross-cultural perspective. *Daedalus*, 133(2): 34-43.

Wierzbicka, A. 2006. *English: Meaning and Culture*. New York: Oxford University Press.

Wilce, J. M. 2011. *Language and Emotion*. Studies in the Social and Cultural Foundations of Language 25. Cambridge: Cambridge University Press.

Wilson, P. A., Lewandowska-Tomaszczyk, B., and Niiya, Y. 2013. Happiness and contentment in English & Polish. In J. J. T. Fontaine, K. R. Scherer, and C. Soriano (eds.), *Components of Emotional Meaning: A Sourcebook* (pp.477-481). Oxford: Oxford University Press.

Wong, J. O. 2004. Cultural scripts, ways of speaking and perceptions of personal autonomy. *Intercultural Pragmatics* 1(2): 231-248.

Wong, J. O. 2006. Contextualizing aunty in Singaporean English, *World Englishes*, 25(3-4): 451-66.

Wong, J. O. 2014. *The Culture of Singapore English*. Cambridge: Cambridge University Press.

Yamakuchi, M. 2014. Frustration spreads among South Korean youth as prospects dim. *Nikkei Asian Review*, November 9, 2014.

Ye, Z. 2013. Comparing the Natural Semantic Metalanguage (NSM) approach to emotion and the GRID paradigm. In Fontaine, J. R., Scherer, K. R., and Soriano, C. (eds.), *Components of Emotional Meaning: A Sourcebook* (pp.399-409). Oxford: Oxford University Press.

Ye, Z. 2016. The meaning of happiness and emotional pain in Chinese. In C. Goddard and Z. Ye (eds.), *"Happiness" and "Pain" Across Languages and Cultures* (pp.65-86). Amsterdam: John Benjamins.

Yi, C. 2013. *The Psychological Well-being of East Asian Youth*. Dordrecht: Springer.

Yin, K. F. S. and Liew, K. K. 2005. Hallyu in Singapore: Korean Cosmopolitanism or the Consumption of Chineseness? *Korea Journal*: 202-223.

Zettler, I., Hilbig, B., and Heydasch, T. 2013. Two sides of one coin: Honesty-humility and situational factors mutually shape social dilemma decision making. *Journal of Research in Personality* 47: 286-295.

100, 106, 111, 141

ㅈ

자기 고양 108-109, 111, 191
자기중심적 행복 173
자기 초월 108, 110-111
자기 평가 마네킹 147
자랑 44, 152, 165, 180, 182
자부심 67, 78, 81, 110, 168-169,
    180
자아 개념 165-166, 168-169, 172-
    173
자연언어의미 상위언어 23-24, 82,
    85-86, 96, 141, 212-214,
    234
장기 지향성 27-29, 35-38, 40
저맥락 188
정동 26, 58-59, 66, 70, 72, 83,
    146-147, 155, 160, 163, 234
정동적 규준 26, 146-147, 155, 160,
    163, 234
제어 56, 69, 170
중국어 21-22, 93, 104-106, 111-
    112, 119, 122, 132, 186, 213
즐거움 12, 14, 22, 31, 55, 63, 71,
    101-103, 122, 130, 136-139,
    146, 161, 163, 216
진화 58, 61, 80, 171
질투 67, 182
집단주의 26-28, 32-33, 37, 81,

108-109, 179, 188, 190-192,
    198, 201-204, 221, 236

ㅊ

청자 25, 66, 77, 181-182, 186-187,
    189-190, 192-197, 224-225,
    233
체면 192, 210
칠정 56

ㅋ

컴포넌트 처리 모형 68-69
코퍼스 26, 95, 98-99, 104, 107,
    113, 116, 126, 173, 227

ㅌ

태도 30, 55, 58, 62, 84, 129, 153,
    190, 199, 206, 211-212, 216,
    225-227

ㅍ

평가 23, 25-27, 30, 37, 47, 49-50,
    59-60, 64, 69-71, 73, 87, 90,
    96-97, 102, 109, 124, 128-
    129, 143, 146-150, 152, 155,
    158, 160-161, 168-170, 175,
    179, 185, 190, 204, 215, 218,
    226, 229, 235
표의 117, 154, 164, 169
표출 규칙 → 감정 표출 규칙